메노나이트 평화신학

메노나이트 평화신학
MENNONITE PEACE THEOLOGY

존 리처드 버크홀더 · 바버라 넬슨 킹거리치 엮음

김성한 옮김

A PANORAMA OF TYPES
다양한 유형의 파노라마

생각비행

일러두기

아나뱁티스트 메노나이트 성서신학대학원의 기원이 미국 메노나이트 교회MCUSA의 역사를 반영한다. 메노나이트 성경 신학교Mennonite Biblical Seminary(MBS)는 General Conference Mennonite Church 계열로 1945년 시카고에서 시작되었고, 고센 성경 신학교Goshen Biblical Seminary(GBS)는 Mennonite Church 계열로 1946년 고센에서 시작되었다. 이 두 학교는 1958년 MBS가 인디애나주의 엘크하트로 이전하면서 협력하기 시작했고, 1969년 GBS가 엘크하트의 MBS 캠퍼스로 이전하여 메노나이트 연합 성서신학교Associated Mennonite Biblical Seminaries를 이루었다. 1994년에 이르러 마침내 하나의 학교(Associated Mennonite Biblical Seminary)가 되었고, 2012년에 교명을 '아나뱁티스트 메노나이트 성서신학대학원Anabaptist Mennonite Biblical Seminary(AMBS)'으로 바꾸어 지금에 이른다.

예언자적 평화를 일구던 선구자
존 리처드 버크홀더(1928~2019)를 기리며

《메노나이트 평화신학: 다양한 유형의 파노라마》에 이미 훌륭한 두 개의 서문과 추천의 말이 있기에 하나를 더하는 것은 의미가 없어 보인다. 그러나 이 말은 꼭 여기에 적어 두고 싶었다.

부정문으로는 누군가를 설득하거나 무엇인가를 증명할 수 없다. 그래서 내가 쓴 첫 책이 《실패한 요더의 정치학》이라는 사실이 달갑지 않았다. 누군가에게 실패의 이야기를 읽으라고 권하는 것은 어색한 일이다. 그러나 내가 요더의 정치학이 실패했다고 주장하면서도 아나뱁티스트-메노나이트를 중심으로 한 평화교회 전통과 거기에서 형성된 평화신학(들)을 포기하지 않은 이유를 이 책은 보여 준다.

《메노나이트 평화신학: 다양한 유형의 파노라마》는 500년 전 시작된 아나뱁티스트 운동이 여러 나라와 대륙을 옮겨 다니며, 맞이한 상황과 도전 가운데 발전시켜 온 다양한 모습을 담고 있다. 메노나이트 평화신학은 16세기 슐라이트하임 신앙고백에 머물러 있지 않다. 단수가 아니라 다양한 유형의 파노라마로 존재하는 이유다. 그러나 '파노라마'라는 구성에도 불구하고 미국과 캐나다를 중심으로 한 백인 남성 필자가 주를 이룬다는 사실은 여전히 '요더의 실패' 라는 그늘을 떠올리게 한다. 2024년에 제2판을 출간하며 추가된 말린다 엘리자베스 베리Malinda Elizabeth Berry의 '샬롬 정치 신학'은 그한계를 넘어서려는 반가운 시도다. 이번 한글 번역판에는 재나 헌터-보먼Jana Hunter-Bowman이 2025년《윤리신학학회지Jouranl of Moral Theoloy》에 발표한 〈메노나이트 평화신학의 성찰: 라인홀드 니부어의 현실주의와 네 가지 발전 흐름〉을 재수록했다.

헌터-보먼의 논문은 니부어의 기독교 현실주의를 대화 상대로 메노나이트 평화신학이 발전해 온 흐름을 비판적으로 정리한다. 베리의 논문과 헌터-보먼의 논문 사이에도 10년 가까운 간격이 있다. 하지만《메노나이트 평화신학: 다양한 유형의 파노라마》제1판에서 다루지 않았거나 다루지 못한, 평화신학의 주제를 두 여성 신학자가 다루고 있다는 점에서 큰 유익이 있다. 헌터-보먼의 논문을 번역하여 수록하도록 허락해 준《윤리신학학회지》편집진에게 감사한다.

베리와 헌터-보먼이 메노나이트 평화신학을 비판적으로 성찰할 기회를 제공하지만, "세계 아나뱁티스트 교회 기고자들의 목소리가 빠져 있다"는 지적은 여전히 해결되지 않았다. 한국발 평화신학은 이 지점에서 어떤 기여를 할 수 있을까? 이 책을 선택한 독자들과 함께 고민해야 할 과제라고 생각한다.

나로서는 반가운 이름들이 이 책에 등장한다. 1991년 초판의 서문을 작성한 존 A. 랩John A. Lapp은 2015년 미국 펜실베이니아주에서 열린 메노나이트 세계총회Mennonite World Conference에서 한국의 징병제와 양심적 병역거부에 대해서 발표할 수 있도록 주선하고 지원해 주었다. 편집자 중 한 분인 존 R. 버크홀더John R. Burkholder 는 매주 수요일 정오에 고셴Goshen의 법원 사거리에서 열리는 평화 를 위한 기도회에서 늘 만나던 어르신이었다. 이 책의 여섯 번째 유 형 '탈정치적 평화주의'에 등장하는 테드 쿤츠Ted Koontz는 내가 아 나뱁티스트 메노나이트 성서신학대학원Anabaptist Mennonite Biblical Seminary(AMBS)에서 평화학을 공부하는 동안 지도 교수였다. 이들은 이 책에 등장하는 평화신학의 파노라마가 공통으로 붙들고 있는, 예수를 따르는 길이 곧 평화의 길이라는 확신을 다양한 모습으로 나에게 보여 주고 증언했다.

평화가 아득하게 여겨지는 지금 상황에서 이 책이 긍정문으로 읽 히면 좋겠다. 지구별 어딘가에는 예수를 따르고 평화의 길을 걷는 것이 그리스도교 신앙의 고갱이라고 믿는 사람들이 있기 때문이다. 새로운 생각이 시작될 수 있도록 출판의 길을 열어 준 생각비행에 도 감사한다.

메노나이트중앙위원회 동북아시아지부 대표
김성한

나는 아나뱁티스트 메노나이트 성서신학대학원AMBS에서 '전쟁, 평화, 혁명에 대한 그리스도인의 태도'라는 과목을 가르칠 때마다《메노나이트 평화신학: 다양한 유형의 파노라마》라는 책자를 교재로 사용한다. 초대 교회부터 현재까지 그리스도인의 태도를 역사적으로 개관하는 강의에서 이 책자는 1980년대 말과 1990년대 초 미국과 캐나다 메노나이트의 태도에 대한 유용한 단면을 제공한다. 이전 세대가 그 세대를 위해 쓴 글들을 모아 엮은 독특한 책이지만, 학생들이 메노나이트 평화신학을 고정된 입장으로 여기는 데서 벗어나 지속적이고 생생한 대화에 초대받았다고 상상하도록 영감을 불어넣는다.

나는 특히《메노나이트 평화신학》이 존 하워드 요더John Howard Yoder의 접근법을 다른 아홉 가지 유형과 나란히 놓고 탈중심화하는 방식을 높이 평가한다. 요더의 성폭력 이력에 대한 반성이 계속되고 있는 상황에서 이러한 분산은 매우 중요하다. 요더의 신학은 20세기 후반 아나뱁티스트와 에큐메니컬 공간에서 두각을 드러냈지만 이 책자는 언제나 대안적인 관점이 존재했음을 보여 준다. 따라서 이 책자는 요더의 신학에 영향을 받은 사람들이 성폭력과 젠더 기반 폭력을 메노나이트 평화신학의 문제로 공공연히 다루는 관점을 비롯해 다른 여러 관점과 연결해서 살펴볼 가능성을 열어 준다.

1991년 메노나이트 중앙위원회Mennonite Central Committee(MCC) 평화분과Peace Office에서 출간된 이후 수십 년 동안《메노나이트 평화신학》은 메노나이트 학술 기관을 통해 사본을 구할 수 있는 사람들 외에는 대부분 접할 수 없었다. 나는 이 책자가 아나뱁티스트 학생들의 상상력을 자극하는 모습을 목격했기에 MCC가 AMBS의 메노나이트학연구소Institue of Mennonite Studies(IMS)와 협력해 제2판을 출간하기로 한 일을 기쁘게 생각한다.

이번 판은 디자인과 판형을 새롭게 바꿨다. 본문 내 인용 출처를 각주로 이동하고 참고 문헌을 추가했다. 인용된 저작물의 최신판이 있는 경우 업데이트된 정보를 괄호 안에 포함했다. 그 외에는 1991년 판에 실린 약력을 그대로 담은 기고자 목록을 비롯해 초판본 내용을 유지했다.*

2016년에 신학자 말린다 엘리자베스 베리Malinda Elizabeth Berry는《콘래드 그레벨 리뷰Conrad Grebel Review(CGR)》에 새로운 유형의 메노나이트 평화신학인 '샬롬 정치신학'을 추가하여 이 책자에 경의를 표하는 논문을 발표했다. 그 논문은 평화신학에 대한 새로운 접근법을 만들어 내기 위해 기존 유형들이 어떻게 창조적으로 맞물릴 수 있는지 보여 주는 마무리 장으로 이 책에 새로이 포함되었다. IMS는 베리의 논문 재게재를 허락해 준 CGR 편집자들에게 감사의 뜻을 전한다.

또한 이 프로젝트에 협력한 MCC와 출판이 가능하도록 관대한

---

* 기고자의 약력을 최신 정보로 편집하여 267쪽에 수록했다. ―옮긴이

보조금을 지원한 쇼월터 재단Schowalter Foundation에 감사드린다. 이 제2판은 예언자적 평화 만들기에 평생을 바쳐 학문에 힘쓴 존 R. 버크홀더John R. Burkholder를 기리기 위해 출간되었다. 이 개정판을 통해 예언자적 평화를 만드는 새로운 세대가 다양한 형태의 폭력에 대처하는 새로운 방법을 구상하기 위해 이전 세대의 목소리와 비판적으로 소통할 수 있기를 바란다.

인디애나주 엘크하트에서
메노나이트학연구소 편집장
데이비드 찰스 크레이머

메노나이트 중앙위원회MCC는 그리스도의 이름으로 실천하는 구호, 개발, 평화 세우기 사역과 더불어, 한 세기가 넘는 기간 동안 평화신학에 대한 아나뱁티스트들의 공통된 이해를 표현하는 촉매제, 평화의 복음의 본질에 대한 아나뱁티스트 사이의 토론장, 평화에 대한 광범위한 에큐메니컬 대화에 참여하는 메커니즘의 기능을 수행해 왔다. 1991년 MCC가 복사본을 스프링 노트 형태의 22.6cm×28cm 책자로 처음 펴낸《메노나이트 평화신학: 다양한 유형의 파노라마》는 아나뱁티스트-메노나이트 평화신학 성찰에 대한 MCC의 지원과 리더십의 유산에 중요한 이정표가 되었다.

이 책의 부제 '다양한 유형의 파노라마'는 1980년대 말과 1990년대 초 캐나다와 미국의 아나뱁티스트들이 '신학'과 '평화'의 관계를 이해한 다양하고 논쟁적인 방식을 가리키며 그런 유형들의 전경을 조명하겠다고 약속한다. 이러한 신학적 다양성은 1920년 '모든 전쟁을 끝내기 위한 전쟁'의 여파로 설립된(전쟁이 끝나지 않은 상태였지만 전쟁과 기근 속에서 살아가는 러시아 남부의 동료 메노나이트 교도들의 필요에 부응하기 위해 만들어진) MCC의 초창기부터 존재해 왔다.

초기부터 이후 수십 년 동안 MCC는 소련이 된 지역에서 굶주린 사람들에게 식량을 제공하고, 소련을 탈출한 메노나이트 난민들이

파라과이에 정착하도록 돕고, 제2차 세계대전 중에는 MCC가 운영하는 민간 대체 복무Civilian Public Service(CPS) 수용소를 통해, 전쟁 후에는 MCC의 팍스PAX 프로그램을 통해 아나뱁티스트 양심적 병역 거부자들이 군 복무 대신 다른 일을 할 수 있도록 미국 정부와 협력하는 등 실질적인 아나뱁티스트 간 공동 행동으로 나타나는 기능을 했다. 그러나 이러한 협력 외에도 MCC는 1942년에 설립한 평화분과를 통해 그 시기 동안 미국과 캐나다의 아나뱁티스트 단체들 사이에서 '평화신학'이 어떤 모습일 수 있는지에 대한 공통된 이해를 키우는 데도 기여했다. 전쟁 중에도 메노나이트 역사와 더불어, 선교, 봉사, 개인 및 교회와 국가의 관계에 대한 공통된 이해를 증진하기 위해 CPS 수용소에서 사용할 6권의 소책자 시리즈를 발행했다. 거기에는 해럴드 S. 벤더Harold S. Bender, 가이 F. 허시버거Guy F. Hershberger, C. 헨리 스미스C. Henry Smith, 에드먼드 G. 코프먼Edmund G. Kaufman, P. C. 히버트P. C. Hiebertt 등 주요 메노나이트 학자들이 집필을 담당했다. 전쟁 중과 종전 후 MCC는 다른 소책자도 여러 권 발간했으며, 그 책자들을 통해 전통적인 메노나이트의 병역 거부를 강화하여 평화분과의 징병 상담 사역에 동참하는 한편, 그리스도인들이 비전투원으로 복무할 수 있는지와 같은 새로운 질문도 다뤘다.

평화신학적 분별을 증진하려는 MCC 평화분과의 노력은 징병이라는 실질적인 문제를 넘어, 평화분과와 그 계승자들이 기독교 신앙에서 요구하는 평화 증언에 대해 메노나이트 내 상호 분별의 장을 만드는 데까지 이르렀다. 때때로 이러한 분별은 평화를 위한 공통된 신학적 신념을 밝히는 공동 성명으로 이어지기도 했다. 예를 들어, 1950년 평화분과는 인디애나주 위노나레이크Winona Lake에서 메노나이트 간 협의회를 소집하여 전후 시대의 '무저항'을 어떻게 이해할지 논의했고, 그 자리에 참석한 여러 메노나이트 및 그리스도 형제단Brethren in Christ(BIC) 대표들은 〈신앙과 헌신 선언문Declaration of Faith and Commitment〉을 발표했다. 그로부터 40여 년이 지난 1993년, MCC는 "그리스도의 평화의 길을 따르는 헌신Commitment to Christ's Way of Peace"을 약술한 성명서를 작성하여 MCC가 책임지고 있는 아나뱁티스트 교회에 추천했고, 일부 교회는 이 성명서를 자신들의 것으로 채택했다.

또한 1950년대에 MCC 평화분과는 평화신학에 대한 광범위한 에큐메니컬 토론에 참여하며, '역사적 평화교회 지속위원회Continuation Committee of the Historic Peace Churches'가 평화는 하나님의 뜻이라는 공동 증언을 작성하여 세계교회협의회World Council of Churches(WCC)에 제출하고 공식화하는 작업을 이끌었다. MCC는 평화신학을 둘러싼 이런 역사적 평화교회의 대화에서 메노나이트의 주도적 역할을 꾸준히 지원했으며, 최근에는 퀘이커, 브레드런 교회Church of the Bretheran와 협력하여 21세기 첫 10년 동안 일련의 회의와 후속 도서 발간을 준비하고 후원함으로써 WCC의 "폭력 극복을 위한 10년Decade to Overcome Violence" 캠페인에 기여했다. 그 회의와 도서에는 아프리카, 아시아, 라틴 아메리카 전역의 아나뱁티스트 평화신학과 증언이 부각되었다.

1950년 위노나레이크 선언은 미국과 캐나다의 다양한 메노나이트 단체가 평화에 대한 공통의 신학적 이해와 헌신을 발견하고 표현할 수 있음을 증명했지만, '평화신학'을 구성하는 요소에 대한 아나뱁티스트의 이해는 여전히 제각각이며 때로는 갈등을 빚었다. 지난 70여 년 동안 MCC를 비롯해 아나뱁티스트가 더 폭넓게 이해하는 평화신학의 범위는 징병에 초점을 맞추는 것을 넘어, 그리스도의 평화의 길을 따르는 헌신이 인종차별, 기아 위기, 경제적 착취와 불평등의 글로벌 시스템, 식민주의와 가부장제의 유산 등에 대해 어떤 말을 해야 하는지 묻는 것으로까지 확장되었다.

《MCC 평화분과 뉴스레터 *MCC Peace Office Newsletter*》와 같은 간행물은 변화하는 사회적·정치적 현실을 평화신학으로 어떻게 이해할 수 있는지에 대한 메노나이트의 다양한 관점을 부각했다. 이번에 재출간한 1991년도 《메노나이트 평화신학》은 메노나이트 평화 증언이 취해 온 다양한 형태에서 한 걸음 물러나 그 다양한 증언에 내재되어 그것을 형성하는 신학적 '유형'을 성찰하려는 노력의 결과물이었다.

1991년 초판 서문에서 존 A. 랩 John A. Lapp이 지적했듯이 이 책에는 아르헨티나 신학자 다니엘 S. 스키파니 Daniel S. Schipani이 논문과 라틴 아메리카 해방신학과 통하는 '해방 평화주의'에 관한 논문을 제외하고는 세계 아나뱁티스트 교회 기고자들의 목소리가 빠져있다. 이 책이 처음 출간된 이후 30여 년 동안 MCC는 평화신학이 성경과 핵심 신학적 신념에 뿌리를 두었을 뿐만 아니라 개인과 공동체의 경험과 역사로 형성되고 그에 반응한다는 점을 인식하면서, 아나뱁티스트 평화신학이 더 풍부하고 완전해지려면 이 지면에 소개된 것보다 훨씬 더 다양한 목소리를 들어야 한다는 사실을 더듬더듬 불완전하게나마 크게 배웠다.

이 책은 평화의 복음에 대한 아나뱁티스트 신학적 성찰의 다양한 유형을 제한적으로 탐구한 결실로 존재할 수밖에 없다. 그러나 매우 다양한 환경의 아나뱁티스트들 사이에서 전 세계적인 대화를 촉진할 수 있음을 입증하기도 했다. 그러므로《메노나이트 평화신학》의 재발간이 오늘날 아나뱁티스트 평화신학의 최종적인 파노라마를 제시하는 데 그치지 않고, 전 세계 아나뱁티스트들이 그리스도의 평화의 길을 따르는 다양한 신학적 방식들 사이에서 폭넓은 대화와 상호 분별을 독려하는 활력소가 되기를 바란다.

펜실베이니아주 애크런에서

메노나이트중앙위원회 기획·교육 디렉터

알레인 엡 위버

옛날 옛적에 메노나이트는 평화교회로 정의되었다. 외부에서는 물론이고 내부에서도 메노나이트의 평화주의가 예수 그리스도의 가르침을 따르고자 하는 공동체적 헌신에 뿌리를 두고 있다고 생각했다. 근본적으로 그런 시각은 원수를 포함해 모든 사람을 사랑하고 전쟁 참여를 거부하는 것을 의미했다. 하지만 현실은 그렇게 간단하지 않았다. 일부 메노나이트는 그처럼 신실하게 실천하지 못했다. 어떤 이들은 신학적 이해와 사회적 상호작용을 점진적으로 요구하는 입장을 발전시켰다.

이 문서는 오늘날 평화에 관한 다양한 입장을 모아 정리헤 분석하고 비평한다. 북미에서는 20세기 대부분에 걸쳐 분화가 진행되고 있다. 이 분화에는 신학석 뉘앙스, 교회의 비전, 정치의식이 포함된다. 그리고 그 과정에서 흥미로운 질문이 제기된다. '이렇게 다양한 입장이 존재하는데 우리는 여전히 평화에 헌신하는 교회인가?'

여기에 실린 연구는 모두 훌륭하다. 하지만 이것이 최종은 아니다. 글쓴이 대부분이 북미 출신이다. 다른 다섯 대륙에 있는 메노나이트들은 이 유형론에 무엇을 추가해야 할까? 우리 생각의 성장이 많이 일어나는 더 큰 기독교 환경에 대한 언급도 있지만, 이는 실제로 여기서 논의된 것보다 훨씬 더 풍부하고 깊다. 새로 나

온《평화 선언문: 하나님의 백성 안에서 세상의 쇄신이 시작되었다
A Declaration of Peace: In God's People the World's Renewal Has Begun》(Scottdale
and Kitchener, 1990)는 이 연구들에서 잘 다루지 않은 에큐메니컬 대
화를 반영하고 있다. 이 책에 실린 유형들은 특정한 경험에서 나왔
기에 이 분석에서 정의하는 각 유형의 사회적 맥락을 이해하는 것
도 중요하다. 이렇게 말한다고 해서 여기 실린 여러 글의 훌륭함과
중요성을 축소하려는 의도는 아니다. 이 책은 학생, 목회자, 그리고
이 기본적인 메노나이트 패러다임에 관심이 있는 모든 이에게 귀중
한 자료가 될 것이다.

1991년 1월
펜실베이니아주 애크런에서
메노나이트중앙위원회 사무국장
존 앨런 랩

이 프로젝트의 시작

이 책자에 수록된 논문들은 메노나이트 중앙위원회MCC가 후원하는 두 위원회인 평화위원회Peace Committee와 에큐메니컬 평화신학 작업그룹Ecumenical Peace Theology Working Group의 1989년 11월 합동 회의를 위해 처음 준비되었다.

이 두 조직은 현재 메노나이트와 그리스도 형제단Berthren in Christ(BIC)의 여러 부문에서 추진하는 평화신학의 다양한 유형을 검토하는 것이 유용하리라는 결론을 내렸다. 그래서 1989년 초, MCC 평화분과는 '메노나이트·그리스도 형제단 평화신학의 현재 흐름에 대한 검토'라는 주제로 두 단체의 합동 회의를 소집했다.

검토 목적은 (1) 메노나이트 평화 사상의 유형과 그 신학적 가정을 설명하고, (2) MCC에 유용한 관점에 대한 합의를 모색하며, (3) 교회 간, 에큐메니컬 맥락에서 우리의 관점을 어떻게 표현할지 고려하는 것이었다.

위원회의 요청에 따라 존 R. 버크홀더는 〈메노나이트 평화신학을 이해할 수 있을까?〉라는 작업 논문을 준비해 현재 '아나뱁티스트'를 대표하는 잠정적인 10가지 신학적 견해를 소개했다.

합동 회의 의장인 허먼 본트래거Herman Bontrager와 말린 E. 밀러 Marlin E. Miller는 이 중 7가지 유형을 선정하여 11월 2~4일 모임을 위해 참가자들이 각자 답변서를 준비하도록 요청했다. 과제를 구체화하기 위해 두 의장은 다음 두 가지 질문을 제기했다. **(1) 각 유형은 메노나이트·그리스도 형제단이 공공 영역에서 기능하는 방식에 어떤 영향을 미치는가? (2) 우리의 평화 증언이 위험에 처해 있는가?**

기술적 유형론descriptive typology의 전개

1989년 11월 회의에서는 유형론의 틀과 제출된 견해 내용에 대한 논의가 모두 이루어졌다. 위원회는 이 자료에 대한 추가 작업을 요청하고 편집팀을 임명했다. 이에 따라 논문들을 최종적으로 출판하기 위해 현재의 형식으로 재작성하고 편집했으며, 다양한 유형의 파노라마를 완성하기 위해 편집자들이 요청한 논문을 몇 편 추가했다.

이 논문 모음집은 존 R. 버크홀더가 초기 유형론을 소개하는 작업 논문의 축약본으로 시작되며 그 내용은 다른 논문 기고의 출발점이 된다. 후속 장들은 대략 연대순으로 배열되어 오래된 유형부터 최근의 유형으로 이어진다. (이 순서는 버크홀더가 처음에 제시한 순서와 다르다.) 집필자와 편집자가 합의하여 일부 유형의 명칭은 그 유형의 본질을 더 적절히 표현하는 용어로 변경했다.

이 가운데 5개 장은 새로운 자료다. 로널드 사이더Ronald Sider는 11월 회의에서 "'비정치적' 무저항"에 대해 간략히 분석했으나 이 책에 실을 논문은 제공하지 못해 존 R. 버크홀더가 대신 그 장을 집필했다. "급진적 평화주의"는 에큐메니컬 평화신학 작업그룹이 1988년 6월 회의에서 사이더의 저술을 놓고 열띤 토론을 했기 때문에 11월 회의에서는 다루지 않았다. 바버라 넬슨 깅거리치Barbara Nelson Gingerich가 이 유형을 분석하기 위해 당시 논의를 일부 참고했다.

1989년 11월 모임에 참여한 로런 프리즌Lauren Friesen이 3장을 집필했는데, 러시아 메노나이트 또는 베델대학교(캔자스) 유형의 독특한 "문화 참여적 평화주의"가 3세대에 걸쳐 발전해 온 과정을 다루었다. 이 반가운 기고문은 처음 유형론의 유형 5와 유형 9의 주제를 연결한다. 프리즌은 이 전통을 다룬 로이스 배럿Lois Barrett의 논문에서 한 부분을 활용했는데, 두 사람은 현재 시점에서 애초 유형론에 간극이 있음을 발견했다.

존 H. 레데콥John H. Redekop은 캐나다 평화주의에 대한 설문 조사

요청에 너그럽게 응했으며, 캐나다 현장에서 아나뱁티스트-메노나이트의 정치 참여에 특히 중점을 두었다. 또 다른 캐나다 사람인 아널드 스나이더Arnold Snyder는 메노나이트 평화주의를 위해 아나뱁티스트의 역사와 영성이 활용된 것에 대한 성찰을 제시했다.

바버라 넬슨 깅거리치는 제출된 논문들을 수정하고 편집하는 중요한 책임을 맡았다. 존 R. 버크홀더는 편집 작업을 돕고 프로젝트를 감독했다. MCC 평화분과의 존 K. 스토너John K. Stoner는 출판을 준비했다.

이 공동 프로젝트에 성실함과 관용, 인내심을 보여 준 필자들에게 감사드린다.

1990년 11월
인디애나주 고셴에서
존 리처드 버크홀더
바버라 넬슨 깅거리치

메노나이트 평화신학을 이해할 수 있을까?

존 리처드 버크홀더

Can We Make Sense of Mennonite Peace Theology?

이 장은 1989년 11월 토론을 위해 준비한 작업 논문의 축약본이다. 내가 이해한 과제는 메노나이트의 평화관과 교회와 국가 간 문제에 대한 견해를 설명하는 작업에 필요한 자료와 도구를 제공하는 것이었다. 그래서 나는 세 부분으로 구성된 기초 자료를 서둘러 작성해 프로젝트 참가자들에게 보냈다. 첫 부분은 "20세기 메노나이트 사상 개괄Summarizing the twentieth century of Mennonite thought"이라는 제목을 붙이고, 곧 출간될 《메노나이트 백과사전Mennonite Encyclopedia》 제5권에 실릴 논문 몇 편을 포함해 이전 저작들에서 발췌한 내용을 모았다.[1] 그중 일부는 이 책의 "역사적 무저항"이라는 장에 들어가 있다.

사전 자료의 두 번째 부분에서는 메노나이트 평화신학 유형론의 개요를 설명하고 제안했다. 나는 이 목록을 "잠정적" 유형론이라고 명명했는데, 단순히 어떤 생각을 불러일으키기 위한 목적으로 제시한 초안이었기 때문이다. 9월에 보낸 자료에서 공동의장 허먼 본트래거와 말린 밀러는 그 목록을 11월 회의에서 준비하고 논의할 논문들을 배정하는 체계로 변경했다. 그 논문들에 몇 편의 논문이 추가되어 이 책에 실렸으며 일부는 상당한 수정을 거쳤다.

---

1   [Cornelius J. Dyck and Dennis D. Martin, eds., *The Mennonite Encyclopedia*, vol. 5 (Scottdale, PA: Herald Press, 1990). 다음 자료도 참고: John R. Burkholder, "Nonresistance," *Global Anabaptist Mennonite Encyclopedia Online*, gameo.org.]

내가 애초 작성한 유형론이 딱히 내세울 만큼 만족스럽지는 않지만 독자들이 이 프로젝트가 시작된 양상을 이해할 수 있도록 약간만 수정한 처음의 개요를 여기에 제시한다. (일부 유형의 수정된 명칭은 원래 제목 뒤 괄호 안에 표시했다.) 또한 일부 필자들이 논문을 구성하면서 내가 제시한 분석 틀을 사용했기 때문에 사전 자료의 세 번째 부분인 "기본 쟁점에 대한 작업 패러다임A working paradigm of basic issues"도 포함했다.

메노나이트 평화신학의 잠정적 유형론

유형론을 개발하는 방법에는 여러 가지가 있다. 하나는 주로 귀납적인 방법이다. 몇 가지 기본적인 특징(학파 또는 주요 인물)으로 대표적 입장을 구분하고 선택한 다음 각 관점의 주요 요소를 제시하는 것이다. 이는 H. 리처드 니부어H. Richard Niebuhr의 《그리스도와 문화Christ and Culture》(1951), 존 하워드 요더의 《그럼에도 불구하고, 평화Nevertheless》(1971), 두에인 프리즌Duane Friesen의 MCC 책자(1982)에서 채택한 접근법이다.[2] 저자와 집단의 의도에 비교적 충실하며 서술적이고 설명적인 형식이라는 장점이 있지만 비교의 구체성과 명확성이 부족할 수 있다.

---

2 H. Richard Niebuhr, *Christ and Culture* (New York: Harper & Row, 1951)/《그리스도와 문화》(IVP, 2007); John H. Yoder, *Nevertheless: The Varieties of Religious Pacifism* (Scottdale, PA: Herald Press, 1971 [2nd ed., 1992]/《그럼에도 불구하고, 평화》(대장간, 2015); Duane Friesen, *Mennonite Witness on Peace and Social Concerns: 1900-1980* (Akron, PA: Mennonite Central Committee, 1982).

또 다른 접근법은 연역적이고 분석적인 방식이다. 토론에 중요한 핵심 변수를 몇 가지 정하고 이러한 요소들을 합리적인 구조로 정리한 다음 이를 다양한 관점을 검토하는 좌표로 사용하는 것이다. 이는 한층 엄밀한 방법이지만 주제의 생기가 빠지기 쉬우며 억지스러운 범주화를 초래할 수 있다.

이런 종류의 논문을 요청하기 위한 초기 논의에서 메노나이트를 대표하는 대여섯 가지 입장이 확인되었다. 나는 귀납적 모델을 사용해 개념도를 준비해 달라는 요청을 받았다. 이를 바탕으로 몇 가지 대표적 입장을 과감하게 간추리면서 내 나름대로 이름을 붙여 구분하고 뚜렷한 지지자들의 이름과 함께 특징을 기술했다.

그다음에는 각 관점의 방법론과 의미를 분류하는 추가 작업에 필요한 틀로서 분석 좌표를 제시했다. 다시 말해 귀납적 접근과 연역적 접근을 모두 반영하는 자료를 제공한 것이다.

이 목록이 현대 메노나이트·BIC 현장에 국한되어 있다는 점을 반드시 강조하고 넘어가야겠다. (다른 호전적인 윤리적·정치적 입장은 말할 것도 없고) 요더의 《그럼에도 불구하고, 평화》에 나오는 다양한 평화 입장과 비교해도 이 관점들은 모두 (1) 아나뱁티스트 전통 안에 있다고 주장하고, (2) 치명적인 폭력을 아나뱁티스트 신자들의 선택지로 거부하며, (3) 성경의 권위를 주장하고, (4) 교회 공동체를 충성의 일차 대상으로 삼는다는 점에서 공통점이 있다.

1. 역사적 무저항Historical Nonresistance

지지자로는 가이 F. 허시버거, 해럴드 S. 벤더, 존 C. 웽거John C. Wenger 등이 있다. 이 관점은 특히 (옛) 메노나이트 교회의 기준이다.

- 이 입장은 마태복음 5장에 나오는 예수의 가르침, 즉 악을 대적하지 말고, 한쪽 뺨을 맞거든 다른 뺨마저 돌려대고, 원수를 사랑하라는 말씀에 대한 문자 그대로의 순종을 강조한다.
- 양심적 병역 거부로 표현된다.
- 삶의 다른 영역에서 폭력의 대안을 모색한다.
- 사회 질서 개혁을 기대하지 않는다.

2. "비정치적" 무저항"Apolitical" Nonresistance

샌퍼드 셰틀러Sanford Shelter, J. 워드 섕크J. Ward Shank, 제임스 헤스James Hess, J. 오티스 요더J. Otis Yoder 등이 지지하며, 《오늘날을 위한 지침Guidelines for Today》, 《칼과 나팔The Sword and Trumpet》 같은 간행물도 이런 관점을 취한다. ("비정치적"이라는 명칭이 적절한지는 의문이나 셰틀러가 반복해서 사용하는 용어다.)

- 이 입장은 '역사적 무저항'의 합법적 후예라고 주장하지만 엄격한 두 왕국론을 고수한다. '우리에게는 옳지 않은 일(살인)이 그들에게는 옳을 수도 있다'고 주장하는 듯 보이는데, 대변자들은 그런 해석을 부인했다.
- 전통적인 구약성서의 정치 범주를 선호하는 경향이 있다.
- 어떤 형태의 정치 활동이 개별 그리스도인에게는 허용되나 교회 단체에는 허용되지 않는다고 간주한다.

3. 급진적 평화주의Radical Pacifism

지지자로 데일 브라운Dale Brown과 로널드 사이더가 있다.

- 이 유형은 예수의 엄격한 비폭력 윤리를 간디나 진 샤프
  Gene Sharp 식의 적극적인 사회적·정치적 행동과 연계한다.
- 신앙에 뿌리를 둔 비폭력을 공적인 정치 영역에 적용하
  는 데 윤리 문제가 없다고 보지만, 현실적인 어려움은 인
  식한다.

4. 메시아 공동체의 평화주의Pacifism of the Messianic Community

지지자로 존 하워드 요더가 있으며 해리 휴브너Harry Huebner도 포함될 수 있다.

- 이 유형은 예수 그리스도를 주님으로 고백하고, 비폭력
  순종이 부활의 힘을 통해 가능하다고 보며 십자가의 길
  에 헌신하는 사람들로 구성된 뚜렷한 반문화 공동체에서
  살아가는 것으로 본다.
- 원수를 사랑하는 데 헌신하는 인간 공동체의 존재가 새
  로운 도덕 기준이 되고, 따라서 세속 정치에 대한 유의미
  한 증언이 될 것이라는 관점이다.

5. 정치적 평화주의 또는 정치적 비폭력Political Pacifism or Political Nonviolence [현실주의적 평화주의Realist Pacifism]

지지자: 두에인 프리즌

- 이 유형은 '급진적 평화주의'와 유사하지만 세계 체제에
  서 효과적인 비폭력 변화 가능성에 훨씬 낙관적이며, 세
  속적 유사 사례에 더 많은 관심을 기울인다.

6. 탈정치적 평화주의Post-political Pacifism

[신종파적 평화주의Neo-sectarian Pacifism]

지지자: 테드 쿤츠Ted Koontz

- 이 유형은 수정된 두 왕국 윤리로 고상하게 회귀한 것으로, 때때로 국가 폭력의 도덕적 필요성을 인정하지만 비폭력을(심지어 급진적인 비폭력 행위까지도) 기독교 윤리로 지지한다.

7. 사회적 책임Social Responsibility

지지자: J. 로런스 버크홀더J. Lawrence Burkholder

- 니부어식 비판에 대한 응답으로, 버크홀더는 윤리적 타협에 얽매이지 않고 개인적 무저항을 고수하는 사회 참여적 메노나이트 입장을 옹호한다.

8. 해방 평화주의Liberation Pacifism

지지자는 아널드 스나이더, 마크 뉴펠드Mark Neufeld, 페리 요더Perry Yoder이며 라번 러치먼LaVerne Rutschman도 포함될 수 있다.

- 이 유형은 가난하고 억압받는 이들과 연대하는 것으로 시작된다.
- 정의를 강조한다(어쩌면 평화보다 우선시할 수도 있다).
- 절대적 비폭력을 규범으로 확립하기를 꺼린다.

9. 비폭력적 정치 리더십Nonviolent Statesmanship

지지자: 고든 코프먼Gordon Kaufman

- 이 유형은 무조건적인 이웃 사랑을 주요 원칙으로 삼는다.
- 개인적 신념에 반하는 공공의 정치 행동을 요구할 수도 있다.

10. 캐나다 평화주의Canadian Pacifism

지지자: 프랭크 엡Frank Epp, 존 레데콥

- 이 유형은 정치적 비폭력 및 사회적 책임과 공통점이 많다.
- 현대 민주주의 국가를 그리스도인 참여의 긍정적인 장으로 본다.

처음에 언급했듯이 이 목록은 개요에 불과하나 주제를 소개하고 추가 작업의 길을 열기에 충분하다고 생각한다.

기본 쟁점에 대한 작업 패러다임

다음은 메노나이트 교회의 '1968~1970년 교회와 국가 연구 위원회the 1968~70 Church and State Study Commission'를 위해 20여 년 전 내가 초안으로 작성한 문서를 수정하고 재정리한 내용이다. 그 위원회에는 조지 브렁크 2세George Brunk II, 존 A. 랩, 샌퍼드 G. 세틀러, 존 하워드 요더 등이 참여했다.

이 패러다임은 특히 교회와 국가의 관계 문제에 주목한 평화신학에 대한 논증과 입장을 형성하고 지원하는 방식에 명확성과 질서를 부여하려는 시도다. 대부분의 주요 쟁점이 여전히 동일하고 많은 문제가 해결되지 않은 채 논쟁이 계속되는 것으로 보인다. 아래 제

시된 항목들은 앞서 소개한 다양한 유형을 더 집중적으로 분석하는
틀을 제공할 것이다.

T. 신학적, 성경적 가정 Theological and biblical assumptions

T.1. 하나님의 주권

    T.1.a. 사랑과 정의와 심판의 측면에서 특히 인간의 운명에 관한 하나님의 궁극적인 뜻은 무엇인가? 하나님은 과연 폭력이나 죽음을 원하시는가? 세상에 일어나는 모든 일이 하나님의 뜻과 일치하는가?

    T.1.b. 하나님은 세상을 어떻게 다스리시는가? 하나님이 역사 속에서 행하신다는 것은 무엇을 의미하는가?

T.2. 그리스도의 주권

    T.2.a. 그리스도는 현재 교회와 세상 모두의 주인인가?

    T.2.b. 그리스도를 두 영역 모두의 주인으로 이해한다면, 그 주권은 두 영역에서 어떻게 다르게 표현되는가?

T.3. 성경 해석

    T.3.a. 구약과 신약의 관계 (그리고 각각에서 하나님은 어떻게 말씀하시는가?)

    T.3.b. 윤리 원칙들은 성경에서 어떻게 도출되는가?

    T.3.c. 해석 공동체의 기능과 한계

T.4. 복음의 본질과 범위

    T.4.a. 윤리와 구원은 어떤 관계가 있는가?

    T.4.b. 평화는 어떤 의미에서 복음의 중심인가?

T.5. 종말론: 종말에 대한 관점이 평화 윤리에 어떤 영향을 미치

는가?

E. 윤리 원칙 및 절차 Ethical principles and procedures

E.1. 하나의 도덕: 정치적 통치자를 포함해 모든 인간은 동일한
기준의 지배를 받는가?

E.2. 사람을 죽이는 일이 과연 옳은가?

E.3. 폭력에 관한 기독교 윤리는 무저항(물리적 폭력과 심리적 강압
을 모두 배제함)으로 가장 잘 이해되는가, 아니면 비폭력(강압
이 허용될 수도 있음) 또는 다른 것으로 이해되는가?

E.4. 성경 외에 그리스도인에게 윤리적 통찰을 주는 합당한 원천
이 있는가(예를 들면, 자연법·실정법, 사회학적·인류학적 자료)?

E.5. 권력과 책임: 권력과 책임은 어떻게 정의되고 평가되는가?

C. 교회 Church

C.1. 하나님 나라와 가시적 교회의 관계

C.2. 선교의 우선순위: 복음 전도, 정의, 평화 만들기, 사회봉사
등은 어떤 관련이 있는가?

C.3. 교회의 사회적 형태와 전략 (교회형, 종파형, 아니면 다른 것?)

C.4. 제자도의 영원성과 시간적 차원에서 나타나는 긴장

C.5. 권위가 있고 의사 결정이 진행되는 장소

S. 국가와 사회 State and society

S.1. 국가의 본질: 국가는 신성한 기관인가 아니면 인간의 조직인
가? '정사와 권세'는 무엇인가? [이것은 사실 'T' 차원의(신학

적, 성경적 가정) 문제일 수 있다.]

S.2. 순종과 복종의 윤리: 로마서 13장 질문

S.3. 시민 의식의 의미와 우선순위 (C.4.와 P.1. 참조)

    S.3.a. 국가에 대한 충성 대 지구 공동체에 대한 충성

    S.3.b. 참여 또는 물러남

S.4. 권리와 자유의 보장자로서의 국가

S.5. 정당성: 혁명 대 권위

S.6. 사회문화적 속박과 기독교적 분별력

S.7. 국제 체제의 본질: 혼돈, 힘의 균형 또는 국가 간 네트워크?

S.8. 이데올로기와 정부 형태에 대한 평가

P. 교회와 국가의 관계 문제에 대한 정책과 입장

Policies and positions on church-state issues

P.1. 애국심과 시민 의식 (C.4.와 S.3. 참조): 참여와 거부의 수준과 종류

P.2. '비정치적'의 의미: 중립적? 무관심? 직업적 분업? 예언자적 반대?

P.3. 관직: 공직 수행과 책임

P.4. 정부 당국에 대한 적절한 형태의 증언(기도부터 시민 불복종까지)

P.5. 공공 정책 평가 기준

D. 특정 사안에 대한 결정 Decisions on specific issues (사례와 예시)

D.1. 전쟁세

D.2. 징집 거부

D.3. 낙태에 관한 법률

D.4. 외교 정책 결정

D.5. 다른 집단과의 협력, 친교, 연합

이 패러다임은 다른 사람들이 작업 계획의 유용성을 검증하기에 충분하다. 그러나 반복되는 다른 주제도 평화신학의 논의와 관련이 있다는 점에 유의해야 한다. 예를 들면 다음과 같다.

1. 거주 지역의 중요성: 캐나다, 미국, 일본, 니카라과, 케냐 등
2. 개인적 경험의 흔적: 교육, 직업적 역할, 국제적 노출, 다양한 정치적·사회적 환경에서 관찰하거나 참여한 경험 등
3. 수많은 이원론의 의미와 기능: 시간/영원, 현세적/내세적, 낙관주의/비관주의, 질서/자유, 사랑/정의, 현실주의/이상주의, 이미/아직, 특수/보편

메노나이트 평화신학의 10가지 유형

Ten Types
of Mennonite
Peace Theology

역사적 무저항

존 리처드 버크홀더

Historic
Nonresistance

무저항 논의의 기준점

미국 메노나이트는 전통적으로 평화의 길에 대한 신념을 무저항의 언어로 표현해 왔다. 무저항이라는 용어는 마태복음 5장에 나오는 예수의 가르침(악을 대적하지 말고, 한쪽 뺨을 맞거든 다른 뺨마저 돌려대고, 원수를 사랑하라)에서 유래했으며 그 가르침을 문자 그대로 따르겠다는 의사를 나타낸다. 폭력과 전쟁에 반대하는 이 증언은 양심적 병역 거부와 함께, 삶의 다른 영역에서 폭력의 대안을 모색하는 형태로 드러났다.

가이 F. 허시버거의 주요 저작인 《전쟁, 평화, 무저항*War, Peace, and Nonresistance*》(1944년에 초판, 1953년과 1969년에 개정판 발행)은 메노나이트의 평화 입장을 그 어느 때보다 완벽하게 제시했다.[1] 이 책은 구약과 신약의 주석, 아나뱁티스트-메노나이드 경험에 특별히 주목한 기독교 교회의 평화 사상사, 평화 입장의 현대적 함의를 모두 담았다. 이 획기적인 연구는 북미의 주요 메노나이트 단체의 기초적인 평화신학으로 기능했다. 1940년대부터 1960년대까지 교단의 결의와 입장문은 모두 큰 편차 없이 허시버거의 견해를 반영하

---

1   Guy Franklin Hershberger, *War, Peace and Nonresistance* (Scottdale, PA: Herald Press, 1944 [1953, 1969])/《전쟁, 평화, 무저항》(대장간, 2012).

고 있다.

허시버거에게 무저항은 "그리스도께서 원수를 위해 십자가에서 당신의 생명을 온전히 내어주신 것처럼 사랑을 아낌없이 쏟아붓는 것"을 의미했다.[2] 따라서 이 단어는 예수의 예에서 보듯이 고난받는 사랑의 방식과 동의어가 되었다. 엄밀히 말하면 이 용어는 단순히 저항하지 않는다는 소극적인 입장을 내포하지만, 실제로는 사랑과 평화가 있는 이상적인 삶의 특징을 나타내는 말로 쓰이게 되었다.

메노나이트 교회에서 무저항은 유일하게 진정한 성서적·아나뱁티스트적 규범으로 가르쳤으며 이는 슐라이트하임 신앙고백 Schleitheim Confession of Faith의 비정치적 두 왕국 신학과 일치한다. 허시버거가 공식화한 무저항 윤리는 삶의 모든 영역에 영향을 미쳤다. 그것은 그리스도교 공동체에서의 개인적 관계를 넘어 산업, 법률, 정치, 경제와 관련된 지침이기도 했다. 그 규범적 표현에는 법적 소송 제기나 노동조합 가입을 거부하는 것이 포함되었다. 무저항은 신앙 공동체에 기반을 둔 활발한 기독교적 봉사 활동을 포함하도록 확장되었다.[3]

---

2 Guy Franklin Hershberger, *The Way of the Cross in Human Relations* (Scottdale, PA: Herald Press, 1958), 41.

3 이 도입부는 다음 자료를 참고하여 작성했다. J. R. Burkholder's essay on "Peace" in the forthcoming *Mennonite Encyclopedia*, vol. 5. [Cornelius J. Dyck and Dennis D. Martin, eds., *The Mennonite Encyclopedia*, vol. 5 (Scottdale, PA: Herald Press, 1990). 다음 자료도 참고: John R. Burkholder, "Peace," *Global Anabaptist Mennonite Encyclopedia Online*, gameo.org.]

무저항의 사회 윤리

1958년 무렵 허시버거는 자유주의적 사회복음주의, 근본주의, 니부어의 신정통주의에 반대되는 "제4의 길"을 표방하는 포괄적인 성경적 사회 윤리를 발전시켰다. 그 무저항 윤리의 기본 원리는 다음과 같다.

1. 교회는 단순히 인간의 제도나 신비적 초월 현상이 아니라 "하늘에 속한 영토colony of heaven"다. 그러나 이 땅과 역사 속에서 하나님의 왕국을 의식적으로 표현하는 실제 사람들이 있다.

2. 하늘에 속한 영토는 사회적 실체이므로 그 윤리는 근본주의자들의 전형적인 제한된 개인 윤리를 넘어서는 강력한 사회 윤리다.

3. 죄와 타락한 인간 본성의 만연함은 자유주의 사회복음에 대한 신정통파의 비판과 대부분 일치하며 인정된다. 국가와 정부는 하나님의 완전성 영역 밖에 있다(기독교 제도권Christendom에 맞선 중요한 종파적 선언).

4. 제자도와 순종의 소명은 훌륭한 시민 의식이나 "책임감 있는" 생활 그 이상이다. 그것은 궁극적으로 십자가의 길이다.

5. 무저항은 비폭력 저항과 분명히 구별된다. 라인홀드 니부어의 견해와도 명백히 일치하는 이런 입장은 강압이 폭력만큼이나 옳지 않다고 주장한다.[4]

허시버거의 성숙한 견해는 그가 75세 때 설교한 "우리의 시민권은 하늘에 있다"라는 말에 수사적으로 요약되어 있다. 전형적으로 하늘에 속한 영토라는 주제는 대안 공동체의 기본 은유로 등장하며, 무저항의 충실한 증언을 위한 토대다. 그 증언은 사회와 정부 모두에 영향을 미치기 위한 것이지만, 허시버거는 세속적인 형태의 정치권력에 관여하고 싶은 끊임없는 유혹에 대해 경고한다. 그는 퀘이커의 경험을 또다시 언급한다. "평화를 사랑하는 친우들인 퀘이커 교도들과 개인적으로 친분을 쌓고 그들의 역사를 오랫동안 연구한 결과, 그들이 평화에 미친 영향력은 정치권력 구조 바깥에 머물렀을 때 가장 컸고, 정치권력 구조 내부에 관여했을 때 가장 약했다는 것을 확신하게 되었다."[5]

폴 테이브스Paul Toews는 허시버거의 연구 결과를 "개념적 승리"라고 불렀다.[6] 허시버거가 보기에 신약성서의 관점은 오롯이 비정치적이었으며, 그는 초기 아나뱁티스트도 같은 시각으로 이해했다. 그러나 기존의 정치 활동에 한계를 두는 이러한 비정치적 태도는 봉사와 증언의 더 창의적인 대안을 모색하도록 만들었다. 그 윤리

---

4   참고: Theron F. Schlabach, "To Focus a Mennonite Vision," in *Kingdom, Cross, and Community: Essays on Mennonite Themes in Honor of Guy F. Hershberger*, edited by John Richard Burkholder and Calvin Redekop (Scottdale, PA: Herald Press, 1976), 43-44.

5   Guy Franklin Hershberger, "Our Citizenship Is in Heaven," In *Kingdom, Cross, and Community: Essays on Mennonite Themes in Honor of Guy F. Hershberger*, edited by John Richard Burkholder and Calvin Redekop (Scottdale, PA: Herald Press, 1976), 279.

6   Paul Toews, "The Long Weekend or the Short Week: Mennonite Peace Theology, 1925-1944," *Mennonite Quarterly Review* 60, no. 1 (January 1986): 56.

는 실질적인 의미에서 정치·사회 질서와 상당한 관련이 있는 예언자적 증언의 출현에 기여했다. 테이브스는 허시버거가 그런 이유로 "메노나이트면서 미국인"이 될 수 있었다고 주장한다. 정치적 비개입과 사회 개혁주의가 결합된 것이다.[7] 급진적인 두 왕국 신학이 다양한 사회·정치 활동을 가능하게 했기에 돈 스머커Don Smucker는 이를 "새로운 성경적 사회복음"이라고 부를 수 있었다.[8]

무저항이 삶의 모든 영역에 대한 함의로 개념이 확장되면서 메노나이트의 주류는 내향적이고 자기 보호적인 태도에서 벗어나 보다 적극적인 형태의 봉사와 화해 사역을 통해 더 큰 영역의 선교와 사회 행동으로 나아갔다.

교회와 국가의 관계에 대한 사고 양상

이 프로젝트를 기획하는 과정에서 교회와 국가 그리고 두 왕국에 대한 질문이 매우 중요한 주제로 인식되었다. 추가 논의의 배경으로 몇 가지 관련 자료를 검토하는 편이 도움이 될 것이다. 20여 년 전, 리처드 데트와일러Richard Detweiler는 메노나이트 교회의 평화문제위원회Peace Problems Committee가 작성한 주요 문서(그중 일부는 교단의 공식 입장으로 채택됨)를 분석했다. 내가 생각하기에 이 작은 책 《메노나이트 평화 선언문 1915~1966 Mennonite Statements on Peace 1915-1966》[9]은 메노나이트 교회뿐만 아니라 "아나뱁티스트 언어 문

---

7   Toews, "Long Weekend," 57.
8   Toews, "Long Weekend," 57.

화권" 전역에서 여전히 논의되는 주요 쟁점의 유용한 요약본이다. 그 개요는 다음과 같다.

    1. 평화 증언의 지속적인 특징

        a. 아나뱁티스트-메노나이트 전통의 역사적 기반

        b. 증언에 대한 성경적, 그리스도론적 권위

        c. 무저항적 태도

        d. 현대 문제를 다룸

        e. 하나님의 질서에 따라 세워진 국가를 존중함

        f. 타락하고 반항적인 사회 질서

        g. 전쟁은 죄, 평화는 하나님의 뜻

    2. 문서에 반영된 경향

        a. 증언의 신학적 근거를 더 자세히 설명함

        b. 징병부터 노동과 인종 관계, 사형 등에 이르기까지 관심 분야 확장

        c. 점점 더 미래 지향적인 태도(즉, 수동적 대응이 아닌 선제적 태도)

        d. 사회적 병폐와 자신을 동일시하는 고백과 회개의 자세

        e. 복음 전도와 화해를 강조하는 보다 분명한 복음 중심적 접근[10]

---

9   Richard C. Detweiler, *Mennonite Statements on Peace, 1915-1966: A Historical and Theological Review of Anabaptist-Mennonite Concepts of Peace Witness and Church-State Relations* (Scottdale, PA: Herald Press, 1968).

또한 데트와일러는 1961년의 "국가에 대한 기독교의 증언The Christian Witness to the State"과 같은 기초 문서에 표현된 신학을 좀 더 상세히 정리해서 발표했다. 주요 논점은 다음과 같이 요약할 수 있다.

1. 현대 신학은 교회와 국가의 기본적인 분리를 전제하지만 교회가 세상과 국가와 관련해 어떻게 화해와 증언의 사역을 수행할 수 있는지에 주목한다. 공직 진출과 투표에 대한 이전의 우려는 현대 사회 구조 속에서 어떻게 기독교인으로서 역할을 할 것인가라는 더 큰 질문으로 흡수되었다.

2. "교회의 본질과 기능은 근본적으로 세상, 국가와 구별되나 그 때문에 오히려 그것들과 관련이 있는 것으로 간주된다(37쪽)." 하나님 아래 새로운 질서인 교회는 국가와 대립하거나 심지어 국가를 위협하는 또 다른 사회 제도가 아니라 오히려 하나님 나라가 실재한다는 증거다. 교회는 십자가의 권능 외에는 아무런 권능이 없다.

3. 국가에 대한 증언은 하나님의 구속 목적이라는 틀 안에서 볼 수 있다. 그것은 모든 창조물에 대한 복음의 요구에서 비롯된다. 그러나 그러한 증언은 신앙 영역 밖에서 이해할 수 있도록 '중간 원리middle axiom'의 용어로 전달되어야 한다. 즉, 국가가 복음의 언어를 이해하기를 기대할

---

10 참고: Detweiler, *Mennonite Statements on Peace*, 22–32. 본문에서 다음 단락의 인용문도 이 책에서 가져왔다.

수는 없지만 "하나님의 구속 계획에 궁극적인 기준을 둔
(…) 시민 정의의 인도주의적 규범"을 통해 해결할 수 있
을 것이다(42쪽).

4. 이 세상 '권세'에 대한 그리스도의 주권은 이 관점의 기본
적인 신학적 전제지만, 성경에 뿌리를 둔 이 개념에 대한
이해는 매우 다양하다. 그 차이는 주권의 범위와 그에 대
한 종말론적 틀과 관련이 있다. "메노나이트 평화 증언의
개념은, 그리스도의 주권이 있는 곳을 그리스도의 통치
가 받아들여진 교회로 국한하고 그리하여 신자들을 속박
에서 '이 세상' 권세로 인도하는지, 아니면 그리스도의 주
권을 구속이라는 틀 아래 우주 질서 전체에도 적용하는
지에 대한 신학적 관점에서 갈라진다. (…) 만일 그리스
도께서 교회와 세상 모두를 다스리시는 주님이라면 정부
당국에 대한 증언은 새 시대를 선포하는 복음 메시지의
일부가 된다(46~47쪽)."

이 문제는 그리스도께서 이미 거둔 승리와 아직 오지
않은 완성 사이에서 현재 권력자들의 복종과 관련된 종
말론적 질문과 맞물리며 한층 복잡해진다. 데트와일러는
이러한 여러 견해가 양립 불가능한 것은 아니라고 주장
하지만 후속 논의에서 그 차이가 상당히 뚜렷해졌다.

5. 교회와 세상(국가 포함)에는 하나의 도덕 기준만 존재한
다. 결정적인 차이는 그 기준에 대한 반응에 있다. 이러
한 확신은 그리스도인들이 "국가를 포함한 모든 사회가
그리스도를 통해 알려진 하나님의 뜻에 따라 행동했는지

　　　　　　　　　　　　　　　　　　　　

책임을 물을 수 있도록" 해 준다(49쪽). 이 견해는 메노나이트들 사이에서 간혹 나오는, 무저항적인 그리스도인들이 참여해서는 안 되는 특정한 공격적 군사 행동을 하나님이 원하신다는 취지의 말에 내포된 이중적인 도덕성을 거부한다.

허시버거를 넘어서

'역사적 무저항'에 대한 반응은 어땠을까? 먼저 개인적인 이야기로 시작해 보겠다. 1951년 고센대학교에 다니던 시절, 도발적인 책 《단검과 십자가*Dagger and the Cross*》에서 다음과 같은 비난을 접했을 때 당혹스러웠던 기억이 아직도 생생하다. "허시버거는 (…) 정치에 참여하는 삶에서 물러나 일종의 심리적 금욕주의로 빠져드는 형태의 평화주의를 대표한다."[11](2~3년 후, 나는 그 책의 저자이자 침례교 신학자인 컬버트 루텐버Culbert Rutenber의 학생이 되었다.) 허시버거의 수업을 들은 적은 없지만 그가 차에 학생들을 가득 태우고 오하이오주 콜럼버스에서 열린 에큐메니컬 평화 회의에 간 일을 노덧이 기억한다. 거기서 나는 A. J. 머스티A. J. Muste의 강연을 처음 들었다. 당시 허시버거가 머스티를 비판한 기억은 없다. 어쨌든 내가 미국의 폭넓은 평화 운동을 알게 되면서 머스티는 나의 영웅이자 멘토가 되었다.

사실 허시버거 자신은 항상 새로운 아이디어에 개방적이었다.

11 Culbert Rutenber, *The Dagger and the Cross* (New York: Fellowship, 1950), 18.

그는 명확하고 일관된 중심을 유지하면서 변화와 상황에 적응했고, 때로는 자신이 공식적으로 발표한 견해를 초월하기도 했다. 예를 들면 1960년대 초에는 남부기독교지도자회의Southern Christian Leadership Conference 모임에 참여해 마틴 루서 킹 주니어Martin Luther King Jr. 박사를 중심으로 발전한 철학과 전략에 대해 기본적으로 긍정적인 평가를 했다. 1957년에 이미 허시버거는 킹이 간디와 예수를 융합한 것이 "강요하기보다는 호소하는 전략에 가깝고, 따라서 신약성서의 무저항에 더 가까운 접근법"으로 보인다고 말했다.[12]

다른 각도에서 보면 예수의 기본적 '무저항'은 존 하워드 요더의 《예수의 정치학 The Politics of Jesus》과 최근에는 월터 윙크Walter Wink 가 해석한 마태복음 5장 39절에서 상당한 재해석이 이루어졌다.[13] 이러한 이해는 무저항과 비폭력의 전통적인 엄격한 구분에 의문을 제기한다. 윙크는 예수의 "제3의 길"을 본보기로 제시한다. 싸우지도 도망치지도 않는 이 길은 "심리적 겁쟁이"라는 비판에 대항하는 길이다. 요더는 역사적 배경 속에서 예수의 사회적·정치적 관련성을 설득력 있게 보여 준다. 이러한 수정주의적 견해들은 '역사적 무저항'이라는 뚜렷한 유형 안에 수용되긴 어렵지만, 고전적 표현의 합당한 전개를 보여 준다고 주장할 수 있을 것이다.

---

12 Guy Franklin Hershberger, "Nonviolence," in *The Mennonite Encyclopedia*, vol. 3 (Scottdale, PA: Mennonite Publishing, 1957), 908. [다음 자료도 참고: Guy Franklin Hershberger, "Nonviolence," *Global Anabaptist Mennonite Encyclopedia Online*, gameo. org.]

13 John Howard Yoder, *The Politics of Jesus* (Grand Rapids: Eerdmans, 1972 [2nd ed., 1994])/《예수의 정치학》(알맹e, 2023); Walter Wink, *Violence and Nonviolence in South Africa: Jesus' Third Way* (Philadelphia, PA: New Society Publishers, 1987), 12-34.

무저항에 대해 더 문제가 되는 윤리적 비판은 1950년에 출판된 또 다른 책, 폴 램지Paul Ramsey의 《기독교 기본 윤리Basic Christian Ethics》에 나온다. 램지는 무저항을 이웃 간에 상충하는 주장이나 제3자를 보호해야 할 필요에 대응하지 못하는 불충분한 사회 윤리라고 평가했다. "사랑은 그 자체로 자기방어적이지는 않지만 (…) 그럼에도 불구하고 무고한 제3자에게 부당한 일이 일어나지 않게 보호하는 윤리를 발전시키도록 사람들을 추동할 것이다."[14] 개인의 순수성을 지키기 위해 정의와 사회적 책임의 요구를 무시할 수는 없는 노릇이다.

이후의 메노나이트 학자들은 평화주의와 책임에 관한 이러한 기본적인 질문에 답하려고 노력해 왔다. 로런스 버크홀더, 고든 코프먼, 존 하워드 요더는 독특한 접근법으로 논의를 확장하고 새로운 해석을 제공함으로써, 비록 그 과정에서 무저항의 형태가 상당히 바뀌긴 했지만, 많은 사람들이 평화주의의 길을 계속 걸을 수 있게 했다. 이 저자들은 이 책의 다른 장에서 또 논의될 것이다.

14　Paul Ramsey, *Basic Christian Ethics* (New York: Scribners, 1950), 165.

문화 참여적 평화주의

로런 프리즌

Culturally
Engaged Pacifism

문제

메노나이트 윤리의 역사는 예수의 가르침(즉, 산상수훈, 평화주의)과 사회적·정치적·문화적 현실을 조화시키기 위한 끊임없는 투쟁의 역사다. 예수의 이상대로 살려는 노력은 한편으로는 개인과 교회의 갈등을, 다른 한편으로는 사회와의 갈등을 초래했다. 이러한 갈등과 사회에 대한 메노나이트의 대응은 다양하게 나타났다. 어떤 이들은 가정과 교회 공동체 생활의 테두리 안에서 예수의 윤리를 실천하기 위해 사회에서 물러나야 한다고 주장했다. 그리스도교 공동체의 급진적인 사회 분리를 지지하는 사람들은 일반적으로 자기네 평화 윤리를 무저항이라고 부르기를 선호한다.[1]

다른 메노나이트들은 예수의 절대적 요구(평화주의)를 불가능한 이상으로 간주하고는 시험에 들 때 이런저런 타협의 대상이 되는

---

1   다음 자료 참고: Guy Franklin Hershberger, *War, Peace, and Nonresistance* (Scottdale, PA: Herald Press, 1944). J. 로런스 버크홀더도 무저항을 메노나이트 윤리의 규범적 용어로 간주하지만, 무저항적인 메노나이트들이 정의에 대한 관심이 부족하고 사회적 책임을 포기하는 것에는 비판적이었다. 참고: J. Lawrence Burkholder, *The Problem of Social Responsibility from the Perspective of the Mennonite Church* (Elkhart, IN: Institute of Mennonite Studies, 1989) [reprinted in J. Lawrence Burkholder, *Mennonite Ethics: From Isolation to Engagement*, edited by Lauren Friesen (Victoria, BC: Friesen Press, 2018)].

신앙 조항으로 유지했다.[2] 또 다른 이들은 예수의 이상을 고수하면서 책임감 있는 그리스도인의 사회 참여를 위한 패러다임을 발전시키려고 노력했다.

이 세 가지 입장은 부분적으로 메노나이트 윤리를 특징짓는 특정한 용어의 선호에 반영되어 있다. 따라서 어떤 저자들은 메노나이트 윤리를 식별하기 위해 무저항이라는 용어만을 선호하는 반면, 다른 저자들은 **평화주의나 평화 증언, 비군사주의, 우호, 폭력 금지**라는 말을 사용한다. 최근 몇 년 동안에는 평화 용어집이 확장되면서 **평화와 정의, 비폭력**도 포함되었다. 언어에 대한 이런 고민과 노력은 메노나이트가 복잡한 윤리 전반, 그리스도인들에 대한 윤리적 요구, 사회 참여에 대한 윤리적 함의를 모두 아우르는 하나의 용어를 찾지 못했음을 보여 준다. 저자들이 같은 용어를 쓰더라도 그 정의는 크게 다를 수 있다. 이 논문은 앞서 언급한 세 번째 유형의 평화주의 전통, 즉 문화에 참여하고자 하는 진정한 메노나이트 평화 윤리의 궤적을 따라갈 것이다.

러시아 메노나이트의 궤적

19세기가 끝나가고 20세기가 시작될 무렵 많은 메노나이트 지도자들이 나와 "평화를 설파했다".[3] 이 논문은 두에인 프리즌의 "현실주

---

2   다음 자료 참고: Theron Schlabach's discussion of Mennonite responses to military obligations during the Civil War: Theron F. Schlabach, *Peace, Faith, Nation* (Scottdale, PA: Herald Press, 1988), 173-200.

3   Schlabach, *Peace, Faith, Nation*, 158-72.

의적 평화주의"(1986), 고든 D. 코프먼 신학에 나오는 무저항 개념
(1979), (덜 직접적이지만) J. 로런스 버크홀더가 주창한 비폭력과 "사
회적 책임"(1989)보다 앞선 메노나이트로서 그 지도자들 중 일부와
그들의 메노나이트 평화 증언 기여를 다룬다.[4]

이 논문에서 설명하는 메노나이트 평화 증언의 과정은 1880년대
C. H. 웨델과 데이비드 거츠에서 시작해 큰 변화를 가져온 20세기
H. P. 크레비엘, 에드먼드 G. 코프먼, 고든 D. 코프먼, 두에인 프리
즌으로 이어진다.

코닐리어스 H. 웨델

코닐리어스 H. 웨델Cornelius H. Wedel은 캔자스주 노스뉴턴에 있
는 베델대학교Bethel College의 초대 총장이었다. 그전에는 뉴저지주
블룸필드에 있는 독일 장로교 신학교에서 신학을 가르쳤다. 웨델
은 독일어로 책을 냈으며 그의 저작물 중 극히 일부만 번역되었다.
구스타프 하우리Gustav Haury는 웨델의《메노나이트 학교를 위한 교
회사 개요Sketches from Church History for Mennonite Schools》(1924)를 영어
로 번역했다.[5] 제임스 융키James Juhnke는 최근 서서《유산과의 대화
Dialogue with a Heritage》(1987)에서 영어 독자들이 웨델의 사상을 엿볼
수 있게 했고, 〈메노나이트 역사와 자기 이해: 양극적 모자이크로

<hr>

4   Duane K. Friesen, *Christian Peacemaking and International Conflict: A Realist Pacifist Perspective* (Scottdale, PA: Herald Press, 1986)/《정의와 비폭력으로 여는 평화》(대장간, 2012); Gordon D. Kaufman, *Nonresistance and Responsibility* (Newton, KS: Faith and Life Press, 1979); Burkholder, *Problem of Social Responsibility*.

5   C. H. Wedel, *Sketches from Church History for Mennonite Schools*, translated by Gustav Haury (Newton, KS: Herald Publishing, 1924).

서의 북미 메노나이트주의Mennonite History and Self-Understanding: North American Mennonitism as a Bipolar Mosaic〉(1988)라는 글에서도 그의 사상을 분석했다.[6]

융커의 분석은 웨델의 교회론, 그리고 기독교 역사에서 참교회의 본질과 그 교회와 문화의 관계에 대한 웨델의 이해에서 출발한다. "웨델이 그리스도와 문화 문제에 접근하는 방식(따라서 그의 평화신학)은 독일 이상주의와 역사주의가 그의 역사적 비전에 크게 영향을 미치면서 형성되었다."[7] 그는 독일 이상주의에서 변증법적 방법을 배웠다. 웨델은 자유교회free church와 국가교회state church 사이의 기본적인 긴장을 인식했는데, 이것이 그의 1차 변증법이다. 2차 변증법은 그리스도교와 문화의 관계를 다룬다. 이 두 가지 대립 영역에서 자유교회에 대한 웨델의 이해는 이후 메노나이트 평화신학 운동에 영향을 미쳤다.[8]

웨델은 국가에 충성을 다하는 국가교회와 예수의 요구에 더 큰 충성을 바치는 자유교회 사이의 대립 관점에서 그리스도교 역사를 이해할 수 있다고 믿었다. 웨델은 교회사를 서술하면서 신약 교회에서 시작되어 중세 개혁가들(프리실리안Priscillian, 토리노의 클라우디우스Claudius, 피터 왈도Peter Waldo, 요한 후스John Huss)을 거쳐 아나

---

6   James C. Juhnke, *Dialogue with a Heritage* (North Newton, KS: Bethel College, 1987); James C. Juhnke, "Mennonite History and Self-understanding: North American Mennonitism as a Bipolar Mosaic," in *Mennonite Identity: Historical and Contemporary Perspectives*, edited by Calvin Wall Redekop and Samuel J. Steiner (Lanaham, MD: University Press of America, 1988), 83–100.

7   Juhnke, *Dialogue with a Heritage*, 84.

8   Juhnke, *Dialogue with a Heritage*, 56.

뱁티스트와 메노나이트 사이에서 나타나는 지속적인 전통을 주시했다. 웨델은 이 흐름을 **공동체 중심 크리스텐덤**Gemeindechristentum(christendom은 흔히 기독교국가로 번역되지만 '국가-회중-국가교회' 사이의 역동을 드러내기 위해 여기서는 크리스텐덤으로 남겨 두었다. –옮긴이)이라고 불렀다.

웨델의 첫 번째 변증법에 따르면 하나님의 진리는 "국가 중심 크리스텐덤state christendom"보다 이 '회중 중심 크리스텐덤congregational christendom'에서 더 온전히 드러났다. '국가교회 중심 크리스텐덤State-church christendom'은 칼을 휘두름으로써 세워지고 유지되며 칼을 가지고 다니길 거부함이 참된 그리스도교의 징표다. 국가교회의 잘못은 주로 칼을 사용하는 것이다. "가장 슬픈 결과는 [십자군 전쟁 당시] 사람들이 이교도를 죽이는 것을 하나님이 허용하는 일이라 믿고 칼로 그리스도교를 전파하는 것이 옳다고 여기기 시작했다는 사실이다."[9]

메노나이트는 국가교회에 맞서는 대항문화를 형성했으며 종교개혁이 아니라 신약 시대 초대 교회로 거슬러 올라가는 전통에 참여했다. 웨델은 아나뱁티스트의 특징 중 하나가 전쟁과 군 복무에 참여하기를 거부하는 것이라 생각했다. 그들의 소명은 오히려 원수를 사랑하는 일이었다.[10] 웨델이 설명하는 이 원칙은 단순히 예수의 명령에 순종하기를 강조한 게 아니라 오히려 예수의 섬기는 삶의 정신을 구현하는 데 중점을 뒀다. 원수를 사랑하는 일은 칼을 가

9   Wedel, *Sketches from Church History*, 36.
10   Wedel, *Sketches from Church History*, 51.

지고 다니길 거부하는 이들에게는 선택이 아니라 필수다.

웨델의 두 번째 변증법에 따르면 공동체 중심 크리스텐덤은 문화에 적극적으로 참여해야 한다. 그리하여 예술, 문학, 문화가 번성해야 한다. (고센대학교의 노아 바이어스Noah Byers 총장도 이러한 정서를 공유했으며 1904년에는 "섬김을 위한 문화Culture for Service"라는 대학의 표어를 만들었다.) 회중 중심 크리스텐덤은 적극적인 문화 참여를 유지하면서도 폭력의 구조에서 벗어날 수 있다. 메노나이트 신학은 문화 생활과 단절하거나 메노나이트가 적절히 관여하는 사회 제도에 대한 책임을 외면해서는 안 된다. 메노나이트는 문화에 참여해 평화를 증언함으로써 사회에 기여해야 한다. 원수가 되지 않으면서 원수를 사랑할 수 있는 것처럼 문화에 완전히 흡수되지 않으면서 문화에 참여해야 한다. 그리스도인은 기독교적 증언을 잃지 않으면서 문명의 열매를 누릴 수 있다. 사실 평화 증언을 실현하려면 그리스도인은 문화 속에서도 살고 기독교 공동체 안에서도 살아야 한다. 웨델은 기독교인들이 사회 제도 안으로 들어가면 그 제도의 청렴성과 도덕성이 향상되리라고 생각했다.[11]

웨델은 평화를 참된 교회의 유일한 본질적 특징이라고 강조했지만 무저항이라는 용어를 쓰는 것은 피했다. 하지만 메노나이트 평화신학의 표준이자 시금석이 된 단어를 사용하지 않고 어떻게 자신

---

11 기독교와 문화의 관계 문제는 [구] 메노나이트 전통에서도 관심을 불러일으켰다. J. 로런스 버크홀더가 프린스턴대학교에서 쓴 1958년 신학 박사학위 논문 역시 메노나이트 윤리와 사회적 책임 문제를 살펴보고 있다(Burkholder, *Problem of Social Responsibility*). 그의 연구가 웨델의 패러다임에 영향을 받은 것으로 보이지는 않지만, 그는 '비폭력 윤리를 옹호하는 교회가 어떻게 사회적 책임을 다할 수 있는가?'라는 동일한 근본 문제를 탐구한다.

의 평화 입장을 밝혔을까? 웨델은 자신의 메노나이트 평화신학에 다양한 단어와 문구를 사용했다. 그는 한스 뎅크Hans Denck의 말을 빌려 "원수를 사랑하고 모든 폭력을 금지하는 것", 메노나이트가 참전, 입대, 폭력 행사를 거부하는 것에 대해 썼다. 사회봉사는 메노나이트 평화 증언의 표현이다. 샤이엔족, 호피족, 아라파호족 원주민들과 함께한 메노나이트 선교사들의 사역은 봉사를 통한 평화 증언의 사례다.[12] 평화는 행동의 단어이며 선교, 봉사, 문화의 사역을 연결한다.

웨델의 평화신학 배경은 1870년대 러시아 메노나이트의 이민이었는데, 이는 주로 병역 의무가 없는 땅에서 살고자 하는 열망에서 비롯되었다. 메노나이트가 징집을 피하기 위해 부와 집, 가족을 떠나는 등 어떤 고생도 마다하지 않는 것은 당연한 일이었다.[13] 웨델의 생각은 (메노나이트가 거의 200년 동안 성공적으로 해내 온) 병역 거부에 초점을 맞추기보다는 교회와 문화를 위한 평화 증언에 방점이 찍혀 있었다.

웨넬의 두 번째 변증법은 그의 교육 철학에도 영향을 미쳤다. 기독교 교육이 세상에서 물러남을 의미해서는 안 된다. 오히려 "문화에 활발히 참여하고 현대 학문이 제기하는 문제들을 적극적으로 수용해야 한다."[14] 예수의 이상을 받아들이는 사람들은 생기 있는 신앙생활과 문화와의 소통을 위해 문화 및 사회와 대화해야 한다. 문

12　Wedel, *Sketches from Church History*, 105-140.

13　자세한 내용은 다음 자료를 참고할 것. Lawrence Klippenstein, "Mennonite Pacifism and State in Russia" (PhD diss., University of Minnesota, 1984).

14　Juhnke, *Dialogue with a Heritage*, 81.

화를 어떻게 이해해야 하는지는 20세기로 넘어오면서 논쟁의 대상이 되었지만, 웨델의 견해는 베델대학교에서 진행한 학술 프로그램을 통해 잘 설명할 수 있다. 교수진과 학생들은 문학회 토론과 연극 낭독에 참여하고 시카고와 캔자스시티 교향악단의 공연에 참석했다. 1900년 무렵 베델대학교에는 두 명의 미술 교수진이 있었다. 1904년 베델대학교 음악 교수였던 B. F. 웰티B. F. Welty는 음악의 목적이 단순한 장식이 아니라 영혼의 고양에 있다고 썼다. [15]

아마도 웨델의 결정적 저작은 생애 마지막 해에 쓴, 엘빙 교리문답Elbing Catechism에 대한 주석일 것이다. [16] 1778년 서프로이센의 엘빙에서 처음 출판된 이 교리문답은 19세기 유럽과 북미의 아미시와 메노나이트 교인들에게서 인기를 끌었다. 웨델의 해설은 플라톤, 소크라테스, 델포이의 신탁, 데카르트, 코페르니쿠스, 뉴턴, 레오나르도 다빈치, 뒤러, 렘브란트, 괴테 등 수많은 시인, 화가, 작가의 작품을 인용하고 있다. 예술에 대한 그의 언급은 당시 메노나이트의 교육과 문화를 반영한다. [17] 공동체 안에서 짧은 장면을 연기하거나 시, 경구, 재담, 일화를 들려주는 낭송이라는 고대 전통이 러시아 메노나이트들 사이에 등장해 제2차 세계대전 때까지 그들의 새로운 땅에서 계속 이어졌다. [18] 그 목적은 영혼을 잃지 않고 문화와 대화

---

15   B. F. Welty, "Notes from the History of Church Music in America," *Bethel College Monthly 9* (May 1904): 18.

16   C. H. Wedel, *Meditationen zu den Fragen und Antworten unseres Katechismus* (Newton, KS: Herold Druck, 1911).

17   Compare H. Goerz, "The Cultural Life among the Mennonites of Russia," *Mennonite Life 24* (July 1969): 99–100; and N. J. Klassen, "Mennonite Intelligentsia in Russia," *Mennonite Life 24* (April 1969): 51–60.

하는 것이었다.

웨델은 메노나이트가 이중 언어를 계속 사용하길 원했다. 미국은 국가 성격상 영어가 필수였다. 하지만 독일어는 문화 언어였기에 여전히 꼭 필요했다. 웨델은 베를린에서 교회 역사가이자 자유주의 신학자인 아돌프 폰 하르나크Adolf von Harnack의 신학 강의에 참석했다. 그는 하르나크에 동의하지는 않았지만 여러 주제에 대해 '배울 점이 많다'고 생각했다. 어쨌든 이 경험은 독일어를 계속 사용하는 것이 중요하다는 웨델의 신념을 강화했다. 웨델은 메노나이트 교육이 독일 문화의 계몽주의 전통에 메노나이트가 참여하는 결실을 가져오길 바랐다. 제1차 세계대전 때까지 베델대학교는 독일어와 영어로 교육했고, 학교 소개 책자도 두 언어로 출판했다.

데이비드 거츠

데이비드 거츠David Goerz는 메노나이트 평화 증언이 적극적인 봉사와 문화 참여를 포함한다는 견해를 지지하는 목소리를 낸 또 다른 인물이었다. 거츠는 1875년 캔자스에 도착하자마자 지체하지 않고 이웃 메노나이트 공동체를 조직한 러시아 출신 메노나이트 이민자였다. 그는 사업가이자 교육자, 목회자, 지도자였다. 캔자스주 할스테드Halstead에서 제분소를 운영하며 재정적 기반을 마련한 그는 헤럴드 출판사, 철도표 판매소, 메노나이트 구호회Mennonite Society for Relief, 메노나이트 인디언 및 해외 선교부Mennonite Indian and

---

18 낭송 전통에 대한 자세한 내용은 다음 자료를 참고할 것. Jerry V. Pickering, "Medieval Origins of European Folk Dramas," paper presented at the Association for Theater in Higher Education Conference, 9 August 1988, Chicago.

Foreign Missions, 간호학교를 설립했다. 또한 베델대학교 헌장을 작성하고, 건물을 짓는 첫 계약을 체결했으며, C. H. 웨델을 설득해 초대 총장으로 추대하고, 초기 교수진을 다수 채용했다. 그는 1909년 사망할 때까지 경영자로 일했다.[19]

거츠는 베를린에서 교육을 받은 후 (캔자스로 가기 전 청년 시절) 요한 코르니스Johan Cornies에게 고용되었는데, 코르니스는 황제가 우크라이나에 있는 여러 메노나이트 마을을 관할하는 일종의 총독으로 임명한 사람이었다. 그 후 10년 동안 거츠는 코르니스의 지도를 받으며 행정 기술을 연마했으며, 그의 밑에서 일하는 동안 상인, 정부 관리, 학자, 언론인, 종교 지도자 들과 교류했다. 이런 경험 덕분에 거츠는 캔자스에서 메노나이트 기관과 공동체 건설이라는 목표를 달성하기 위해 지역 및 국가 지도자들과 협력하는 데 주저하지 않았다. 메노나이트 선교사들로부터 인도에서 기근이 발생했다는 소식을 들었을 때는 필요한 밀을 수송하기 위한 운동을 벌였다. 그리하여 단기간에 밀 1만 톤을 모았고, 저렴한 비용으로 선적 허가를 받았으며, 이 사업에 대해 정부 승인을 받았다. 그는 직접 그 운송에 동행했다.[20] 거츠는 메노나이트 기관을 설립하고, 시민 지도자들과 소통하며, 문화와 배움에 대한 감사를 표하고, 봉사와 결합된 평화의 증언을 명백히 들려줬다.

베델대학교 개관 기념식에서 거츠는 대학에 기증된 성조기를 행정관 앞 창문에 게양했다. 그는 기부자들에게 보낸 편지에서 이런

---

19 거츠의 생애 자료는 베델대학교 역사 도서관에서 확인할 수 있다.

20 John A. Lapp, *The Mennonite Church in India* (Scottdale, PA: Herald Press, 1972), 47; Lapp incorrectly reports that Goerz's home was Henderson, Nebraska.

맥락의 성조기는 전투의 상징이 아니라 자유, 독립, 모두를 향한 선의의 상징으로 봐야 한다고 설명했다. 이 국기는 러시아에서 메노나이트가 직면했던 규제와 달리 미국 메노나이트에게 예배의 자유를 의미할 수 있었다.[21] 그의 편지는 국가의 역할을 설명하고, 평화 교회도 평화 증언을 위태롭게 하지 않으면서 정부의 상징을 재해석하고 사용할 수 있다는 견해를 보여 주는 짧지만 분명한 진술이다.

웨델의 사상과 거츠의 행동주의는 전쟁과 평화, 신앙과 문화, 예수의 요구와 사회적 현실 및 제도의 관계와 같은 다양한 문제에 대한 메노나이트 사상에 직간접적으로 영향을 미쳤다.[22] 이들은 독일어로 글을 썼지만 제1차 세계대전 중과 이후 메노나이트 사이에서 독일어 사용이 줄어들자 영향력이 약해졌다. 그럼에도 불구하고 일부 지도자들, 특히 H. P. 크레비엘은 그런 전통을 계속 이어갔으나 때때로 방향을 바꾸기도 했다.

H. P. 크레비엘

H. P. 크레비엘H. P. Krehbiel의 저술은 광범위하다. 그 가운데 이 연구에 중요한 저작으로 《유럽 여행: 전쟁 폐지를 위한 탄원Trip through Europe: A Plea for the Abolition of War》(1926)과 《전쟁, 평화, 우호 War, Peace, Amity》(1937)가 있다.[23] 후자에는 그의 딸 엘바 크레비엘

---

21 P. J. Wedel, *The Story of Bethel College* (North Newton, KS: Bethel College 1954), 87.

22 Juhnke, *Dialogue with a Heritage*, 105.

23 H. P. Krehbiel, *A Trip through Europe: A Plea for the Abolition of War* (Newton, KS: Herald Publishing, 1926); H. P. Krehbiel, War, Peace, Amity (Newton, KS: Herald Publishing, 1937).

레이시Elva Krehbiel Leisy가 쓴 〈여성과 평화Women and Peace〉라는 장이 포함되어 있다.[24] 《메노나이트 주간 리뷰Mennonite Weekly Review》를 창간한 크레비엘은 다양한 메노나이트를 위해 메노나이트 역사와 신학을 명확히 하려고 노력했다. 캔자스주 상원의원이었던 그는 교인들에게 정치 영역을 해석해 주려고 애쓰기도 했다.

크레비엘은 독자들에게 메노나이트 소식을 전하는 일 외에도 메노나이트 신학을 미국 메노나이트의 두 가지 현실인 사회 제도와 민주주의에 적극적으로 적용했다. 돌이켜 보면 그의 서술은 종종 장밋빛 전망을 드러낸다.

로이스 배럿은 크레비엘의 평화주의를 "정치적 비폭력"이라고 부르는데, 이는 그가 자신의 신학과 평화에 대한 관심을 모두 정치 언어로 표현했기 때문이다.[25] 크레비엘은 교회와 기독교 국가의 역할을 분리했지만 가능한 한 동일한 윤리 기준을 지향해야 한다고 생각했다. 교회는 국가와 다른 목표, 즉 "세상을 그리스도께 인도하고 지상 평화와 인간에 대한 선의를 실현하는" 목표를 가지고 있다고 보았다.[26] 교회는 인류의 영적, 사회적, 윤리적 측면을 다뤄야 하

---

24 다음 자료도 참고: Kim Schmidt, "The North Newton WILPF: Educating for Peace," *Mennonite Life* 40 (December 1985): 8-13.

25 Lois Barrett, "A critique of 'Political Nonviolence,'" 3-4 November, Elkhart, Indiana, 1989. MCC 평화위원회와 에큐메니컬 평화신학 작업그룹의 합동 회의에서 발표되었다. 이 논문의 최신판인 〈현실주의적 평화주의Realist Pacifism〉는 두에인 프리즌의 접근법에 선행하는 내용을 제외하고 이 책에 수록되었다. 빠진 내용은 편집자들이 별도의 유형으로 다룰 가치가 있다고 판단해 이 책에 통합되었다. 이어지는 여러 고찰 내용은 크레비엘에 관한 배럿의 연구에 크게 빚지고 있다.

26 Krehbiel, *War, Peace, Amity*, 188. 본문에서 다음 단락의 인용문도 이 저작에서 가져왔다.

며, 국가의 의무는 공동체의 경제, 사회, 정치, 가정 문제를 규제하는 것이다. 그리스도인은 사회의 누룩과 같아서 모든 제도에 서서히 침투해 그것들을 더 정의롭고 윤리적이게끔 만들어야 한다. 교회와 정치 '현장'은 삶의 다른 측면을 다루는데, 전자는 사랑을 다루고 후자는 정의(법)를 다룬다. 국가와 교회 사이에는 경계선이 있으며, 그리스도인은 양심을 따라 하나님께 순종해야 한다. 그것이 국가에 불복종하는 결과를 초래하는 경우라도 순종해야 한다. 원수를 사랑하라는 명령 때문에 어떤 상황에서는 기독교인이 국가에 불복종할 수밖에 없다. 그러나 크레비엘은 기독교 국가도, 스스로 원한다면 기독교 윤리의 원칙에 따라 존속할 수 있다고 가정했다.

> 한 국가가 개인적, 사회적, 정치적 활동과 도덕적, 영적 삶에서 예수 그리스도 안에 계시된 하나님의 법과 명령에 일관되게 순종하는 것을 인정하고 실천한다면 의로움과 정의, 평화, 풍요가 그 나라의 복이 될 것이다. (268~269쪽)

이 주장에는 사회가 기독교 윤리에 부합하는 윤리 체계를 채택할 수 있다는 가정이 내포되어 있다. 이는 교회와 국가가 직접 대립하거나 교회가 국가에 특정한 입장을 취하도록 명령한다고 해서 달성되는 것이 아니다. 그러나 크레비엘은 교회가 이러한 문제에 대해 교인들을 교육함으로써 개별 기독교인이 교회 대표자가 아니라 시민으로서 입장을 취할 수 있다고 주장했다.

교회는 교인들이 정치적 행동을 하도록 고무해야 한다(272쪽). 기독교인들은 하나님의 영원한 법에 모순되지 않는 세속법을 만들기 위해 노력해야 한다. 한 무장 시민이 초래한 무법을 종식시키려면 일반 시민들이 무기를 내려놓아야 한다. 크레비엘은 경찰이 전 국민을 상대로 조직적인 만행을 일삼는 군대가 아니라, 범죄자에 대해서만 힘을 쓰기 때문에 경찰의 역할이 중요하다고 생각했다. 그는 또한 세계 휴전을 넘어 "분쟁과 전투의 정신이 사라지고 (…) 그리스도의 정신으로 불붙은 사랑이 지배적인 힘이 되는" 평화로 나아가야 한다고 주장했다(283쪽). 평화로 가는 길은 "폭력을 사용하는 것이 아니다 (…) 평화는 오직 그리스도적 사랑의 분위기에서만 존재하고 넘쳐날 수 있다(297쪽)."

크레비엘은 **무저항**이라는 용어를 사용한 적이 없으며 대신 **우호**와 **양심적 전쟁 저항**을 언급한 것으로 보인다. 이는 세속 권력에 대한 기독교적 영향력을 옹호하는 그의 정치신학과 일치한다. 그는 전쟁뿐만 아니라 군사주의(무력 증강)를 불순종과 예수에 대한 거부로 간주하여 반대했다. 아울러 분노한 양심이 전쟁에 반대하는 목소리를 낼 것을 촉구했다(301쪽). 또 다른 장에서는 전쟁을 가장 큰 죄악이라고 언급했다. 그는 군사주의에 반대하는 혁명과 국제적인 우호 증진을 호소했다.

크레비엘은 그리스도인 시민이 더욱 기독교적인 공공 정책과 정부에 영향을 미칠 것이라 믿었기에 그의 정치적 비폭력은 적극적인 비폭력이었다. 전통적인 메노나이트의 병역 거부를 민주적이고 적극적인 평화의 목소리로 해석하려는 그의 시도는 단 하나의 선택만을 남겼다. 그것은 바로 비폭력 사회와 세상을 위한 기독교 평화 운동이었다. 그의 평화 운동은 정치 질서의 현실을 고려한 평화 운동이었다. 그러나 그는 신중했으며 교회가 국내 경제 문제(노동 쟁의,

임금, 세금)를 놓고 국가와 대립해서는 안 된다고 생각했다.

전쟁 폐지에 관한 논문에서 크레비엘은 먼저 전쟁의 원인과 결과를 분석한 다음 비폭력적인 대응책을 수립하려고 했다. 전쟁의 원인은 탐욕이나 교만, 기만적 외교, 군사주의 등으로 단순하다. 전쟁의 결과는 첫째, 물질적 파괴이며, 둘째, 정신적 침식이다. 진실은 전쟁의 첫 번째 희생양이다. 전시에는 어린이와 여성도 육체적 고통을 겪는다. 크레비엘는 "예수 그리스도의 제자라면 '나는 전쟁을 비난하고 반대하는 것 외에는 전쟁과 아무 관련이 없다'고 말할 것"[27]이라고 결론 지었다.

크레비엘의 입장은 메노나이트 평화주의 전통의 방향을 바꾸었다. 그는 정부를 정부 자체의 논리에 따라 분석하고, 기독교인이 국가에 설득력 있게 호소하는 방법, 국가의 행위에 영향을 미치고 국가를 더욱 기독교적으로 만드는 호소 방안을 모색했다. 로이스 배럿이 논평했듯이 크레비엘은 기독교인이 국가를 향해 증언할 때 '중간 원리'를 사용하라고 제안하지 않고 평화와 사랑이 국가 윤리 원칙이 될 수 있다는 식으로 썼다. 그는 만약 실현된다면 보다 평화로운 세상을 만들 수 있는 프로그램에 대한 아이디어를 제시했는데, 바로 전쟁을 금지하는 국제법, 비밀 조약의 종식, 공개 평화 협정의 제도화, 전 세계의 자발적 군축, 국제 중재, 국제 법원 등이다.

크레비엘은 기독교인이 국가에 미치는 영향으로 국민이 더욱 그리스도인답게 사랑하는 존재가 된다고 생각했다. 하지만 그러면 하나님의 법에 순종하고 국가의 법에는 불복종하는 일이 생길 수 있

27　Krehbiel, *A Trip through Europe*, 97.

다. 게다가 기독교인들이 국가의 군사주의를 비난하게 될 수도 있다. 여기에 나오는 적극적인 비폭력은 크레비엘이 민주주의에 적합하다고 여긴 것이다. 그는 그리스도인들에게 전쟁에 저항하는 다른 비종교인들과 함께 평화로운 세상을 만들자고 독려했다.[28] 웨델의 변증법은 여전히 유효하지만 중요한 변화가 있었다. 메노나이트 평화 증언은 이제 문화와 대화하지 않고, 국가교회와 함께 문화를 형성하는 데 적극적으로 참여하게 되었다.

P. H. 리처트

웨델-거츠-크레비엘의 궤적을 따라 그리스도교 공동체와 문화, 국가를 향해 적극적인 평화 증언을 촉구하는 다른 목소리도 등장했다. 1942년, P. H. 리처트P. H. Richert는 전쟁과 군 복무에 관한 질문에 답하는 간단한 교리 문답서를 저술했다. 이 책자는 주로 성서 본문을 해설하고 있지만 다음의 마지막 문단이 흥미롭다. "우리는 분쟁 해결 방법으로서의 전쟁에 반대한다. 그런 방법은 비기독교적이고, 우리의 최고 가치를 파괴하며, 미래 전쟁의 씨앗을 뿌리기 때문이다. 우리가 진정한 애국자라고 생각한다. 우리는 세계 공동체에서 안정된 정부의 유일한 토대가 되는 영원한 정의의 원칙을 발판으로 삼기 때문이다."[29]

제2차 세계대전이 한창일 때 이 메노나이트 성서학 교수는 전쟁

---

28 참고: "Expansion of the Peace Movement since the World War" in Krehbiel, *War, Peace, Amity*, 316.

29 P. H. Richert, *A Brief Catechism on Difficult Scripture Passages and Involved Questions on the Use of the Sword* (Newton, KS: [Western District Peace Committee], 1942), 20.

반대와 더불어 안정된 정부와 세계 공동체의 기초에 대한 글을 쓸 수 있었다. 위기의 한가운데서 전 세계적인 책임감으로 무장한 적극적인 평화주의의 사례가 여기에 있다.

에드먼드 G. 코프먼

베델대학교 전 총장인 에드먼드 G. 코프먼Edmund G. Kaufman도 메노나이트 선교와 증언에 관해 광범위하게 저술했다. 그는 선교 사역과 평화 활동의 긴밀한 연관성을 역설했다. 중국 선교사이던 그에게 메노나이트의 평화 강조는 세상에서의 후퇴가 아니라 행동을 의미했다. 그는 평화 증언을 전쟁 불참으로 제한하는 것이 메노나이트에게 문제를 일으켰다고 보았다. "이러한 무저항 태도는 다소 부정적인 요소였다."[30] 그는 무저항이라는 용어를 쓰긴 했어도 무저항과 세상에서의 적극적인 참여 철회를 동일시하지는 않았다!

이 문제에 대한 그의 해결책에는 두 가지 차원이 있었다. 첫째, 메노나이트는 평화 증언 개념을 다른 교파에 전파해야 한다. 둘째, "메노나이트는 평화의 시대에 전쟁 없는 세상을 위해 노력해야 한다."[31] 코프먼은 평화교회들이 협의회, 교육, 프로젝트를 수립하고 정부에 영향력을 행사해 "전쟁 없는 세상을 위한 노력"에 동참하고 연합할 것을 촉구했다. 훗날 그는 다음과 같은 글을 썼다.

사랑은 원수까지도 받아들일 수 있도록 포용적이어야

---

30 E. G. Kaufman, *The Development of the Missionary and Philanthropic Interests among the Mennonites of North America* (Berne, IN: Berne Book Concern, 1931), 114.

31 E. G. Kaufman, *The Development of the Missionary*, 115.

한다. 또한 사랑은 긍정적이어야 하며 구체적인 행동으로 표현되어야 한다 (…) 평화 입장을 취한다는 사실을 다른 사람들에게 증명하는 유일한 방법은 실행에 옮기는 것이다. 그런 입장은 실천을 통해서만 지켜질 것이다. 이 무저항 입장은 무언가를 '하는' 것이 아니라 무언가를 '하지 않는' 것으로서 소극적으로 여겨지는 경우가 너무 많다.[32]

코프먼의 행동주의는 주로 선교와 구호 활동을 평화 증언과 연결하는 데 중점을 두었다. 그는 기독교 교회가 사회에서 평화를 증언하며 존속해야 한다고 강조했다(C. H. 웨델의 **공동체 중심 크리스텐덤** 참조). 적극적인 평화 증언은 세계 정치 현실에 영향을 미칠 것이다. 기독교적 사랑의 모범을 따름으로써 전 세계 국가들이 더욱 평화롭고 정의로워질 것이다. 그러나 메노나이트 평화 증언의 효과는 국가들의 이런 변화에 달리지 않았다는 점에 주목해야 한다. 회중교회와 국가교회, 회중교회와 문화를 설명한 웨델의 변증법은 에드먼드 코프먼의 선교와 평화신학에 작용했다. 그는 적극적인 평화 증언을 강조하면서 선교와 평화신학을 가장 분명하게 세계 무대로 가져왔다.

고든 D. 코프먼

이런 전통에서 가장 최근에 목소리를 낸 사람은 고든 D. 코프먼

32　E. G. Kaufman, *Our Mission as a Church of Christ* (Newton, KS: Faith and Life Press, 1944), 59.

Gordon D. Kaufman이다. 하버드 신학교의 신학 교수인 코프먼 역시 평화 증언과 문화 참여를 연결하려는 초기 노력의 영향을 받았다. 코프먼은 무저항과 사회에 대한 책임 사이의 긴장을 연구해 왔다. 그는 이렇게 썼다. "사랑은 말썽에 휘말리지 않는 상태, 이 세상의 갈등에서 벗어나 안전하게 머물기 위한 수단이 아니다. 사랑은 정확히 말해 악한 상황의 한가운데로 들어가 문제를 바로잡으려는 행위다."[33] 기독교의 구호 활동은 이런 사랑을 행동으로 보여 주기에 적절하지 않다. 책임 있는 무저항은 자선 활동으로 끝나는 것이 아니라 사회의 근간을 파고들며 정의와 사랑을 요구한다.

세상과의 단절이 아니라 적극적인 사랑이야말로 진정한 의미의 무저항이다. 사랑은 그리스도인을 세상 속에 뛰어들게 하고, 그곳에서 그리스도인은 구속적으로 행동하려고 노력한다. 세상에서 물러나는 것은 사랑의 실패다. 그리스도인의 사랑은 항상 죄악의 상황에 책임을 지기 때문이다.

코프먼이 보기에 그리스도인의 책임에는 세 가지 차원이 있었다. 첫째, 이웃에 (그리고 사회에) 하나님의 사랑을 선포하는 선교 사명이다. 둘째, 그리스도인은 이웃의 (그리고 사회의) 상황을 공감하고 이해하며 그 이웃을 한 인간으로 (그 사회를 한 사회로) 받아들이려고 해야 한다. 코프먼은 우리가 비그리스도인에게는 기독교적 평화주의를 기대하면 안 된다는 점을 상기시킨다. 따라서 이웃에 대한 (그리고 사회에 대한) 우리의 호소는 그들이 자기 이해와 신념에 따라 진

---

33   Gordon D. Kaufman, *Nonresistance and Responsibility* (Newton, KS: Faith and Life Press, 1979), 64-65.

실하게 사는 것이어야 한다. 그리스도인은 기독교 윤리를 요구하지 않는 사회에 기독교 윤리를 강요할 수 없다. 셋째, 그리스도인은 이웃과 국가가 그들의 최선의 이상에 부합하는 행동 방침을 따르도록 권해야 한다. 그 이상이 메노나이트 평화주의 윤리가 정한 기준에 맞지 않더라도 그래야 한다.

어떤 의미에서 C. H. 웨델의 문화 참여 신학은 코프먼의 견해에서 성숙한 단계에 이르렀다고 할 수 있다. 메노나이트 평화주의 윤리를 타협하지 않으면서도 교회와 문화 사이의 대화와 설득을 위한 근거를 명확히 제시했다. 이런 입장은 이제 사회에서 완전히 물러나는 것(일부 무저항 신학의 주장), 교회와 국가 간의 예언자적 대결(다른 신학의 주장), 기독교의 국가와 문화 지배(크레비엘의 경향)를 피한다. 코프먼이 보기에 그리스도인의 사랑, 저항하지 않는 사랑은 국가와 이웃이 정의와 평화를 추구한다는 그들의 주장에 진정성을 요구한다. 이러한 사랑을 바탕으로 그리스도인은 정치 영역이나 문화 영역에서 다른 사람들과 함께 진리를 탐구할 수 있다. "급진적인 무저항의 제자도는 우리를 세상에서 멀어지게 하지 않고 세상 속으로 인도한다."[34]

코프먼의 관점에서 보면 예술이라는 문화 영역은 평화를 추구하는 장이므로 무시해서는 안 된다. 현대의 예술가는 단순히 아름다움을 창조하고 보기 좋은 장식품을 만들려고 하기보다는 오히려 우리 자신을 마주 보게 하는 사람이다.

---

34 G. D. Kaufman, *Nonresistance and Responsibility*, 102.

피카소의 그림에서 뒤틀리고 일그러진 얼굴, 조각난 인체들, 혼돈의 이미지가 나타난다면 우리는 그 그림에서 무질서해 보이는 부분을 얕잡아 볼 게 아니라 그가 핵전쟁과 죽음의 수용소, 인종 간 혐오 속에서 사람들을 갈가리 찢어 놓는, 우리가 살고 있는 현실 세계의 파괴적인 공포를 특별히 생생하고 심오하게 반영하고 표현한 것은 아닌지 물어야 한다.[35]

적극적인 무저항은 그리스도인을 사회의 어두운 심연으로 밀어 넣을 수 있다. 이는 구속적 행위이지, 윤리 원칙을 타협하는 행위가 아니다. 그리스도인은 그것을 하나님 사랑의 섭리에 대한 믿음의 인증으로 환영해야 한다. 구속적 사랑은 믿는 사람뿐만 아니라 저항하지 않는 사랑을 통해 세상도 변화시킨다.

요약하자면, 이러한 유형의 평화주의적 문화 참여는 적극적 무저항의 한 형태다. 비록 그것이 기독교 공동체 안에 존속할지라도, 다른 공동체(문화, 정치, 사회)를 사랑하고 이해하고 변화시키려는 대화 속에 존재해야 한다.

현 상황에서는 (…) 개인의 중요한 관계(경제적, 정치적, 사회적 관계) 대부분이 교회 밖에서 이루어진다. 사람은 다양한 공동체 안에서 살아가며 각 공동체에 많은 빚을

---

35 Gordon D. Kaufman, "The Significance of Art," Mennonite Life 20 (January 1965): 6.

지고 있다. 그러니 한 사람의 삶과 책임을 교회만 언급해
서는 올바로 정의할 수 없다.[36]

따라서 무저항적 사랑의 요구 때문에 그리스도인은 사회의 조건
(정의)과 사회 제도의 작용(평화)에 대해 비그리스도인보다 더 많은
책임이 있다.

결론

러시아 메노나이트의 이러한 궤적은 왜 **무저항**이라는 용어를 아예
거부하거나 아니면 그것을 책임 있는 정치 참여의 근거로 삼았을
까? 그런 경향은 그들이 정치 활동의 본질과 필요성을 이해한 데서
비롯한 것일 수 있다. 러시아 메노나이트의 인식은 소규모 정착촌
이면서 자체 정치 행정 체계를 갖춘 통합 공동체의 맥락에서 발전
해 왔다. 정착촌 조직은 교회 공동체의 교제뿐만 아니라 외적인 삶
을 포괄했다. 그들은 교회 공동체 밖에서 그런 조직을 만들고 운영
하면서 정의가 윤리 원칙임을 분명히 알게 됐다. 사랑을 인간관계
의 궁극적 원리로 인정하는 그리스도인들이라 할지라도 땅을 팔고,
재화를 교환하며, 규율을 부과하고, 생산적인 구성원에게 보상해야
한다. 따라서 이런 거래에는 정의의 원칙이 필요하다. 삶 전체를 공
유하는 사람들에게 사랑, 평화, 정의, 책임은 개념적으로 구분할 수
는 있어도 동시에 필요하며 따로 떼어놓을 수 없다. 문화조차도 공

36　G. D. Kaufman, *Nonresistance and Responsibility*, 107.

동체 생활과 뗄 수 없는 것으로 보았다. 공동체 기관을 설립해 본 경험은, 러시아 메노나이트 지도자들이 미국의 민주주의 제도 안에서 문화적, 정치적 현실과 긍정적인 관계를 맺고자 하는 경향에 무의식적으로 기여했을지도 모른다.

더구나 일부 메노나이트가 산상수훈을 문자 그대로만이 아니라 율법주의적으로 해석하려 했던 경향도 러시아 메노나이트의 사고에는 큰 영향을 미치지 않은 것으로 보인다. 그렇다고 해서 러시아 메노나이트 전통이 의식적으로 대안적 해석을 발전시키려 했다는 뜻은 아니다. 오히려 사회적 현실이 그들 고유의 해석학을 낳았다고 볼 수 있다. 허시버거가 보기에는 무저항 교리를 영속화하려면 개방된 미국 사회에서 종교·정치 제도와 분리되어야 하는 것처럼 보였다. 하지만 러시아 메노나이트의 경험에 영향을 받은 웨델은 평화에 대한 강한 헌신이 문화와 사회에 참여함으로써 한층 효과적으로 표현될 수 있다고 생각했다.

사회적 책임

데이비드 슈뢰더

Social
Responsibility

J. 로런스 버크홀더의 1958년 박사학위 논문 〈메노나이트 교회의 관점에서 본 사회적 책임의 문제The Problem of Social Responsibility from the Perspective of the Mennonite Church〉(1989)는 1940년대와 1950년대에 라인홀드 니부어 등이 제기한, 교회의 사회적·정치적 관련성에 대한 요구에 응답한 결과물이다.[1] 또한 제2차 세계대전 직후 중국에서 구호 사역을 하며 직면한 딜레마를 다루려는 버크홀더의 시도이기도 하다. 그는 메노나이트 교회가 관련성 요구에 얼마나 부응하거나 응답할 수 있는지, 그리고 이 요구의 어떤 측면이 수정되거나 거부되어야 하는지를 평가하고자 한다.

최근에 출간된 이 논문의 서문에서 버크홀더는 자신이 1950년대에 중국에서 겪은 도덕적 모호성을 받아들이려고 애쓰던 노력이 "메노나이트들로부터 동정적인 반응은커녕 사실상 찬성을 얻지도 못했다"라고 지적한다(iv쪽). 비폭력 저항에 대한 그의 관심은 비성경적이라고 무시당했고, 정의에 대해 듣고 싶어 하는 사람이 없었다. 버크홀더는 "메노나이트 교회의 종파적 윤리가 아직은 온전했

---

1   J. Lawrence Burkholder, *The Problem of Social Responsibility from the Perspective of the Mennonite Church* (Elkhart, IN: Institute of Mennonite Studies, 1989) [reprinted in J. Lawrence Burkholder, *Mennonite Ethics: From Isolation to Engagement*, edited by Lauren Friesen (Victoria, BC: Friesen Press, 2018)]; 이 장의 본문 내 인용문은 이 저작에서 가져왔다.

던 1940년대와 1950년대 이후 그 문제를 설명하는 데 수정을 거쳤음"을 인정한다. 그러나 메노나이트는 어떤 형태로 사회에 참여할 것인지를 두고 계속 씨름하고 있으며, 뒤늦게나마 이 글이 "성숙한 메노나이트 윤리의 발전에 기여하기를" 바란다고 말한다(iv쪽).

요약

버크홀더는 주류인 개신교 신학자들이 보편적으로 기독교의 사회적 책임 실천에 헌신하고 있다는 점을 지적하며 문제를 정의한다. 반면에 메노나이트는 최근까지 전통적인 "물러나는 전략"을 유지하는 데 만족했다(23쪽). 그러나 20세기 중반, 메노나이트의 "농촌 연대"는 무너졌고, 교인들은 교회 울타리 밖 궁핍한 세상에 대해 점점 더 인식하게 되었다(22쪽). 교회는 다음과 같은 딜레마에 직면했다. '우리의 분리를 유지하기 위해 세상에 등을 돌릴 것인가, 아니면 더 먼 이웃의 필요를 충족시키기 위해 도덕적으로 모호해도 위험을 무릅쓰고 계속 관여할 것인가?'

책임에는 책임 의식Verantwortung이 따르기 마련인데, 누구에게, 무엇을 책임지는 것일까? 책임을 진다는 것은 자신이 세상과 동떨어져 있지 않다고 보는 태도가 중요한데, 그 목적은 무엇일까? 버크홀더가 말하는 책임 있는 그리스도인 시민 의식에는 투표권 행사를 통한 시정 참여, 사회 문제 인식, 정당 활동 참여, 기독교적 소명으로서 정계 진출 등이 따라야 한다. 버크홀더는 에른스트 트뢸치Ernst Troeltsch의 교회와 종파의 구분을 바탕으로 교회의 책임을 다음과 같이 정의한다.

교회가 정치 질서를 포함해 기독교 문화를 생산하려고
한다면 어떻게 달성할지 반드시 규정하지 않더라도 사회
적 책임이 있다고 할 수 있다. 반면에 전체 사회 질서를
기독교화하는 임무를 거부하면서 교회라는 개별 기관에
집중해 사회 전체의 문제에 개입하지 않으려 하는 교회
는 사회적 책임을 거부한다고 할 수 있다. (20쪽)

버크홀더의 분석에 따르면 오늘날 메노나이트의 결정적인 문제
는 산업혁명이 사회 구조에 끼친 영향을 받아들이지 못했다는 것이
다. 선교, 구호 및 봉사, 교육을 통해 세상의 필요를 알게 되었는데
도 그들은 사랑과 사회 구조의 문제를 직시하지 못했다. 아나뱁티
스트들의 급진적인 종파주의는 16세기 기독교 문명에 도전했지만,
메노나이트 교회의 대응이 오늘날의 세상에 대한 도전은 아니다.
동시에 세상에서 물러나는 정책이 더는 가능하지 않다고 버크홀더
는 주장한다.

'그리스도와 문화의 문제'를 다루는 부분에서 버크홀더는 예수가
당시 유대 민족의 필요에 무관심했다고 설명한다(27쪽). 예수를 무
책임하지는 않더라도 책임이 없는 존재로 본다. 예수는 상상할 수
있는 모든 문화 체계를 초월하는 절대적 윤리를 대표한다. 버크홀
더에 따르면 예수는 평범한 시민 생활의 요구 사항을 고려하지 않
았기 때문에 그 윤리는 신중하지 못하고 비실용적이다. 이 지점에
서 버크홀더는 트뢸치와 니부어 형제와 비슷하지만, 내가 보기에는
예수의 윤리를 공정히 다루지 않고 있다. 예수도 우리와 마찬가지
로 현실 사회에서 살았고, 그의 말과 행동은 실제 문제와 상황을 다

뤘으며, 로마에 대한 유대인의 태도와 율법학자들이 내세우는 율법의 타당성에 도전했다. 버크홀더는 예수의 윤리를 '사회적 책임'의 윤리나 정치적 실효성의 윤리와 비교하면 부족하다고 생각하지만, 사실 우리는 예수의 기준으로 후자를 판단해야 한다.

"메노나이트 사상Mennonitism의 전체적인 접근법은 윤리적 이상이 모호함 없이 구현될 가능성을 가정한다." 하지만 이런 접근은 변증법적이지 않다(31쪽). 그 구현은 문화적일 수 있으며, 실제로 메노나이트는 그들만의 작은 "기독교 문화"를 구축하려고 시도하기도 했다(31쪽). 비록 주변의 다른 많은 문화를 악으로 정죄했지만 말이다. 이는 과연 바람직한 접근 방식일까? 메노나이트는 더 광범위한 사회 문제를 인식하게 되면서 이런 질문에 직면했다. "교회는 그리스도에 대한 절대주의적 요구를 정치 현장에 강요해야 하는가, 아니면 정치적 사실에 대한 현실적인 분석으로 유연해진 '지혜'를 가지고 말해야 하는가?(31쪽)" 버크홀더에 따르면 이러한 딜레마는 메노나이트가 산상수훈의 순수한 윤리를 따를지 아니면 사악한 사회에서 일반적인 삶의 과정에 참여할지 고민하고 있다는 사실에서 비롯했다(32쪽). "그리스도의 윤리와 사회적 실존이라는 현실의 충돌은 도저히 피할 수 없다(32쪽)."

버크홀더의 논문은 기독교를 제자도로 보는 아나뱁티스트의 주요 관점을 다루는 것이 대부분이다. 그는 탁월한 논평으로 **예수를 따르는 삶**Nachfolge을 루터교와 칼뱅주의의 관점과 구분한다. 특히 고난, 무저항, 선교에 주목하며, 각각을 제자도와 분리할 수 없는 것으로 본다.

아나뱁티스가 코르푸스 크리스티아눔corpus christianum(중세 유럽

에서 교회와 국가가 하나의 통합된 기독교 세계를 형성한다고 보는 개념
-옮긴이)과 결별한 것도 제자도에 대한 관심의 표현이다. 아나뱁티
스트들은 코르푸스 크리스티아눔 모델에 따른 사회적 책임을 거부
하며, 사회를 지배하거나 사회에 지배당하기를 원치 않았다. 중세
기독교권을 유지하는 책임을 받아들인다는 것은 "그리스도에 대한
자유로운 응답으로서의 기독교의 본질(104쪽)"에 위배되며, 그런 행
위는 기독교 제자도의 진정성에서 결정적이었다. 그리하여 아나뱁
티스트 교회는 시민 공동체에 순응하지 않는 대안 공동체인 자유교
회가 되었다. 코르푸스 크리스티아눔이 교회와 사회의 통합을 추구
하는 반면, "아나뱁티즘은 기독교 공동체와 거듭나지 않는 세상 사
이에 쐐기를 박으려 한다(117쪽)."

버크홀더는 메노나이트가 공직이나 직접적인 정치 참여를 거부
함에도 불구하고 상당한 사회봉사를 해 왔다고 지적한다. 그들은
반전 활동과 더불어 도움이 필요한 사람들을 위한 자원봉사를 강조
해 왔다. 하지만 버크홀더는 그것이 사회적 책임의 요건을 충족한
다고 보지 않는다.

버크홀더는 에큐메니컬 운동이 모든 사회 질서를 판단하는 기준
이자 기독교 사회 행동 규범인 "책임 있는 사회" 개념이 현대 세계
의 메노나이트 교회에 도전이 된다고 주장한다(192~193쪽). 버크홀
더에 따르면 '책임 있는 사회' 개념의 신학적 근거는 (1) 인간 본성
에 대한 기독교적 이해의 재발견["인간은 하나님과 이웃에 책임을 지는
자유로운 존재로 창조되었고 부름받았다"(210쪽)], (2) "인간의 모든 권
력 기관과 제도에 이르는" 그리스도의 주권 또는 왕권에 대한 성경
적 교리의 재발견이다(211쪽). 버크홀더는 '책임 있는 사회'를 이상

으로 삼는 에큐메니컬 운동과 메노나이트 교회 사이에 이론적 차이는 크나 실질적 차이는 그만큼 크지 않다고 역설한다(212쪽).

메노나이트와 에큐메니컬 공동체는 기독교 사회윤리의 틀에서 근본적인 차이가 있다. 후자의 준거틀은 전 세계인 반면, 전자의 준거틀은 교회(교단 또는 메노나이트 공동체)다(212~213쪽). 메노나이트는 그리스도 통치의 보편성을 인정하지만 사회 윤리에 대한 그리스도의 주권 교리의 "함의를 깊이 있게 연구한 적이 없다"고 버크홀더는 주장한다(214쪽). 메노나이트는 그리스도의 주권을 교회로 제한하고 있다.

버크홀더는 다음과 같은 결론에 도달한다.

1. 무저항의 절대주의 윤리("십자가의 길")와 "사회 질서의 상대성" 사이에는 근본적인 갈등이 존재한다(222쪽). 이 갈등은 고립으로 후퇴하는 것으로 더는 해결될 수 없다. 따라서 메노나이트가 사회에 접근하는 방식은 수정되어야 한다. "메노나이트는 타협이라는 조건 아래 형제애, 평화, 상호성이라는 전통적 목표를 추구해야 한다(223쪽)." 메노나이트는 모호함ambiguity으로 가득한 세상의 일부이며, 그들의 윤리는 참여, 죄책감, 책임을 고려해야 한다.

2. 모든 제도가 어느 정도 정치적(강압이나 힘에 의존)이기 때문에 메노나이트 윤리는 권력의 여지를 두어야 한다. 무저항은 "모든 그리스도인의 관계를 아우르는 규범"으로 더는 유효하지 않다. 무저항을 일관되게 실천하다가는 "말 그대로 그리스도인들이 이 세상에서 사라지게 될" 것

이기 때문이다(223쪽).

3. 메노나이트 윤리는 전통적으로 소홀했던 정의를 바로잡
   아야 한다. 메노나이트가 사랑을 강조하다 보니 경제생
   활의 규범과 사회적 행동의 목표를 무시하게 되었고, 그
   결과 혼란과 무관심이 생겨났다(223쪽).

4. 메노나이트는 예수의 명령(또는 바울의 윤리)을 오늘날 얼
   마나 문자 그대로 지켜 가야 하는지의 문제를 다루면서
   새로운 해석학을 발전시켜야 한다. "메노나이트가 한편
   으로는 기독교의 본질과 다른 한편으로는 현대 생활의
   현실과 씨름하는 윤리 체계를 만들어 내기 전까지는 사
   회적 책임 문제에 대한 최종 해결책이 나올 수 없을 것이
   다(224쪽)."

비평

버크홀더의 책임 촉구는 여러 면에서 설득력이 떨어진다. 첫째, 그
는 교회가 어떤 근거에서, 누구에게 책임을 져야 하는지에 대해 명
확하게 설명하지 않는다. 에큐메니컬 운동의 '책임 있는 사회' 개념
은 코르푸스 크리스티아눔 모델을 전제로 하는데, 메노나이트 교회
는 이를 잘못이라고 여겨 거부해 왔다. 교회는 교회다워야 한다. 교
회가 일차로 충성해야 할 대상은 그리스도지, 국가나 문화(사회)가
아니다. 교회가 사회적 책임을 다해야 한다는 요구는 그리스도에
대한 신실함보다는 사회와의 관련성 측면에서 교회를 평가한다. 사
실상 이 접근법은 교회가 시민 종교의 주요 교리에 충실하기를 요

구한다. 그러므로 교회는 사회적 시각에서 선하거나 옳은 것에 부합하는지에 따라 판단된다. 이는 그리스도교 신앙을 포기하는 것이나 다름없다. 그러나 모든 사회적 환경에서 교회는 그리스도 안에서 드러난 하나님의 성품을 본받아 행동해야 한다. 그러려면 시민종교의 지배적 규범에 대한 비판이 따를 수 있다.

둘째, 버크홀더는 사회적 책임의 문제를 다룰 때 조직 공동체로서의 교회보다는 개인의 책임을 더 많이 이야기한다. 그러나 그리스도인은 결코 단순한 개인이 아니다. 그리스도인은 하나님의 일과 뜻을 분별하려고 더불어 노력하는 신자 공동체의 일원이다. 교회를 통해 개인은 교회로서 살아가고 문화적 측면을 이야기하게 된다.

셋째, 버크홀더는 교회에 미치는 그리스도의 주권이 세상에 미치는 그리스도의 주권과 다르다는 슐라이트하임 신앙고백의 주장을 불편해한다. 그는 국가에 대한 아나뱁티스트의 입장을 루터교의 입장과 구별하면서도 현대의 메노나이트가 국가를 통해 하나님이 하시는 일에 더 많이 참여하기를 원하는 것이 분명하다. 이는 본질적으로 루터교의 해법이다.

나 역시 슐라이트하임 신앙고백에서 말하는 문제 해결 방식에 문제를 느낀다. 하지만 내가 생각하는 문제는 슐라이트하임 신앙고백이 하나님께서 두 가지 다른 방식으로 사람들과 함께 일하신다고 봤다는 것이다. 즉, 하나님께서 국가를 통해서는 폭력적으로, 교회를 통해서는 용서하고 자비를 베푸는 식으로 사람들을 다루신다는 것이다. 그러나 나는 하나님이 이중적 윤리를 가지고 계신다고 믿지 않는다. 하나님은 모든 사람과 동일한 방식으로 관계를 맺으시며 회개와 믿음, 제자도를 통해 도움을 받도록 우리를 초대하신다.

교회의 사명은 말과 행동으로 모든 사람에게 복음을 선포하는 것이다. 그리스도는 하나님께서 사람들을 어떻게 대하시는지 드러내셨다. 그것은 사랑, 용서, 자비, 자기희생의 방식이다. 이는 교회의 방식이기도 하다.

비정치적 무저항

존 리처드 버크홀더

Apolitical
Nonresistance

20세기 초, 많은 메노나이트들이 평화주의자라고 밝히기를 주저했다. 그들은 성경적 무저항에 대한 자신들의 헌신을, 성경적 권위보다는 인본주의적 또는 철학적 관점에 근거한 다른 종교·정치 집단의 평화주의와 구별하는 데 주안점을 두었다.

근본주의와 세대주의의 영향을 받은 메노나이트의 한 분파는 정부가 더 평화로운 정책을 펼치도록 영향력을 행사하려는 모든 노력에 비판적이었다. 이 비판자들은 기독교인이 전쟁을 막으라는 부름을 받은 것이 아니라 단지 저항하지 않는 자세를 유지하라는 부름을 받은 것이라고 주장했다. 이런 견해의 지지자들은 그들이 말하는 근대주의 사회복음의 경향을 두려워하면서 메노나이트가 역사적 평화교회에 속한 퀘이커나 브레드런 교회와 공공 문제에 협력하려는 노력을 포함해 다른 종교의 평화주의자들과 형제애를 나누는 것을 비난하기도 했다.

메노나이트 교회의 존 호시John Horsch와 조지 브렁크 1세George Brunk I도 일찍이 이런 입장을 밝혔다. 현재 이러한 견해를 명확히 구현한 책이나 저자는 없지만《칼과 나팔》과《오늘날을 위한 지침》에서 대표적으로 그런 표명을 찾아볼 수 있다. 최근에 두드러진 대변자로는 제임스 헤스, 샌퍼드 G. 세틀러, J. 워드 생크, J. 오티스 요더 등이 있다. 이 비판자들은 초기의 일부 메노나이트 지도자들이 주장하는 전반적인 지리적·문화적 고립을 옹호하지 않았으며, 실제로 현대의 사회·정치 사건에 상당한 관심을 보였다. 유능한 논평자들은 자신들의 견해가 많은 풀뿌리 메노나이트 신도들의 의견을 반영한다고 말한다.

이 그룹은 주류 메노나이트가 그 입장에서 위험하게 이탈하고 있다는 인식에 맞서, 전통적인 '역사적 무저항' 입장을 고수한다고 주장한다. 이들의 두 가지 주요 관심사는 비폭력 직접 행동의 옹호, 교회와 국가라는 엄격한 두 왕국 윤리의 붕괴다. 메노나이트가 세속 정치에 지나치게 관여하고 있다고 믿기에 이 그룹은 자칭 "비정치적"이다. 이 지지자들은 자신들이 개탄하는 경향에 대해 경계하면서 교정과 감시의 역할을 맡았다고 생각한다.

이 관점에 대한 다음 분석은 주로 1986년부터 1989년까지《오늘날을 위한 지침》에서 실시한 조사에 근거한다. 이 독립 정기 간행물은 수년 동안 격월로 발행되어 메노나이트 교회에 널리 배포되었다. 셰틀러가 1989년 3월 사망할 때까지 편집장을 맡았다. 이 격월간지는 1990년 1월《칼과 나팔》에 통합됐으며 이후 정치 논평은 눈에 띄게 줄었다.

《오늘날을 위한 지침》의 지면에는 일반적으로 정통 기독교 신앙을 옹호하는 영감을 주거나 그런 교리를 담은 기사, (특히 메노나이트에 주목한) 종교계 사건 소식과 비평, 6~8쪽 분량의 사회·정치 뉴스 브리핑(특히 음주, 낙태, 연예 산업과 같은 도덕적 문제와 관련된 기사)이 실렸다. 자료는 대부분 다른 출판물에서 가져왔다.

《오늘날을 위한 지침》은 다른 어떤 메노나이트 정기 간행물보다 많은 정치 및 세계 뉴스 콘텐츠를 제공한 듯하다. 편집자는 〈교회와 국가에 관하여〉라는 고정 지면에 직접 집필했다. 제임스 R. 헤스는 〈제 의견을 말씀드리면In My Opinion〉이라는 칼럼에서 공공 문제와 정치 이슈에 대해 자주 썼다. 많은 재게재 글과 뉴스 항목들을 보면 정치 문제에 얼마나 관심이 컸는지를 알 수 있다. 극단적인 예로, 한 면에 미국 대통령들 사진을 가득 싣고는 인물 정보를 같이 제공하기도 했다(1988년 11-12월호, 15쪽).

무저항 대 비폭력

《오늘날을 위한 지침》은 메노나이트 윤리가 순수한 무저항에서 일종의 비폭력 저항과 직접 행동의 수용으로 전환되는 모습을 자주 문제 삼는다. 1986년 11-12월호를 시작으로 세틀러는 자신의 1967년 소논문 〈비폭력 직접 행동 이론The Theory of Direct Nonviolent Action〉을 4회에 걸쳐 그대로 실었다. 간디의 비폭력 저항 운동에 관한 이 광범위한 연구는 비폭력과 신약성서의 "중대한 차이"를 강조하며 1940년대 메노나이트의 기본 문헌으로 돌아가 그 내용을 명화히 밝히고 있다.

세틀러는 슈리다라니Shridharani가 쓴 《폭력 없는 전쟁War Without Violence》의 개요를 따라가며 이 "이상적인 유형"의 비폭력 직접 행동의 단계마다 해설을 덧붙인다. 그는 '무저항 불복종 운동satyagraha'이 "전쟁에 상응하는 도덕적 행위"라는 주장을 강조하고, '비폭력은 예수보다 우월하다. 왜냐하면 비폭력의 실천자는 무력한 수동적 피해자가 아니기 때문'이라는 슈리다라니의 강변을 부각한다. 세틀러는 직접적인 비폭력 행동은 "그리스도의 방식이 아니다"라고 단호하게 말하며 "우리 시대의 고위 성직자들이 완전히 속아 넘어갔다"

라며 한탄한다(1987년 7-8월호, 10쪽).

세틀러는 메노나이트의 평화 운동 개입을 비판하는 《오늘날을 위한 지침》 칼럼에서 기독교평화운동팀Christian Peacemaker Teams(CPT) (폭넓은 참여와 다양성을 위해 2022년에 Community Peacemaker Teams로 이름 변경-옮긴이)의 사상에 대해 언급한다.

> 메노나이트 교회가 현재 고려 중인 가장 극단적인 인본주의적 프로그램은 그리스도 형제단BIC 소속 대학에서 가르치는 로널드 사이더가 제안한 것으로, 니카라과에 평화유지팀을 파견해 대립 세력 사이에서 중재하자는 아이디어다. 많은 이들은 이 제안이 극도로 순진할 뿐만 아니라 그 지역의 평화를 가져오는 데 소용이 없다고 생각한다. 메노나이트 지도자들이 이런 헛된 제안에 지지를 보내고 있다는 사실이 믿기 어렵다. (1987년 3-4월호, 20쪽)

교회와 국가 관계에 관한 신학

1988년, 《오늘날을 위한 지침》은 세틀러가 쓴 〈세속 통치자 아래의 그리스도인 시민Christian Citizens under Temporal Rulers〉이라는 4부작의 긴 논문을 게재했는데, 이 글에는 "비정치적" 집단을 특징짓는 주요 관심사와 견해가 많이 피력됐다(1988년 3-4월호부터 9-10월호까지 연재).

세틀러는 먼저 다양한 교회·국가 신학을 "개괄"한 다음, 원조 아나뱁티스트들이 취한 절대주의나 순수주의의 입장을 택한다. 그리하여 토머스 샌더스Thomas Sanders의 연구를 활용해 메노나이트가 어떻게 그 진리에서 벗어났는지를 추적하고, 1956년 베델대학교 콘퍼런스에서 보인 J. W. 프레츠J. W. Fretz와 엘머 뉴펠드Elmer Neufeld의 영향력에 주목한다. 셰틀러는 "그리스도의 주권"이라는 새로운 신학이 교회를 "하나님의 크고 선한 세계의 일부에 불과한, 거의 존재하지 않는 구조"로 간주한다고 비판적으로 논평한다(1988년 3-4월호, 22쪽). 이 제1부는 시민 불복종에 대한 비판적 논평으로 끝을 맺는다.

제2부에서 셰틀러는 전통적인 메노나이트 입장에서 벗어났다고 보는 "소위 예언자적 증언"이라는 개념에 도전한다. "교회가 국가와 소통할 권리가 있다는 사실은 누구도 의심하지 않지만, 어떤 점을 어떻게 소통하느냐가 주요 문제다(1988년 5-6월호, 22쪽)" 1965년 이후로 메노나이트는 모순적이고 모호한 존재가 되었다. 예를 들어, 비폭력주의자라면 어떤 종류의 무기가 합당한지 국가에 조언할 수는 없지 않은가? 흥미로운 점은 이 부분에서 셰틀러가 교회의 정치적 선언에 대한 폴 램지의 비판에 크게 의존하고 있다는 사실이다.

전쟁세 문제와 관련해 셰틀러는 예수가 세금이 어떻게 사용되어야 하는지에 대해 문제를 제기하지 않았다고 주장한다. 비록 그 세금이 자신을 십자가에 못 박은 병사들의 급여로 쓰였더라도 말이다. 셰틀러는 대부분의 세금 반대 시위자들이 비판적으로 정치 문제를 제기하고 반미적 태도를 취한다고 지적한다.

제3부에서는 시민 종교와 더불어, 교회와 국가 기관 간의 다양한 상호작용 형태를 살펴본다. 셰틀러는 정부가 종교적 상징과 언어를 오용하고 있다고 비판하는 사람들에게 시민 종교의 다른 측면, 즉

정치에 관여하거나 국가를 도구로 이용하려는 교회에 주목하라고 촉구한다(1988년 7-8월호, 22~23쪽).

마지막 장에서는 기독교인과 국가에 대한 신약성서의 가르침을 요약해 9가지 명제로 정리했다.

1. 모든 사람과, 왕, 권력자를 위해 기도해야 한다.
2. 세금과 공과금을 납부해야 한다.
3. 모든 권력자를 존중해야 한다.
4. 인간이 만든 모든 법령에 따라야 한다.
5. 우리는 국가 지도자에게 배려와 선처를 구하는 형태로 청원할 수 있다.
6. 정부로부터 보호를 (반드시 요구할 필요는 없지만) 받는 것은 적절한 일이다.
7. 권리를 보호하거나 재산을 되찾기 위해 법적 소송을 제기해서는 안 된다.
8. 세속 통치자들에게 주 예수 그리스도의 복음과 개인적 거듭남의 필요성을 증언해야 한다.
9. 기독교인들은 비우호적이고 악한 권력자들로부터 오는 고난을 감내할 준비가 되어 있어야 한다. (1988년 9-10월호, 22~23쪽)

성경에서 '권력자를 존중하라'는 명령 때문에 《오늘날을 위한 지침》 필자들은 '반反레이건 성명이 넘치는 교회 언론'에 강한 비판을 하게 되었다. 세틀러는 "세속 권력을 존중하라는 성경을 가벼이 여기는 자들에게 큰 심판이 내릴 것"이라고 썼다(1987년 1-2월호, 22쪽). 따라서 이 필자들이 권력자를 긍정적으로 보는 것은 놀라운 일이 아니다. 예를 들어, 1987년 3-4월호에서 제임스 R. 헤스는 국가 조찬 기도회에 참석한 사실을 열정적으로 보고한다.

> 저는 새로운 희망과 열정을 안고 돌아왔습니다. 그리스도께서는 살아 계시고 건강하시며, 워싱턴 D.C. 정가에서 놀라운 일들을 행하고 계십니다. (…) 레이건 대통령은 짧은 연설을 했습니다. 저는 대통령이 받는 존경과 예우에 깊은 감동을 받았습니다. 문득 이런 생각이 강하게 들더군요. '대통령에게 경의를 표하는 기립과 박수갈채는 강요되지 않았고 자발적이었으며, 두려움에서 나오지도 않았다.'

그 자리에 함께 참석한 세틀러 편집장 역시 국가 조찬 기도회가 여러 교회 총회보다 영향력이 훨씬 더 컸다고 언급했다(1987년 3-4월호, 11쪽).

《오늘날을 위한 지침》의 관점은 고전적인 1632년 도르드레흐트 신앙고백Dortrecht Confession of Faith에 근거를 두었다. 여러 경우에 필자들은 제13조 "시민 정부의 직무에 관하여"의 내용을 인용했다.

> 우리는 또한 하나님께서 악인을 처벌하고 독실한 자를 보호하기 위해 시민 정부를 세우셨다고 믿으며 고백한다. 그러므로 우리는 시민 정부를 멸시하거나 모욕하거나 저

항해서는 안 되며, 하나님의 사역자로 인정하고 하나님의 법과 뜻과 계명에 어긋나지 않는 모든 일에서 시민 정부에 복종하고 순종해야 한다. (1987년 1-2월호, 23쪽)

'비정치적' 윤리 요약

교회와 국가에 관한 《오늘날을 위한 지침》의 기본 논리는 "기도하고, 세금을 내고, 순종하라"라고 말할 수 있을 것이다. 유일한 예외는 순종이 하나님의 계명을 명백히 위반하는 경우다. 《오늘날을 위한 지침》의 정치적 관점을 살펴본 바, 몇 가지 논평과 시사점을 덧붙인다.

1. 정부의 역할은 기본적으로 부정적이다. 그 역할이란 범법자들을 제지하고 처벌하는 일이다. 국가 복지와 사회 프로그램도 종종 비판을 받는다.
2. 정부에 영향을 미치려는 대부분 기독교인의 노력은 부적절하다. 그러나 기독교인들은 교회의 자유, 자신의 신념에 따른 생활의 자유를 존중해 달라고 호소할 수 있다.
3. 일부 정치 활동이 기독교인 개개인에게 허용될 순 있으나 교회가 정치에 관여해서는 안 된다. 이 주장은 주류 메노나이트 교인들이 정치에 개입하고 있다는 인식에 반대하며 자주 제기된다.

《오늘날을 위한 지침》에서 사회적·윤리적 문제에 대한 관심은 주로 개인의 도덕성 문제, 즉 음주, 도박, 성적 일탈 등에 초점을 맞추고 있다. 그러다 보니 공공 정책의 변화보다는 개인의 변화에 호소한다. 따라서 이런 도덕성 문제와 더불어 사치스러운 자동차, 미용실, 춤, 파이프 오르간, 프로 운동선수 등 다른 세속적인 측면에 대한 경고가 자주 등장한다. 필자들은 국내의 '복지 국가' 정책을 종종 비판하면서도 그런 정책을 바꾸기 위한 직접적인 정치 행동은 옹호하지 않았다.

일반적으로 이 필자들은 비판적이지 않은 북미의 관점에서 세계를 바라본다. 미국의 외교 정책 의제를 전반적으로 지지할 뿐 아니라 미국의 정책과 행동에 반대하는 (메노나이트 및 기타) 교회 사람들을 날카롭게 비판한다. 로널드 사이더가 1989년 11월 MCC 평화위원회와 에큐메니컬 평화신학 작업그룹의 합동 회의에서 언급했듯이 《오늘날을 위한 지침》의 의제를 보면 세계적 규모의 사회 정의에 대한 관심이 부족한 것 같다.

기본적인 신학과 윤리 수준에서 '비정치적인' 지도자들은 고전적인 두 왕국론을 전제로 한다. 일부 주요 대변인들은 그들의 입장이 살인에 대해 모순적인 윤리가 따른다는 사실("우리에게는 옳지 않은 일이 다른 사람들에게는 옳을 수 있다")을 부인했지만, 그들의 글에서 치명적인 군사 및 경찰 행동의 필요성에 대한 긍정적인 언급을 적잖게 찾을 수 있다.

따라서 평화 윤리는 개인의 무저항과 양심적 병역 거부로 제한된다. '비정치적' 필자들은 정부가 평화적으로 행동하게끔 설득하려는 노력을 대부분 실망스럽게 바라본다. 그들은 메노나이트의 정치적 행동주의를 비난한다. 아울러 "평화가 복음의 핵심이다"라는 주장에 의문을 제기한다.

　게다가 이 필자들은 종말론에 의존하는 듯 보이는데, 현세에서 무저항적으로 사는 신실한 그리스도인들에게 정치적 권력이 귀속된다는 시각이다. 예를 들면 헤스는 이렇게 썼다. "우리가 끝까지 주님의 뜻을 행하고 이겨내면 열방에 대한 권한을 얻게 될 것이며, 우리는 민주적인 일인일표제가 아니라 철권통치를 할 것이다(1986년 9-10월호, 10쪽)." 그는 성경에 전쟁 용어가 자주 등장하는 것을 명백히 내세우며 재차 논평했다. "그리스도께서 문자 그대로 지상 왕국의 통치자로 지상에 다시 오실 때 그분은 열방과 전쟁을 벌이고, 사람과 말을 죽일 것이며, 독수리들이 그 시체들을 마구 먹어 댈 것이다(1988년 5-6월호, 11쪽)."

　적절한 평화 증언이라는 '비정치적' 정의를 받아들이면 메노나이트의 공적인 정치 행위는 심각하게 제한될 것이다. '비정치적' 무저항의 지지자들은 "우리의 평화 증언이 위험에 처해 있습니까?"라는 질문에 "예!"라고 힘차게 대답할 것이다. 그들은 정치 개입과 비폭력 행동주의의 오류를 기록하고 있기 때문이다. 오늘날 메노나이트의 관료 조직과 기관에서 그들이 맡은 직책은 많지 않지만, 교회 정기 간행물에서 풀뿌리 목소리들이 종종 견해를 표하는 '독자 편지' 부문에서 그들의 영향력이 드러날 수 있다. 이런 입장의 전반적인 중요성은 아마도 교회의 주류 지식인 지도자들에 의해 과소평가되고 있을 것이다.

메시아 공동체의 평화주의

헬무트 하더

The Pacifism of the
Messianic Community

존 하워드 요더는 자신의 평화주의를 다른 형태와 구별하기 위해 "메시아 공동체의 평화주의"라는 명칭을 택했다.[1] 요더의 입장을 요약하고 분석하기 위해 4편의 대표 저작 〈종말론 없는 평화?Peace without Eschatology?〉, 《국가에 대한 기독교의 증언》, 《예수의 정치학》, 〈그러나 우리는 예수를 본다: 성육신의 특수성과 진리의 보편성But We Do See Jesus: The Particularity of Incarnation and the Universality of Truth〉을 활용한다.[2]

요약

〈종말론 없는 평화?〉

1954년 네덜란드에서 발표하고 1959년 책으로 펴낸 이 논문은

---

1   John Howard Yoder, *Nevertheless: The Varieties of Religious Pacifism* (Scottdale, PA: Herald Press, 1971), 122-27.

2   John Howard Yoder, "Peace without Eschatology," a *Concern* reprint (Scottdale, PA: Herald Press, 1959); John Howard Yoder, *The Christian Witness to the State* (Newton, KS: Faith and Life Press, 1964)/《국가에 대한 기독교의 증언》(대장간, 2012); John Howard Yoder, *The Politics of Jesus* (Grand Rapids: Eerdmans, 1972); John Howard Yoder, "'But We Do See Jesus': The Particularity of Incarnation and the Universality of Truth," in John Howard Yoder, *The Priestly Kingdom: Social Ethics as Gospel* (Notre Dame, IN: University of Notre Dame Press, 1984), 46-62. 이 논문 전체에서 본문의 인용문들은 이 저작들에서 가져왔다.

평화신학의 기초에 대한 근본적인 문제를 다룬다. 제2차 세계대전 이후에 이루어진 발표에서 요더는 역사적 미래 안에서 현세적인 '인간의 형제애'를 희망하는 사람들에게 반론을 제기하는 한편, 전쟁을 묵시적 종말의 전조로 보면서 역사적으로 중요한 사건으로 여기지 않는 사람들도 반박한다. 그는 이 두 관점에 모두 반대하면서, 역사적 평화교회가 '평화'라는 용어를 쓸 때 내포한 종말론적 사고를 높이 평가한다.

> '평화'는 평화주의자의 희망, 그가 행동하는 목표, 그 행동의 특성, 그의 입장을 이해하게 하는 궁극적인 신성한 확신을 말하지, 그의 행동의 외형이나 가시적인 결과를 논하지 않는다. 이것이 우리가 말하는 종말론이다. 다시 말해, 현재의 좌절을 이겨내며, 의미를 부여하는 보이지 않는 목표의 관점에서 현재 입장을 정의하는 희망이다. (5쪽)

평화에 대한 이런 이해의 기초는 종말론적일 뿐만 아니라 기독론적이다. 종말론적 토대는 새 시대를 역사 속으로 가져오는 데 결정적이었던 예수로 인해 정해진다. 예수의 성육신, 생애, 죽음, 부활은 어둠의 옛 시대와 하나님 나라의 빛이 있는 새 시대를 구분 짓는 표식이다(6쪽). 예수는 종말론을 지향하는 메시지를 선포했고 세상에서 평화의 삶을 가능하게 했다.

종말론에 기초한 평화는 기독교인의 순종하는 삶에 직접적인 의미를 띤다. 그리스도를 고백하는 자들은 옛 시대의 어둠에서 벗어나 새 시대의 빛 속에서 고통받는 사랑을 실천하며 살도록 부름받았다. 예수를 따르는 이들은 바로 이 종말론적 지평 안에서 자신의 정체성을 발견한다. 그들은 예수처럼 하나님 나라가 오기를 바라면서 살아가고 고통받는 신실한 공동체를 이룬다.

요더는 신약성서의 종말론으로 형성된 평화신학이 그럼에도 불구하고 모든 현재의 역사적 상황에 적용된다고 주장한다. 그는 '평화 증언'에 대해 이야기한다(16쪽). 종말론에 기초한 평화신학은 어떤 세속 통치에도 의존하지 않고 의무를 지지 않지만 세상의 악한 방식을 바꾸라고 촉구한다. 그 윤리 원칙에 충실하면서 타협하기보다는 신실하고자 하는 공동체의 관점에서 그렇게 요구한다.

《국가에 대한 기독교의 증언》

1950년대에 이루어진 이 성명은 요더의 영향력 있는 저서 《국가에 대한 기독교의 증언》(1964)의 배경이 된다. 요더는 이 책에서 1950년대 초에 만연했던 메노나이트의 무저항에 내포된 이해를 넘어 그리스도가 교회뿐만 아니라 국가의 주인이라고 주장한다(8~14쪽). 예수의 메시아적 선포는 역사를 초월한 것으로서 옛 시대와 새 시대의 갈등을 다룬다. 이러한 관점에서 요더는 교회 안에서 이루어지는 그리스도의 통치와 세상에서 이루어지는 악의 세력의 통치를 극명하게 구분하는 신학은 물론, 두 영역에 선악이 혼재함을 변증법적으로 주장하는 신학에 도전한다. 전자의 경우에는 신앙이 세상에 어떤 건설적인 방안도 제공하지 못하는 반면, 후자의 경우에는 타협이 불가피하고 정당해 보인다.

그 대신 요더는 국가 역시 주 그리스도에 대한 의무가 있음을 그리스도인이 증언하는 것이 신학적으로 필요하며 실제로 가능하다고 주장한다. 교회의 사역은 역사 속에서 이루어지지만 새로운 이해를 전제한다. 복수의 악순환을 "새로운 사회의 창조, 즉 십자가에서 거두신 하나님 사랑의 승리에 대한 사후적 체험이자 그분의 왕국에서 거두실 궁극적인 사랑의 승리에 대한 선취적 체험"으로 대체할 수 있다는 것이다(10쪽). 국가가 세상을 이런 식으로 바라볼 필요는 없다. 그런데 신약성서는 정치 권력자들을 신적 경륜의 대리자로 간주한다. 역사의 궁극적 의미는 지상의 제국에 있는 것이 아니라 그리스도의 교회에 있다. 실제로 사회적 기능과 역사적 발전은 교회의 사역을 위한 것이다. "역사의 의미는 교회의 창조와 사역에 있다"(13쪽). 실지로 요더는 "부활하신 그리스도께서 세상의 주님이시기도 하다는 증언은 우리가 국가에 발언하는 이유이며, 국가가 존속하는 이유에 관한 성경적 증언 또한 우리가 명확한 기준으로 인도할 수 있게 해 준다"라고 썼다(21쪽).

요더는 교회와 국가 모두에 하나의 윤리적 기반이 존재한다고 주장하지만, 국가가 이 기준을 따르지 않으리란 점을 인정한다. 현실적으로 세상은 "사랑이 부족한 방식으로" 반응할 것이다. 그럼에도 불구하고 그리스도인은 사랑과 무저항이라는 교회 윤리 관점에서 국가를 향해 증언한다. 그리스도인은 자신의 윤리를 국가의 제한된 가능성에 맞추면 안 된다. 그리스도인은 반드시 국가를 향해 증언해야지, 국가의 필요에 따라 신학을 조정하여 국가에 대한 책임을 져서는 안 된다. 아울러 국가가 기독교 기준에 부합하지 않으면 국가에 윤리적 책임을 물어봤자 소용없다고 판단해서는 안 된다. 궁극적으로 성경의 종말론이야말로 국가 윤리의 기초이자 교회 윤리의 기초이기 때문이다. 교회 윤리와 국가 윤리의 차이는 동일한 주님에 대한 이중적 응답에서 비롯한 것이지, 영역이나 차원의 이원론이 아니다(32쪽).

《예수의 정치학》

요더의 다음 주요 관심사는 기독론이었다. 《예수의 정치학》(1972)에서 그는 예수에 대한 성서 연구를 통해 "교회론과 종말론이 어떻게 윤리학의 본질에 새로운 의미를 부여하게 됐는지" 보여 주려 했다(5~6쪽). 초기 저서에서 예상할 수 있듯이 요더는 예수에 대한 성경적 이해가 종말론적 메시아의 역할에서 시작돼야 한다고 주장한다. "예수는 신적 위임을 받은 (즉, 약속된, 기름부음 받은, 메시아적인) 예언자, 제사장, 왕으로서 인간적, 사회적, 따라서 정치적 관계에 대한 새로운 가능성을 품은 존재였다. 그의 세례는 취임식이고 그의 십자가는 제자들이 참여하도록 부름받은 새로운 체제의 정점이었다(62~63쪽)." 예수가 선포한 것은 "세상 한가운데서 회개하는 자들이 취해야 할 새로운 자세"로(100쪽), 종말론적 토대 위에서 힘을 얻고 사회적 책임을 다하는 자세였다.

예수를 닮는다는 것은 무엇을 의미할까? 예수의 공동체는 비순응적이다. "신자의 십자가는 주님의 십자가와 마찬가지로 사회에 순응하지 않는 대가여야 한다(97쪽)." 신자의 이런 자세가 공동체를 탄생시킨다. "그[예수]가 모두에게 치유와 용서의 부르심으로 선포하는 인간성은 치유 공동체의 사회적 새로움 속에 통합된다(113쪽)."

그렇다면 어떻게 예수의 윤리에서 공동체의 윤리로 나아갈 수 있을까? 신약성서의 사도 윤리 전통에서 "널리 퍼져 있는 한 가지 주제는 우리가 여기서 '참여' 또는 '상응'이라 부를 수 있는 것으로, 신자의 행동이나 태도가 주님과 동일한 자질이나 성품에 '상응'하거나 반영하거나 '참여'하는 것이라 할 수 있다(116쪽)." 이런 체계에서는 "예수처럼 산다는 일반적인 개념이 없다(134쪽)." 신약성서는 오직 한 지점에서만 우리에게 예수처럼 되라고 일관되게 요구한다. 바로, "십자가가 적의와 권력과의 관계에서 구체적인 사회적 의미를 지니는 지점이다. 섬김이 지배를 대체하고, 용서가 적대감을 흡수한다(134쪽)."

더 나아가 요더는 신약성서의 권력과 구조 개념(예시로 골 1:15~17 참조)을 그리스도에서 공동체로 가는 다리라고 지적한다. 예수는 타락한 권력에 도전했고 그들에게 굴복하거나 그들의 주장을 궁극적으로 지지하길 거부함으로써 지배를 깨뜨렸다. 권력에 대한 이러한 승리는 설교에서뿐만 아니라 더 근본적으로는 세상의 새로운 인류가 된다는 점에서 교회를 선포하는 것이다. 교회는 권력의 유혹을 피하려고 노력해야 한다. 여기서 중요한 점은 가치 있는 목적을 위해 가치 없는 수단을 쓰길 거부하는 것이다. 대신 교회는 비폭력 십자가의 표징 아래에서 "복음이 다른 구조를 변화시키기 위해 작용하는 일차적인 사회 구조가 기독교 공동체의 구조(157쪽)"라는 점을 보고 믿어야 한다.

그러나 새로운 공동체는 독특한 삶의 방식을 사회에 강요하지 않으며, 당연히 폭력에 의존하지도 않는다. 또한 기존의 세속적 질서를 꾸미거나 덧칠하는 방식으로 변화가 일어날 수도 없다. 오히려 메시아 공동체는 예수의 메시아 윤리에서 비롯된 창조적 변혁을 통해 진가를 발휘한다.

그리스도인의 태도와 정부 당국과의 관계에는 어떤 시사점이 있을까? 예수를 따르는 자들은 그러한 권력 기관을 무시해도 될까? 아니면 로마서 13장과 같은 성경 구절에 따라 기독교인은 정부에 두말없이 복종해야 하는가? 요더는 이렇게 대답한다. "[신약성경을 따르며] 정부에 대한 복종을 받아들이는 그리스도인은 도덕적 독립성과 판단력을 유지한다. 정부의 권위는 자체로 정당화되지 않는다. 어떤 정부든 그 존재는 하나님의 명령이지만, 그 성경 구절(롬 13:1~7)은 정부가 국민에게 행하거나 요구하는 것이 무엇이든 선하다고 말하지는 않는다(207쪽)." 그리스도인은 칼이 사용되는 역사적 과정에 따를 수밖에 없지만, 자신의 화해 사역을 칼로 재단해서는 안 된다(214쪽).

"믿음을 통해 은혜로 받은 칭의"라는 메시지는 어떻게 메시아 공동체의 초석이 되는가? 은혜와 행위 모두 우리의 칭의에 속해 있다. 신약성경은 새로운 공동체 형성에 주력한다. 이 공동체는 행위의 전통이 없어 오직 은혜로만 구원을 받는 사람들(이방인), 자신의 의로움을 뽐내기에 역시 은혜가 필요한 사람들(유대인)로 이루어진다. 그리스도로 인해 언약은 이제 모든 사람에게 열려 있다. 더는 적대감이나 복수심을 가질 이유가 없다. 이것이 바로 "원수와 내가 우리의 공로나 업적 없이도 새로운 인류 안에서 하나가 되었으며 이제부터는 적의 목숨을 결코 손에 쥐려 해서는 안 된다는 복음"이다(231~232쪽).

현대인들은 자신의 전략적 계획과 노력으로 역사를 바로 세우고 싶어 한다. 그러나 예수의 가르침과 태도는 그게 우리의 과제인지 의문을 갖게 한다. 온유함과 고난은 효과적인 전략이 아니다. 그리고 우리의 관심사가 인간의 관점에서 선해 보이는 것에 따라 역사의 흐름을 인도하는 것이어야 할까? 요더는 요한계시록을 근거로 하나님은 역사 속에서 행하시지만 "하나님 백성의 순종과 하나님 대의의 승리 사이의 관계는 인과관계가 아니라 십자가와 부활의 관계"라고 말한다(238쪽). 이는 예수를 따르는 자들이 인내와 무력함을 무기로 받아들인다는 것을 의미한다.

요더는 마지막 어려운 질문을 던지며 책을 마무리한다. "기독교적 순종에 헌신한다고 주장하는 사람들의 자유로운 동의에 기초해 그리스도인들이 교회에서 추구할 수 있는 형제애와 공평의 기준을 시민 사회에 시행하라고 공권력에 요청하는 것이 과연 합당한가?(246쪽)." 그는 이 질문을 성찰하며 "타당한 기독교 평화주의 증언에 대한 논쟁은 신학적이어야 하고 무엇보다 교회를 향해야 한다고 제안한다(247쪽)." 교회의 기본 과제가 사회를 관리하는 일이라는 가정은 터무니없다. 오히려 "새로운 공동체 창조와 모든 폭력 거부를 특징으로 하는 사회적 방식은 신약성서가 처음부터 끝까지 일관되게 선포하는 주제다. 그리스도의 십자가는 기독교의 사회적 효용의 본보기이며, 믿는 자들에게는 하나님의 능력이다(250쪽)."

〈그러나 우리는 예수를 본다〉

요더는 공동체 안에서 신실해야 할 의무를 중시하지만 끊임없이 교회와 세상 사이의 가교 역할을 하고자 한다. 우리는 그의 중요한 논문 〈그러나 우리는 예수를 본다: 성육신의 특수성과 진리의 보편성〉(1984)에서 이를 다시 한번 확인할 수 있다. 여기서 그는 고트홀트 에프라임 레싱 Gotthold Ephraim Lessing(18세기 독일의 극작가이자 비평가-옮긴이)이 비유한 "추악한 넓은 도랑", 즉 특수성과 보편성의 간극, (예를 들면) 역사에 기반을 둔 특수한 종교적 신념과 "이성의 필연적 진리"의 간극에 놓인 딜레마를 피하도록 도와준다. 요더는 우리가 보편적 진리에 비특수적이고 초역사적으로 접근할 수 없음을 보여 준다. 성육신 안에서 진리는 레싱의 도랑을 건너 우리 쪽으로 다가오며 그 도랑을 건너려는 시도가 잘못된 것으로 보일 수 있다고 말한다.

요더는 우리가 저지르는 첫 번째 실수가 "더 넓은 사회 자체를 우주라고 생각하는 것"이라고 썼다(49쪽). 우리가 만나는 더 넓은 세계는 이용 가능한 범주의 또 다른 특수한 장소일 뿐, 보편으로의 더 큰 접근은 허용하지 않는다는 것이다. 그는 원시 영지주의 우주론을 이용한 요한복음 서두(요 1:1~18)에 나오는 모델을 거론한다. 이 우주론은 순수한 보편성과 특수성 사이에 간극이 있다는 레싱의 가정을 공유한다. 그러나 요한복음 서두를 쓴 이는 그 가정을 채택하는 대신 우주론을 분리한다. 그는 신과 인간 사이에 로고스를 끼워 넣는 대신 로고스를 사다리의 맨 위와("그 말씀은 하나님이셨다", "그 빛이 모든 사람을 비추고 있다") 맨 아래에("그 말씀은 육신이 되어 우리 가운데 사셨다", "그가 자기 땅에 오셨으나, 그의 백성은 그를 맞아들이지 않았다") 놓는다. 로고스의 개념은 "믿는 모든 사람을 하나님의 자녀가 되는 능력 안으로 끌어들이는 동일시와 성육신의 선포"로 변형되었다(51쪽).

결국 서기 1세기에 예수를 올바르게 인식한 사람들의 비범함을 따르는 것보다 더 좋은 방법은 없다.

예수를 메시아로 믿는 소수 유대인들은 분리된 사회의 방어선을 넘어 다수 문화의 지적 요새를 공격하며, 세상이 준비해 놓은 범주로 자신들의 메시지를 포장해 맥락화하기를 거부했다. 대신 그들은 범주를 붙잡고서 망치로 두드려 다른 모양으로 만들고 우주론을 뒤집어 놓았다. 그리하여 예수는 맨 아래에서 일반 범죄자처럼 십자가에 못 박힌 채로, 맨 위에서는 선재하는 아들이자 창조주로 자리 잡았으며, 교회는 오늘날 전투에서 그의 도구가 되었다. (54쪽)

이것이 요더가 "메시아 공동체의 평화주의"라고 일컫는 사상의 얼개라 할 수 있다. 이제 이 특별한 유형의 평화신학에 대한 몇 가지 성찰로 넘어가, 이 책에 실린 존 R. 버크홀더의 논문 〈메노나이트 평화신학을 이해할 수 있을까?〉에서 제안한 범주를 이용해 분석해 보자.

분석

신학적·성경적 가정

요더의 평화에 대한 이해는 신학에 기반을 두고 있다. 하지만 그의 준거 기준은 조직신학이 아니라 성서신학, 특히 신약성서에서 비롯된 신학이다. 그의 접근 방식은 그리스도 중심적으로, 복음서에 나오고 신약성서 전체로 이해되는 나사렛 예수에 초점을 맞추고 있다.

앞서 언급했듯이 요더는 종말론에서 시작한다. 그러나 종말론은 미래에 닥칠 최후의 사건만을 지향하지 않는다. 오히려 다가오는 하나님 나라는 모든 역사와 관련된 현재 믿음과 신실함의 희망이자 동기를 부여하는 힘이다. 예수의 가르침과 삶, 죽음, 부활 안에서 그리고 이를 통해 알려진 하나님 통치의 특성은 메시아 공동체 자체의 삶 그리고 세계, 국가, 사회와의 관계에서 정치적 발판이 된다.

요더의 구상에서 윤리와 구원은 한 부분이다. 예수가 하나님의 순종하는 아들이 아니었다면 우리의 구원을 성취할 수 없었을 것이다. 마찬가지로 신자의 구원도 순종을 통해 이루어진다. 그리스도께서 모두를 위해 돌아가셨기에 이제는 누구도 죄 때문에 죽을 필요가 없다는 의미에서 구원은 평화와 비폭력을 포용한다. 따라서 평화는 복음의 핵심이다.

윤리 원칙과 절차

요더는 기독교적 사고가 교회에는 이 원칙, 세상에는 저 원칙, 기독교인에게는 이 윤리, 다른 사람들에게는 저 윤리를 적용하는 이중적 윤리를 허용해서는 안 된다고 주장한다. 오히려 그리스도는 교회와 세상 모두의 주님이시므로 우리는 양쪽 다 똑같은 윤리를 적용한다고 생각해야 한다. 아울러 그리스도의 영역 내에서 다른 윤리 원칙을 제시해서는 안 된다. 요더는 자신의 주장을 신학적 근거로만 설명하지 않는다. 그는 기독교 윤리가 결국 인류의 최선의 이익에 이바지하는 인도적인 접근법이라고 논한다. 따라서 교회는 자기와 다른 기준을 세상에 제시하며 타협해서는 안 된다. 교회는 모든 사람과 국가가 더 나은 길을 과감히 택하라고 간청해야 한다.

교회

요더가 보기에 하나님 나라와 메시아 공동체는 밀접한 관련이 있다. 그러나 메시아 공동체를 단순히 가시적 교회와 동일시할 수는 없다. 그가 말하는 교회는 예수의 반문화적 이상에 충실한 집단이자 위험을 무릅쓰고 예수의 길을 따르는 순종적인 제자들이다. 따라서 교회는 그리스도의 사역이 보이는 곳에서 볼 수 있다. 이러한 가시성은 구조보다는 기능 위주다.

교회는 복음을 전하지만 그 복음주의에는 정의와 평화의 복음이 포함되며 아마도 그것이 본질적인 구성 요소일 것이다.

요더는 소위 종파형Sect-type 기독교가 교회형Church-type 기독교보다 참된 교회(메시아 공동체)에 더 가깝다고 주장한다.《예수의 정치학》에서 요더는 아나뱁티스트가 기독교 신앙의 진정한 해석자라고 사실상 (주류 기독교 제도권 전통에 맞서) 주장한다. 그와 동시에 신실한 메시아적 '종파'가 더 넓은 세상에서 물러나거나 무관심하거나 적대적일 필요가 없다고 (최근 메노나이트의 일부 사상과 경험에 맞서) 역설한다. 메시아 공동체는 더 넓은 세상을 향해 증언한다.

국가와 사회

요더는 국가는 물론 세계와 인간 사회를 이해하기 위해 신약성경의 '정사와 권세'라는 개념을 사용한다. 정사와 권세는 타락한 영적 힘으로서 파괴적 행위, 전복적 이데올로기, 불의한 구조로 나타난다. 따라서 국가는 그 자체로 악(또는 선)이 아니며, 어떤 형태의 정부도 그 자체로 옳거나 그르지 않다. 기껏해야 국가는 악의 유혹과 선행의 소명 사이의 긴장 속에 존재한다. 이러한 틀을 통해 요더는 교회와 국가 사이의 경계선을 공식적인 측면이 아니라 기능적인 측면에서 바라볼 수 있었다. 또한 국가가 비판을 경청할 수 있으며 선행의 의무(예를 들면, 자유 수호, 빈곤층 보호)를 상기시키는 데 긍정적으로 반응할 수 있다고 보았다.

교회와 국가의 관계 문제에 대한 정책과 입장

그리스도인의 시민권은 이 세상에 속하지 않더라도 국가가 하는 일이 건설적이고 기독교 신앙에 부합하며 그 과정에서 국가에 대한 비판적 증언을 유지할 수 있다면 그리스도인은 그 일에 참여할 수 있다. 더구나 그 증언이 비폭력적이고 정의를 지향한다면 시민 불복종의 역할이 있다.

맺음말

가이 허시버거는 요더의 등장과 공헌 이전에 메노나이트의 입장을 역사적으로 규명하고자 하는 사람들이 가장 자주 인용하는 저술가다. 그러나 요더가 1964년 출판을 준비하면서 《국가에 대한 기독교의 증언》을 재작업할 때 허시버거 자신이 1958~1959년에 도움을 준 자문 그룹의 일원이었다. 이 초기 저술에서 요더는 후속 저작에서와 마찬가지로 허시버거 학파의 사상을 배경으로 자신의 이해를 정립한다. 요더의 저작은 여러 면에서 과거 메노나이트 평화신학과의 연속성을 보이는데, 교회를 세상과 분리해서 보는 것, 성경을 모든 시대를 위한 하나님의 계시로 이해하는 것, 예수 그리스도를 교회의 기초이자 그리스도인의 생활 규범으로 간주하는 것, 신실함과 순종을 기독교 제자도의 중요한 표식으로 보는 것 등이 그렇다.

하지만 몇 가지 점에서 요더의 입장은 이전 세대의 평화신학에서 변화를 보인다. 첫째, 이전 세대에서는 구조화되고 가시적인 교회(즉, 메노나이트 교단 또는 메노나이트 교회 공동체)를 다루었다. 반면 요더의 연구는 종말론에 더 기초한 공동체로 방점을 옮겼다. 신실한 교회란 기능적으로 식별할 수 있지만 구조적으로는 식별할 수 없는 집단으로, 이 세상에서 그리스도의 길을 순종적으로 따르는 사람들의 집단이라는 것이다. 이러한 방점의 변화로 인해 가시적 교회는 소외될까? 구조화된 교회를 더 진지하게 받아들이는 신학이 필요할까? 현재 메노나이트의 평화 사역이 때때로 교회 제도 밖에서 명백한 정당성을 가지고 이루어지고 있다는 사실에 비추어 나는 그런 질문을 던지고 싶다. 아울러 일부 메노나이트 지역교회와 회중 공동체가 '평화 교리'를 신앙고백의 일환으로 포함시키는 것에 의문을 제기한다.

둘째, 요더의 '메시아 공동체의 평화주의'는 세상과의 관계에서 그리스도인의 방향을 다르게 설정한다. 그것은 세상에서 일어나는 일에서 손을 떼는 문제가 더는 아니다. 그렇다고 해서 세상이 하는 일에 대한 신학적 정당성을 제공하는 문제도 아니다. 단순히 개인을 세상에서 구출하는 일이 우리의 임무도 아니다. 교회의 순수성을 지키는 것도 우리의 관심사가 아니다. 요더에게 그리스도인의 소명은 오히려 모든 창조물을 향한 하나님의 종말론적 목적을 세상에 증언하는 것이다.

급진적 평화주의

바버라 넬슨 킹거리치

Radical Pacifism

존 R. 버크홀더가 개발한 연구 유형론은 '급진적 평화주의'를 "예수의 엄격한 비폭력 윤리를 적극적인 사회적·정치적 행동과 연관시키는" 메노나이트·그리스도 형제단BIC 평화신학의 한 유형으로 규정한다.[1] 이런 입장을 지지해 가장 폭넓은 대중의 지지를 얻은 사람이 바로 로널드 J. 사이더다. 1979년에 출간된 저서 《그리스도와 폭력Christ and Violence》에서 사이더는 자신이 옹호하는 행동주의의 근간이 되는 성경적, 신학적 신념을 명확히 밝혔다.[2] 그의 생각을 설명하는 다른 주요 저작으로는 《가난한 시대를 사는 부유한 그리스도인Rich Christians in an Age of Hunger》(1977), 《완전한 생명 보호주의: 일관된 입장 정립Completely Pro-life: Building a Consistent Stance》(1987), 《비폭력: 무적의 무기인가?Non-violence: The Invincible Weapon?》(1989)가 있다.[3] 다음 분석은 이 책에 실린 존 R. 버크홀더의 〈메노나이트 평화신학을 이해할 수 있을까?〉라는 논문에 요약된 기본 문제에 내한 패러다임 범주들을 사용했다.

1   참조: J. R. Burkholder, "Can We Make Sense of Mennonite Peace Theology?," in the present volume.

2   Ronald J. Sider, *Christ and Violence* (Scottdale, PA: Herald Press, 1979)/《그리스도와 폭력》(대장간, 2012).

3   Ronald J. Sider, *Rich Christians in an Age of Hunger: A Biblical Study* (Downers Grove, IL: InterVarsity Press, 1977)/《가난한 시대를 사는 부유한 그리스도인》(IVP, 2023); Ronald J. Sider, *Completely Pro-life: Building a Consistent Stance* (Downers Grove, IL: InterVarsity Press, 1987); Ronald J. Sider, *Non-violence: The Invincible Weapon?* (Dallas: Word Publishing, 1989).

신학적·성경적 가정

하나님의 주권

창조 세계와 인류를 향한 하나님의 궁극적인 뜻을 사이더는 "새 예루살렘의 완전한 샬롬", 새 땅의 정의로운 평화peace-with-justice, "열방의 치유"로 규정한다.[4] 사이더는 여기서 하나님이 폭력을 의도하시는지에 대한 질문을 명시적으로 다루지는 않지만, 《가난한 시대를 사는 부유한 그리스도인》에서 하나님이 가난한 이들을 억압한 죄를 지은 자들, 통치자, 국가, 기관을 멸망시키신 것을 몇 차례 대충 언급하고 지나간다.[5] 또한 그는 저작들에서 심판에 대한 하나님의 궁극적인 뜻이 무엇인지 확장해서 다루지는 않지만, 자신이 보편구원론 입장은 아니라고 말한다. 그러나 그는 예수의 십자가가 "원수를 대하는 하나님의 방식이 고난받는 사랑의 방식"임을 드러낸다고 쓰고,[6] "하나님은 악인에게 정당한 복수를 하러 오시는 것이 아니라 은혜로 죄인을 의롭게 하러 오신다"라는 위르겐 몰트만Jürgen Moltmann의 결론에 찬성하며 인용한다.[7]

사이더에 따르면 죄는 세상에 존재하는 현실이며, 사람과 제도와 구조는 하나님의 온전한 뜻에 반하는 방식으로 움직인다. 그러나 하나님은 궁극적으로 평화와 정의의 새 시대를 열어가는 하나님의 목적을 달성하실 것이며, 심지어 지금도 역사 속에서 여전히 작용

4   Sider, *Christ and Violence*, 96-97.
5   Sider, *Rich Christians*, 75, 136, 209.
6   Sider, *Christ and Violence*, 31.
7   Sider, *Christ and Violence*, 31.

하는 악의 세력에 맞서 기꺼이 대가(고통, 죽음)를 감수하는 적극적인 사랑을 통해 전형적으로 그렇게 하고 계신다.

그리스도의 주권

그리스도의 주권 범위와 관련하여 사이더는 예수가 "영광스러운 온 우주의 부활하신 주권자", "교회뿐만 아니라 세상의 주님"이라고 거듭 주장한다.[8] 하지만 그리스도께서 교회와 세상의 주인이 되시는 방식의 차이는 경시하고, 교회와 세상에 대한 그분의 주권 사이의 연속성을 강조한다. 실제로 예수가 삶의 모든 영역에서 주인이라는 주장은, 그리스도인들이 개인의 영역, 교회 내, 공공 영역에서 변화된 경제적 관계를 위해 노력해야 한다는 사이더의 논의에 결정적 역할을 한다.[9] 사이더는 이러한 결론을 거부하는 그리스도인들은 "성경적 진리보다는 주변 사회의 가치관이 자신의 사고를 형성하도록" 허용하므로 신학적 자유주의자라고 규정한다. 따라서 이들은 삶의 모든 영역에 미치는 그리스도의 주권을 부인한다.[10] 사이더에 따르면 예수가 주님이라는 우리의 고백이 진정성을 띠기 위해서는 "보다 검소한 개인의 경제생활 방식, 보다 검소한 교회생활 방식, 법령으로 폭력을 양산하는 경제 체제를 바꾸는 조치와 같은 변화를 통해 화평케 하는 자가 되라는 예수의 부르심"을 들어야 한다.[11]

---

8 Sider, *Christ and Violence*, 39, 56.

9 Sider, *Christ and Violence*, 81-87.

10 Sider, *Christ and Violence*, 85.

11 Sider, *Christ and Violence*, 87; compare Sider, *Rich Christians*, 225.

성경 해석

사이더는 《가난한 시대를 사는 부유한 그리스도인》의 짧은 섹션에서 성경 해석의 문제를 몇 가지 다룬다. 하나님께서 예수의 사역, 십자가, 부활로 당신을 드러내신 방식이 사이더에게 결정적인 것은 분명하나, 그는 구약과 신약의 관계 문제에 대해서는 명시적으로 언급하지 않는다. 하지만 희년을 다룬 레위기의 본문과 더불어 경제 정의와 가난하고 억압받는 이들에 대한 하나님의 관심과 관련된 예언적 구절을 사용한다. 그리하여 이런 구약 본문과 예수의 가르침 사이의 연속성이 강조된다.

성경은 도덕적 삶을 어떻게 인도하는가? 사이더에게 성경은 일반적인 윤리 원칙의 근원이며 따라서 그 원칙은 현대의 삶에도 적용되어야 하는 것으로 보인다.[12] 사이더는 원칙과 적용 사이의 간극을 메우는 일이 어려운 과제며 그리스도인과 기독교 단체 들이 그런 적용에 동의하지 않으리란 점을 인정한다.[13] 그는 누가 이런 원칙을 분별하며 현 상황에 어떻게 적용할지를 결정하는지와 같은 문제를 다루지 않는다. (여기서 검토한 글들을 봐도) 교회가 해석 공동체인지, 그렇다면 어떻게 그런지에도 딱히 주목하지 않는다.

사이더는 사회의 구조적 변화를 위한 성경의 기본 교리를 이렇게 짚어낸다. "이 우주의 주권을 가진 주님은 가난하고 억압받는 이들을 해방하고 부유하고 강한 자들의 불의 앞에서는 그들을 멸망시키는 일을 하고 계신다", "하나님은 가난한 이들의 편이시다", "극단적

---

12   참고: Sider, *Rich Christians*, 95, 205-210.
13   참고: See Sider, *Rich Christians*, 95, 210.

인 부와 가난은 성경 속 하나님을 불쾌하게 한다", "사유 재산은 합법이나 하나님이 유일한 절대적 소유자시므로 우리가 재산을 취득하고 사용할 권리는 분명히 제한되어 있다".[14]

1987년 '사회행동을 위한 복음주의자Evangelicals for Social Action(현재 명칭은 Christians for Social Action-옮긴이)' 직원들과 공동으로 펴낸《완전한 생명 보호주의: 일관된 입장 정립》에서 사이더는 "창조와 타락부터 아브라함과 그의 후손들의 소명을 거쳐 그리스도와 교회, 재림에 이르는 긴 역사를 담은 성경 전체의 이야기가 정치를 포함해 기독교 윤리의 모든 측면을 형성한다"라고 썼다. 여기서 강조점은 성경의 교리를 분별하는 것이라기보다는 어떤 사안에 대해 성경적 사고의 여러 갈래를 모아 그 주제를 놓고 "성경의 가르침의 종합적 요약 또는 패러다임"을 발전시켜 "균형 잡힌 성경적 관심 의제를 분명히" 제기하는 것이다.[15] 이런 신중한 성경 연구 활동은 성경에서 공공 정책 제안으로 나아가는 데 사이더가 밝힌 네 단계 중 하나에 불과하다.[16]

복음의 본질과 범위

사이더가 다루는 속죄를 보면 구원과 윤리의 연관성에 대한 그의 확신이 드러난다. 그는 "비천한 나사렛 사람인 예수를 그저 진리와 평화를 위한 고귀한 순교자로 여기는 나약한 감상주의"를 거부하면서 세상의 죄를 대신해 두 번 다시 없을 특별한 희생을 치른 예수

---

14 참고: Sider, *Rich Christians*, 95, 209.

15 Sider, *Completely Pro-life*, 22-23.

16 Sider, *Completely Pro-life*, 21-24.

의 대속을 강조한다. 이 죽음은 하나님이 "자기희생적 사랑으로 원수들과 화해하는 자비로운 아버지"이심을 증명한다.[17] 윤리로의 연결 고리는 '십자가'다. 신약의 그리스도인들은 그리스도인이 원수에게도 다가가야 하는 "결정적인 윤리적 단서"를 십자가에서 발견했다.[18] 사이더에 따르면 예수의 죽음은 하나님의 적(우리)을 죄로부터 구원하는 유일무이한 대리 희생인 한편, 예수의 십자가는 적에 대한 기독교적 대응의 양상 또는 본보기다.

사이더는 (대속이자 모범이 되는) 그리스도의 속죄에 대한 이 두 가지 확신의 연관성을 더 자세히 설명하지는 않으면서도, 둘 중 하나를 선택하는 것은 복음의 완전한 진리를 부정하는 셈이라고 주장한다. 아울러 "그리스도의 대속적 십자가에 대한 성경적 이해를 활용하는 (…) 많은 이들이 전쟁과 폭력 문제의 직접적인 영향을 보지 못하는 것은 우리 시대의 비극"이라고 말하며 "평화주의와 비폭력을 가장 강조하는 이들 중 일부가 그 근거를 그리스도의 대속에 두지 못하는 것도 똑같이 비극"이라고 역설한다.[19]

사이더의 신학에서 평화와 구원은 중요한 관계에 있으며, 폭력과 죄도 마찬가지로 밀접하게 연결되어 있다. 사이더가 생각하기에 죄는 두 가지 차원이 있다. 그것은 "의식적으로 의도한 개별 행위"이자 "악한 사회 구조에 참여하는 행위"이기도 하다.[20] 사이더는 대부분의 기독교인이 후자보다 전자에 더 신경을 집중한다는 점을 인식

17   Sider, *Christ and Violence*, 35.
18   Sider, *Christ and Violence*, 35.
19   Sider, *Christ and Violence*, 34-35.
20   Sider, *Christ and Violence*, 70; compare 70-73 with Sider, *Rich Christian*s, 133-37.

하고는, 제도화된 폭력에 대한 성경의 가르침과 오늘날 기독교인들이 폭력적인 사회 구조(억압적인 국제 무역 행태, 재생 불가능한 자원의 소비, 우리의 식습관 등)에 참여하는 것에 주의를 환기해 균형을 바로잡으려고 한다.[21] 사이더에 따르면 이 구조적 악은 개인의 죄보다 더 교묘한데, 더 많은 사람에게 해를 끼치고 의도적 행위만큼이나 죄악이다.

종말론

종말론에 대한 사이더의 관점은 그의 평화 윤리에 어떤 영향을 미쳤을까? 사이더에게 평화와 정의를 위한 현재 노력과 평화로운 왕국 도래의 관계를 가장 명확히 보여 주는 지표는 바로 부활이다. 나사렛 예수와 부활하신 그리스도 사이에 연속성과 불연속성이 공존하듯 지금 우리의 노력과 다가올 새 시대 사이에도 연속성과 불연속성이 공존한다. 사이더는 단순한 연속성에 대한 자유주의적 신념을 부정한다. "우리가 하나님 나라가 이미 도래했다는 사실을 깨닫기 전까지는 더더욱 정의로운 사회를 만들어 내지 못할 것이다."[22] 그러나 어떤 연속성은 존재한다. "우리가 기다리는 완성은 내세가 아니라 이 창조 세계의 회복일 것이다." 사이더는 이렇게 요약한다. "그러므로 지금 우리는 정의와 평화를 위해 일한다. 신실함에는 십자가가 따른다는 사실을 잊어버리는 순진한 낙관이 아니라, 최후의 말씀은 부활이라는 확고한 믿음을 품고서 말이다."[23]

---

21   참고: Sider, *Rich Christians*, 73-74.
22   Sider, *Christ and Violence*, 97.
23   Sider, *Christ and Violence*, 97.

비슷한 맥락에서 《가난한 시대를 사는 부유한 그리스도인》은 이런 도전 과제로 끝을 맺는다. "만약 지금 이 역사적인 순간에 부유한 나라에 사는 수백만 명의 그리스도인이 전 세계 가난한 이들과 손을 잡을 용기를 낸다면 우리는 세계사의 흐름에 결정적인 영향을 미칠 것이다." 그리고 부활이라는 주제를 이렇게 상기시킨다. "예수의 부활은 (…) 최후에 반드시 승리하리라는 우리의 보증이다. 그 견고한 반석 위에 굳건히 서서 이 불의한 세상에 뛰어들어 지금 우리가 할 수 있는 모든 것을 바꾸고, 부활하신 왕께서 승리를 완성하시리라는 것을 알 것이다."[24]

윤리 원칙과 절차

그리스도께서 교회의 주인이 되시는 방식과 세상의 주인이 되시는 방식의 차이를 경시하는 점에 대해 사이더가 앞서 논평했듯이, 여기에는 윤리적 이원론이 뚜렷이 드러나지 않는다. 동일한 도덕성이 개인 영역과 공공 영역에, 그리스도교인과 비그리스도교인 모두에게 적용된다. 사이더는 세속 사회가 실제로 그리스도교 신앙과 일치하지 않는 가치와 규범을 가지고 있다는 점을 인정하지만, 그리스도교인이 계시를 통해 알고 있는 것에 미치지 못하는 미국 사회의 기준을 기독교인이 지지해야 한다고 생각하지 않는다.

《가난한 시대를 사는 부유한 그리스도인》에서 사이더는 성경에서 나온 단일한 기준을 교회와 사회에 모두 적용하는 문제를 명시

24　참고: Sider, *Rich Christians*, 225-26; compare Sider, *Completely Pro-life*, 17-20.

적으로 다루고 있다. 교회는 먼저 자신의 삶을 이 기준에 일치시켜야 하며, 그래야만 정부에 구조적 변화를 촉구하는 우리의 호소가 진정성을 띠게 될 것이다. 그런 다음에는 이 동일한 성경의 원칙을 사회에 적용해야 한다. 결코 자의적이지 않은 성경의 원칙이야말로 하나님의 모든 창조물에 평화와 행복을 가져다줄 원칙이기 때문이다. "정의에 대한 성경의 원칙을 따르는 것이 모든 인간 사회에 지속적인 평화와 사회적 조화를 가져오는 유일한 길이다."[25] 세속 사회는 그 기준에 근접할 뿐이지만, 거기에 가까이 갈수록 더 큰 평화와 조화와 행복을 경험할 것이다. 궁극적으로 우리가 교회와 사회 모두에 동일한 기준을 적용하는 것은 하나님께서 그러시기 때문이다. "야훼께서는 모든 사람에게 동일한 사회 정의 기준을 적용하신다."[26]

《그리스도와 폭력》의 평화 만들기와 경제에 관한 장에서 사이더는 그리스도인들이 공공 영역에서 정의를 위해 일할 것을 촉구한다. 대부분의 사람들에게 가장 해로운 최악의 폭력은 구조적 폭력이기에 그리스도인들은 불공정한 구조를 바꾸고 공정하게 만들기 위해 노력해야 한다. 이는 우리가 개인 생활과 교회 생활에서 추구해야 하는 정의와 같다고 할 수 있다. 구체적인 공공 정책과 관련된 권고 사항은 다음과 같은 일반적인 권고 사항 아래에 나온다. "우리는 가난한 이들의 편에 분명히 서는 외교 정책을 요구해야 한다." "미국의 외교 정책은 정의를 장려해야만 한다."[27] 사이더는

<hr>

25 참고: Sider, *Rich Christians*, 206.
26 참고: Sider, *Rich Christians*, 206.
27 Sider, *Christ and Violence*, 84.

구조적 변화를 주로 정부가 하는 일, 즉 법률, 공공 정책, 외교 정책의 변화로 보는 것 같다. 이처럼 기독교인과 정부에 대한 기준은 동일해 보이며 반응의 차이에 대한 참작은 없다. 다시 말해 누구에게 무엇을 규정할지 결정할 때 믿음과 성령의 능력은 고려되지 않는다.

사이더는 정부가 치명적인 무력을 적절하게 사용해도 되는지의 문제를 구체적으로 다루지는 않지만, 그의 성향으로 보아 그런 무력의 타당성을 인정하는 데는 반대하는 것 같다. 사이더의 1989년 저서 《비폭력: 무적의 무기인가?》는 경찰 업무, 자주국방 및 국제 평화 유지 그리고 "분쟁 해결이 필요한 중간 수준의 상황"이라는 세 가지 영역에서 치명적인 폭력에 대한 비폭력적 대안을 모색할 것을 주장한다.[28] 그는 정부가 살상에 의지하지 않아도 제 기능을 할 수 있다는 것이 최소한의 가능성이 있는 가설이라고 여긴다. 다시 말하지만, 누구에게 무엇을 규정할지에는 궁극적으로나 잠정적으로 차이가 없다.

《그리스도와 폭력》에서 사이더는 무저항을, 예수의 산상수훈에 나오는 말씀이 폭력을 동원하든 아니든 어떤 종류의 강압 행사도 금지한다는 믿음으로 정의한다. 이런 입장이 어느 정도 가치가 있다는 것을 인정하면서도 그는 무저항을 옹호하는 그리스도인조차도 사실상 어떤 관계(예를 들어, 부모 자식 관계나 교회 내 치리)에서 강압을 행사한다고 주장한다. 또한 성경적 근거에 따르면 "경제적, 정치적 권력 행사는 십자가의 길과 완전히 양립할 수 있다. (…) 무저

---

28 Sider, *Non-violence: The Invincible Weapon?*, 4.

항보다는 행동하는 비폭력이 신약성서의 가르침에 더 충실한 실행이다."[29] 실제로 사이더의 입장은 '급진적 평화주의'보다 '행동하는 비폭력Activist Nonviolence'이라 부르는 편이 나을 것이다.

사이더가 보기에 '좋은' 강압coercion과 '나쁜' 강압을 구분하는 핵심은 "상대방을 창조주에게 책임을 지는 자유로운 도덕적 행위자로서 사랑하고 존중하는 강압"과 그렇지 않은 강압을 구별하는 것이다.[30] 잘못된 강압은 상대방을 사람으로 대하지 않고 사물로 취급한다. 그러나 올바른 강압은 사랑이 목표이자 수단이다.[31] 자신의 권리나 필요가 아니라 상대방의 이익이 결정적이다.[32]

윤리적 통찰의 다른 비성경적 출처에 대한 문제를 놓고 사이더는 "그리스도인이라면 창조 윤리와 왕국 윤리 사이에서 감히 선택하지 않는다"라고 주장한다.[33] 동시에 그는 타락한 창조 세계가 지금 너무 부패한 나머지 그것을 바라보기만 해서는 윤리적 규범을 신뢰성 있게 도출할 수 없다고 역설한다. "인식론적으로 우리의 윤리는 계시된 윤리일 것이다. 그러나 논리적으로 창조 윤리이기도 해야 한다. 그렇지 않으면 (…) 이 타락한 창조 세계가 결국 구원받으리라는 사실을 잊어버릴 것이다."[34]

사이더는 막스 베버Max Weber에게서 권력의 정의를 도출한다. 그것은 "사회적 관계 내의 한 행위자가 저항에도 불구하고 자신의 의

---

29 Sider, *Christ and Violence*, 44.

30 Sider, *Christ and Violence*, 45.

31 Sider, *Christ and Violence*, 46.

32 Sider, *Christ and Violence*, 48.

33 Sider, *Christ and Violence*, 55.

34 Sider, *Christ and Violence*, 55.

지를 관철할 위치에 있을 확률이다. 그 확률의 근거에 상관없이 말이다."[35] 사이더는 권력power이라는 말을 강압coercion이나 힘force과 같은 의미로 쓰는 듯하다. 앞서 언급한 바와 같이, 권력이나 강압이란 말의 사용 자체가 잘못된 것은 아니다. 그런 사용은 '원수'에 대한 사랑과 관심에 좌우되는지에 따라 선할 수도 있고 악할 수도 있다.

사이더는 무저항 옹호자들이 사용하는 고전 텍스트인 마태복음 5장 39절을 살펴보고는 예수의 생애에서 일어난 몇 가지 사건을 통해서 예수가 악에 대한 절대적인 무저항을 옹호하지 않았을 것이라고 결론 내린다.[36] 사이더가 보기에 예수의 성전 정화 사건과 재판 중에 뺨을 맞았을 때의 반응은, '악한 자를 대적하지 말라'는 말이 자신이 입은 상처를 똑같이 갚아선 안 되며 상처를 입힌 사람을 원수로 대해선 안 된다는 의미임을 증명한다. 첫 번째 관심사가 언제나 상대방을 위한 것이어야 한다는 말이다.

존 하워드 요더, 헨드릭 버코프Hendrik Berkhof, 리처드 마우Richard Mouw 등의 저작을 바탕으로 한 사이더의 권력 분석은 바울이 언급한 정사와 권세의 범주로 이어진다.[37] 사이더는 이러한 권력들이 태생적으로 악한 것이 아니라, 하나님이 선하게 창조하셨으나 타락하고 반항하게 된 창조물의 일부라고 이해한다. 그는 권력들이 결국 파괴되지 않고 궁극적으로 무장 해제되어 창조주이자 주인인 하나님께 복종하게 되리라 믿는다. 바울의 글에 나오는 정사와 권세

35　Sider, *Christ and Violence*, 44; 사이더의 삽입.
36　Sider, *Christ and Violence*, 46-49.
37　Sider, *Christ and Violence*, 49-58.

에 대한 사이더의 분석은 예수의 생애와 더불어 악에 저항하는 문제에 대한 가르침을 해석한 데서 나온 결론을 확인해 준다. "권력 자체는 태생적으로 악하지 않다. 그것은 선한 창조물의 일부다. 따라서 그리스도인들은 정의를 추구하는 과정에서 사랑을 담은 비폭력적인 방식으로 권력을 사용할 수 있으며 그렇게 해야 한다."[38]

교회

하나님 나라와 교회의 관계가 어떠해야 하는지에 대한 사이더의 이해를 가장 명확히 보여 주는 서술은 아마도 《그리스도와 폭력》의 마지막 페이지에 있을 것이다. 여기서 그는 마틴 루서 킹 주니어의 "나에게는 꿈이 있습니다" 연설의 익숙한 어조에 빠져들면서 교회와 다가오는 하나님 나라가 더욱 확연히 연결되는 시대를 꿈꾼다. 그러면서 교회를 현재 모습으로 그리지 않고 미래에 가능한 모습을 제시한다. "나는 수천 개의 교회 공동체가 (…) 주변 사회의 물질주의에 순응하는 안락한 클럽에서 다가오는 하나님 나라의 급진적인 교두보로 변모하는 시대를 꿈꾼다."[39] 이런 공동체들은 "다가오는 샬롬의 뚜렷한 본보기"가 될 것이며 그 온전함은 "믿지 않는 자들을 믿음으로 이끌 정도로 아주 명확하고 쉽게 전파될 것이다."[40] 비슷한 진술이 《가난한 시대를 사는 부유한 그리스도인》에서도 나온다. "하나님의 백성 가운데 나타나는 현재 삶의 질은 이 세상의 왕국들

38 Sider, *Christ and Violence*, 55.
39 Sider, *Christ and Violence*, 97.
40 Sider, *Christ and Violence*, 98.

이 (…) 우리 주님의 왕국이 될 때 드러날 완전함과 정의의 표징이 될 것이다."[41]

사이더는 교회의 사회적 형태나 전략을 어떻게 볼까? 한편으로 사이더의 글에는 분명한 종파적 색채가 있다. 교회가 다가오는 하나님 나라에 충실하다면, 교회는 반문화적이고 문화 비판적인 단체가 될 것이다. 사이더가 제시하는 규범적 교회는 인지적 소수 집단이자 사랑으로 저항하는 공동체이며, 구성원들은 서로에게 무조건적 책무가 있고 무한한 책임을 진다.[42] 그들의 근본적인 신념과 가치관은 성경 규범에서 파생되며 사회의 지배적인 가치와 긴장 관계에 놓일 것이다. 이러한 단체가 자체의 급진성을 유지하려면 작고 친밀해야만 하는데, 이를테면 가정교회, 생활 공동체commune, 가정교회들의 연합체 등이 그렇다.[43]

북미의 교회에 대한 사이더의 주된 비판은 그들이 이런 종파적 규범에 부합하지 못한다는 점이다. "(주류 사회에) 적응한 안락한 클럽"이다 보니,[44] 특히 경제 문제에서 빈곤과 정의의 문제와 관련해 "성경적 진리보다는 주변 사회의 가치가 자신들의 사고와 행동을 형성"하도록 허용한다는 것이다.[45]

교회의 선교 우선순위 문제를 놓고 사이더는 신실한 공동체의 존재만으로도 선교의 의미가 있음을 인정하며 이렇게 말한다. "하나

---

41   Sider, *Rich Christians*, 87.

42   Sider, *Rich Christians*, 189-93.

43   Sider, *Rich Christians*, 195-202.

44   Sider, *Rich Christians*, 189.

45   Sider, *Christ and Violence*, 85.

님의 백성이라는 새로운 현실의 이런 성육신이 바로 심오한 정치 행위가 될 것이다."[46] "교회의 존재 자체가 주변 사회에 대한 근본적인 도전이다."[47]

그러나 사이더는 이런 종파적 비전에 만족하지 않는다. 교회가 다가오는 하나님 나라의 방식대로 충실히 살아가는 모범을 보이는 것으로는 충분하지 않았다. 기독교 공동체가 종파로 나뉘어야 한다면 그 종파성은 변혁적이어야 한다. "새로운 공동체로서의 교회가 활발한 정치 참여를 대체할 수는 없다. 정교하고 인내심 있는 정치 활동이 필수적이다."[48] 사이더는 교회를 세우는 일 자체에 집중하는 것이 예수가 살았던 당시 정치 체제의 편협성으로 인한 어쩔 수 없는 차선책이었다고까지 암시한다. 하나님이 주로 신실한 교회를 통해 일하신다고 믿는 메노나이트들과 달리, 사이더는 하나님의 일에서 정말 중요한 무대는 구조이자 정부라고 확신하는 듯하다. 그는 이렇게 말한다.

> [예수의] 역사적 맥락에서, 다른 가치에 기초한 새로운 공동체 건설 외에는 지배 독재 정권이 용인하는 정치적 입장이 없었다. 그것이 바로 그분이 하신 일이다. (…) 모든 역사적 맥락이 세속 사회에서 정의로운 사회 구조를 만들기 위한 정치 활동을 허용하는 것은 아니다. 역사적 맥락이 그런 정치 활동을 허용하지 않는다면, 그런 활

---

46 Sider, *Christ and Violence*, 56.
47 Sider, *Christ and Violence*, 63.
48 Sider, *Completely Pro-life*, 200.

동은 명백히 의무가 아니다. 민주주의 사회에서는 구조
적 변화를 촉진하기 위한 정치 활동이 가능하다. (…) 나
는 우리가 경제적, 정치적 권력을 행사하면서 창의적이
고 대담하게 전진할 것을 촉구한다. 억압받는 사람들이
이 세상에서 정의로운 권력 분배를 올바르게 추구할 때
우리는 그들의 동역자가 되어야 한다.[49]

따라서 사이더에게 주된 선교 의제는 교회가 신실해져 더 넓은 사
회에서 비폭력을 수단으로 더 정의로운 사회경제 구조를 만드는 것
이다. 신실한 그리스도인들이라면 평화로운 방법을 사용해 평화로
운 사회 질서를 실현할 것이다. 사이더는 이러한 노력이 성공하리
라고 믿는다. 신약의 비전으로 돌아가서, "교회의 주님은 맘몬의 신
전에서 우상을 숭배하는 동서양의 강력한 이교도 문명을 견디고 정
복할 수 있는 사랑으로 저항하는 공동체를 다시 만드실 것이다."[50]
"우리가 지혜롭고 신실하다면 새천년이 오기 전 마지막 15년 동안
우리 국가와 세계에 중대한 영향을 미칠 수 있다."[51] 이 종파주의에
는 승리의 기운, 심지어 콘스탄티누스적인 기세까지 느껴진다.

사이더는 이런 사회적 변화가 일어나더라도 복음 전도를 대체할
수는 없다고 설파한다. 사회에 영향력을 최대한 미치려면 복음 전
도와 사회적 관심 사이의 균형을 유지해야 한다. 왜냐하면 "구원의
은혜"만이 "이기적인 성격의 근원에 도달할 수 있고", "단순한 사회

49 Sider, *Christ and Violence*, 61-62.
50 Sider, *Rich Christians*, 202.
51 Sider, *Completely Pro-life*, 197.

공학으로는 새로운 사람을 만들 수 없기" 때문이다.[52] 하지만 이런 생각은 사이더의 글에서 지나가듯이 언급됐을 뿐, 상대적으로 거의 주목받지 못했다. 아마도 그는 독자들이 전반적으로 개인이 복음을 전도하는 쪽으로 기울었다고 느꼈기에 그들의 관심을 정의의 문제로 전환해야 했을 것이다.

국가와 사회

사이더는 정부가 인간 사회의 질서를 바로잡기 위해 하나님이 창조한 권력 중 하나라고 믿는다. 그의 견해에 따르면 "정부는 단순히 인간의 타락 때문에 필요한 것이 아니다". "타락한 인간 존재뿐만 아니라 인간 존재를 위해 바람직한" 것이다.[53] 정부는 신성한 기관이자 창조의 질서이며, 단순히 인간 문명의 산물이 아니다. 정부는 인류가 타락하기 전부터 존재했기에 종국에는 회복되어 악을 행할 수 없고 하나님과 화해하게 될 것이다. 이처럼 인류가 타락하기 전부터 국가에 대한 하나님의 계획이 있었다는 관점과 더불어 하나님 나라가 충만하게 임하고 나서도 정부가 존속될 것이라는 신념은, 사이더가 정부에 대한 참여를 강조하면서 정부 정책에 실질적인 변화를 가져올 수 있다는 낙관론을 펼치는 이유를 부분적으로 설명해준다.

국가도 다른 권력과 마찬가지로 타락했지만 예수가 십자가에 못

---

52 Sider, *Completely Pro-life*, 22-23, 198.
53 Sider, *Christ and Violence*, 52.

박히고 부활한 결과로 그분은 국가의 주인이 되셨다. 예수가 만유의 주이심을 아는 사람들은 국가에 무비판적으로 복종하기는커녕 정부에 예수의 주권을 선포해야 한다. 아울러 정부는 주권자가 아니며 부활하신 그리스도께 "정의를 행하고 평화를 추구하며 이 땅의 샬롬을 증진하라"는 부름을 받았다고 일러야 한다.[54] 이러한 관점은 국가의 소명에 대한 고견이며, 인간의 죄 때문에 필연적으로 발생하는 악을 억제하는 수단으로만 보는 그리스도인들의 국가관과 대척점에 있다.

C. E. B. 크랜필드와 존 하워드 요더에 이어 사이더는 로마서 13장을 근거로 정부에 복종하라고 주문하지만 절대복종을 주장하지는 않는다. "정부가 하나님의 명령에 반하는 명령을 내릴 때마다 불복종해야 한다."[55] 신약성경은 폭력적인 반란을 허용하지 않는다. 대신, 그리스도인들은 "불복종에 대한 처벌"을 받아들이면서 정부의 실질적이고 제한된 권한을 인정한다.[56]

한편으로 사이더가 말하는 규범적 국가는 자유민주주의 체제로서 국민의 자유권, 이를테면 "종교적 자유, 정치적 자유, 적법한 절차, 다원적 민주주의 과정"을 보호하는 것으로 보인다.[57] 그는 "성경의 원칙이 기독교인들에게 자유를 강력히 지지하도록 요구한다"는 제리 폴웰Jerry Falwell의 견해를 공유하며 "성경의 가치관은 전체주의의 노예가 아니라 민주주의의 자유를 가리킨다고 깊이 믿는다"라

---

54 Sider, *Christ and Violence*, 57.

55 Sider, *Christ and Violence*, 59.

56 Sider, *Christ and Violence*, 59.

57 Sider, *Completely Pro-life*, 29.

고 말한다.[58] 다른 한편으로, 사이더의 국가관을 보면 국가는 자유를 보장할 뿐만 아니라 정의의 도구가 되어야 한다. 사이더가 이해하는 정의는 단순히 절차에 머무는 정의가 아니라, 보다 공평한 부의 분배, 공정한 거래, 가난한 이들의 몫 늘리기와 같은 적극적 권리와 관련된 실질적인 정의다. 자유와 정의, 소극적 권리와 적극적 권리에 대한 이런 관심의 균형이 바로 사이더가 정의하는 좋은 국가로 보인다. "기독교인의 정치 활동에 좌우 이념적 편향이 없는지를 판단하는 중요한 기준 중 하나는 자유와 정의를 동등하게 강조하느냐다."[59]

교회와 국가의 관계 문제

사이더는 기도부터 합법이든 불법이든 다양한 적극적 행동에 이르기까지 정부에 대한 폭넓은 형태의 증언이 잠재적으로 그리스도인에게 적합하다고 여긴다. 그는 로비 활동, 기독교 정치 행동 위원회, 기독교평화운동가팀(1984년 프랑스 스트라스부르에서 열린 메노나이트 세계총회에서 CPT에 대한 아이디어를 소개함), 보이콧, 시민 불복종, 시위, 조세 저항, 비협조 등을 지지하며 이 모든 행동이 신성하게 세워진 정부 권위에 대한 그리스도인의 복종과 일치할 수 있다고 주장한다.[60] 이 모든 행동에서 그리스도인은 모든 사람을 위한 자유, 정의, 평화를 추구하는 정당한 임무를 위해 (그리스도인의 증언을 통해)

---

58 Sider, *Completely Pro-life*, 29.
59 Sider, *Completely Pro-life*, 29.
60 다음 자료 참고: Sider, *Christ and Violence*, 60.

하나님의 부르심을 받고서, 타락한 권력이 된 국가에 공세를 취한
다. 사이더는 때때로 하나님의 주체성과 교회의 주체성을 동일시하
는 경향이 있다. 그리스도 안의 하나님께서 악의 세력과 싸우셨듯
이 "그리스도의 몸인 우리는 오늘날 세상에서 성육신하신 분의 사
명을 계속해야 하며, 여기에는 타락한 정사와 권세에 대한 지속적
인 공격, 사회에서 더 큰 정의를 추구하기 위한 강력하고 적극적인
힘의 행사가 포함된다"라고 그는 설명한다.[61]

생각을 정리하며

사이더의 입장에는 강점이 많다. 그는 교회뿐만 아니라 세상에 대
한 그리스도의 주권을 강조함으로써 교회에 대한 그리스도의 주권
에만 집착하는 일부 메노나이트 전통을 교정하는 중요한 역할을 한
다. 우리는 불가피하게 그리고 마땅히 더 넓은 사회에 참여해야 한
다. 그리스도의 주권 아래서 이루어지는 그 참여의 형태는 20세기
후반의 메노나이트와 그리스도 형제단에게 중요한 문제다.

　권력, 강압, 폭력, 비폭력 문제와 씨름하는 것이 중요하다는 점에
서도 물론 사이더는 옳다. 우리는 권력 행사의 옳고 그름과 관련해
그가 고심하고 있는 갈래를 구별하기 시작할 필요가 있다. 그리고
사이더와 다른 사람들이 너무 오랫동안 무시되어 온 정의의 문제,
제도화된 악과 우리의 동참, 불의의 문제를 해결해야 할 책임에 우
리의 주의를 환기하는 것도 마땅하다.

61　Sider, *Christ and Violence*, 58.

또한 사이더는 우리에게 그리스도를 더욱 충실히 따르는 사람이 되어야 한다는 중요한 도전 과제를 던진다. 북미 그리스도인들은 외교 및 국내 정책과 관련해서는 정부에 그럴듯한 조언을 쉽게 내뱉게 되었지만, 정작 우리의 교회 공동체를 바로잡을 의지(또는 성령)는 부족했다. 우리가 자신의 신앙 공동체에서 솔선수범하지 않는 한 그러한 조언은 얼빠진 소리라고 하는 사이더의 지적은 옳다.

그렇지만 사이더의 견해에 몇 가지 의문이 남는다. 국가를 자유와 정의라는 목적에 이바지하는 창조 질서로 보는 그의 높은 국가관에 대한 성경적 근거는 무엇인가? 그가 민주적 정부 형태를 너무 비판 없이 지지하는 것은 아닌가? 자유와 정의라는 한 쌍의 가치가 쉽게 양립할 수 있을까? 철학적 관점에서 볼 때 사이더가 수용하는 개인의 자유는 철학적 자유주의의 소위 '최소한의 선善 이론thin theory of the good'과 연관되어 있는데, 여기서 중시되는 것은 표현의 자유, 종교, 가족생활 등에 대한 정부의 불간섭이다. 이런 자유는 사이더가 중시하는 다른 국가 규범인 정의와 어떻게 부합할 수 있을까? 그 정의는 선에 대한 '더 두터운' 이해와 더불어, 불의를 바로잡기 위해 국가가 국민의 자유(예를 들어, 자원 개발과 부의 축적)에 간섭할 권리가 필요하다.

변화하는 역사 가운데 하나님의 주된 관심사가 정부에서 일어나는 일, 이를테면 통치자, 공공 정책, 법에 있다고 보는 사이더의 인식에도 우려가 있다. 교회는 사이더의 상당한 관심사이긴 하지만, 때로는 교회의 신실함이 광범위한 사회 변화의 도구로서만 중요해 보이기도 한다. 과장해서 말하자면, 교회가 하나님의 뜻을 행해야 하는 이유가 교회 내부에서 근본적으로 중요한 일이 일어나서가 아니라, 그래야만 국가에 대한 교회의 증언이 진정성과 힘을 가질 수 있어서라는 것이다. 교회의 신실함이 그 자체로 중요한 것이 아니라 사회 변혁의 전제 조건으로서 중요한 듯하다.

게다가 사이더의 행동주의적 성향은 하나님의 주체성과 인간의 주체성을 혼동하거나 융합하는 듯 보일 때도 있다. 반역적인 세력을 하나님의 목적에 부합하게 만드는 것은 누구의 임무일까? 어떤 때는 그 책임이 하나님께 부여되기도 하고, 또 어떤 때는 사이더의 수사修辭를 보면 우리에게 세상을 바꿀 수 있는 사회 참여의 기회를 주는 것 같다.

사이더가 (교회와 세상에 대한) 이중적 대응이라는 문제에 주의를 기울이지 않는 것도 문제다. 그리스도의 주권과 성령의 능력을 인정하는 것은 분명히 어떤 차이를 만들어 낸다. 그 차이는 사회와 국가에 대한 우리의 증언에 어떻게 반영되어야 할까?

때때로 사이더는 사회 변화를 이루어 내기 위한 비폭력 기술의 잠재적 효과에 열중한 나머지 복잡한 문제를 간과한다.[62] 사이더가 규범으로 내세우는 정의롭고 평화로운 사회에 대한 열망은 어디서 비롯된 것일까? 그런 사회를 갈망하기 위해서 사람들이 재창조되어야 한다면 어떨까? 그러면 북미 그리스도인들은 더 넓은 사회가 우리의 기본 목표를 공유한다고 가정할 수 없으며, 이는 단순히 그 목표를 달성하는 데 비폭력이 폭력만큼 효과적인 수단인지의 문제가 아니다. 그렇다면 이 논쟁은 우리가 다른 종류의 사회를 열망하는 다른 종류의 사람들로 재탄생하는 문제를 다뤄야 한다. 따라서 전

---

62 특히 다음 자료를 참고할 것. Sider, *Non-Violence: The Invincible Weapon?*

술의 문제는 우리가 되려는 사람에 적합한 전술의 문제가 된다.

우리가 폭력에 대해 계속 비폭력으로 맞설 수 있는 사람, 즉 희망과 인내심과 용기를 지닌 사람이 되려면 어떻게 해야 할까? 그리스도인으로서 우리는 하나님 나라에 대한 갈망을 공유하지 않는 사람들은 물론이고 그런 소망을 품은 이들에게 어울리는 덕목을 기르지 않는 사람들이 있는 더 넓은 사회에 어떻게 참여해야 할까? 우리는 신앙이 없는 사람들이나 절대적 비폭력을 지지하지 않는 신앙인들과 분명 어떤 공통점이 있을 테고 협력할 기회도 있을 것이다. 그러나 평화로운 왕국과 비폭력적인 주님에 대한 믿음이 우리의 윤리에 가져오는 변화를 간과하면 그런 일에 도움을 받지 못할 것이다.

때로 낙관적인 어조로 말했음에도 불구하고 사이더는 평화를 만드는 일이 어렵고 위험하다는 사실을 우리에게 깊이 상기시켜 준다. 우리가 부지런히 준비할 의지가 없다면, 폭력에 맞서는 비폭력적 대안에 대한 상상력을 발휘하려 하지 않는다면, 평화를 만들기 위해 (전쟁을 일으키는 자들이 감수하는 위험과 맞먹을 정도로) 위험을 감수하길 꺼린다면, 우리의 평화 증언은 살아 있는 힘이 아니라 유물일 뿐이다.

현실주의적 평화주의

로이스 배럿

Realist Pacifism

캔자스주 노스뉴턴에 있는 베델대학교에서 성경과 종교를 가르치는 두에인 프리즌 교수는 1986년에 출판한 저서에서 기독교적 평화 만들기와 국제 분쟁에 대한 "현실주의적 평화주의" 관점을 옹호했다.[1]

요약

교회와 국가의 분리된 역할

프리즌의 평화신학은 남성과 여성이 사회적 존재로 창조되었기에 그들의 정치적 조직화가 선하고도 필연적인 창조의 일부라는 점을 전제로 한다. 국가nation-state를 포함해 정치 조직은 선하거나 악할 수 있다. 정치권력이 원래 검에서 나오는 것이 아니라 피통치자들의 동의에서 나오기 때문이다. 그러나 프리즌은 순진한 낙관주의자가 아니다. 그는 "이기심과 정치·경제 체제의 착취로 여실히 드러나는 인간의 죄악성을 심각하게 받아들인다"라고 말하면서 현실주의자를 자칭한다. 그러나 그는 비관론자도 아니다. 자신의 평화주의 윤리를 "인간 제도 내 실질적, 경제적, 정치적 문제 해결", 특

1 Duane K. Friesen, *Christian Peacemaking and International Conflict: A Realist Pacifist Perspective* (Scottdale, PA: Herald Press, 1986)/《정의와 비폭력으로 여는 평화》(대장간, 2012); 본문에서 모든 인용문은 이 저작에서 가져왔다.

히 국가에 적용하려고 하기 때문이다(19쪽). 그리스도인을 포함해 사람들은 한 국가에 태어나면서 비자발적으로 그 국가의 시민이 된다. 그러나 그리스도인들은 스스로 국가 시민을 넘어 전 세계의 평화와 정의를 돌보는 세계 시민이라고 생각해야 한다. 국가는 보편적이지 않을뿐더러 특정한 지리적 영역만을 주장한다는 점에서 정치의 타락을 대표적으로 보여 준다.

반면에 교회는 그리스도께 헌신하기로 선택한 사람들의 자발적 연합이다. 프리즌은 때때로 교회를 향해 정치적 언어를 사용하지만, 교회는 정치체가 아니며 예수를 규범으로 삼는 비정부 조직이다(205쪽). 교회는 "그리스도께 충성하는 사람들의 새로운 운동으로, 정사와 권세 한가운데서도 변화를 꾀하는 강력한 해방의 힘을 창출할 수 있다(91~92쪽)." 교회는 "샬롬의 백성으로, 정기적으로 모여 제자도의 길을 분별하고 기도, 찬양, 예전 등 공동 예배 행위를 통해 기억을 유지한다. 그렇게 양육되고 교화된 이들은 다양한 방식으로 평화 사역을 위해 흩어진다. 어떤 이들는 평화를 증진하기 위해 특별히 설립된 조직에서 일하고, 또 어떤 이들은 세속적인 직업에 종사하며 평화적인 관점을 제시한다(247쪽)."

이는 엄밀한 의미에서 두 왕국 신학이 아니다. 비록 교회가 세속 정부에 발언하고 그리스도의 주장이 국가의 주장보다 우선하기는 해도 교회는 정부가 아니라 운동이기 때문이다.

교회와 국가의 관계

그리스도인들이 국가의 정치 질서에 관여하는 이유는 하나님의 구원이 개인적이고 내적일 뿐만 아니라, 정치, 사회, 경제와 같은 외적 측면에서도 이루어진다는 것이다. "하나님과의 관계와 인간관계에서 근본적인 단절을 회복하려면 내적 태도의 변화뿐만 아니라, 애초 피해를 일으키고 그런 일이 끊임없이 이어지는 구조의 근본적인 변화도 필요하다(66쪽)." 하나님께서는 억압받는 자들을 돌보라고 성경을 통해 우리에게 말씀하신다. 이러한 돌봄은 교회가 공동으로 행하는 일을 통해서만이 아니라, 그리스도인들이 국가 구조를 포함해 사람들을 억압하는 구조를 바꾸는 일을 통해서도 이루어질 것이다.

교회 밖 사람들이 예수 그리스도를 그들의 규범으로 삼을 것이라 기대할 수 없으니 교회는 세속 세계와 소통하기 위해 '중간 원리'가 필요하다. 기독교 신앙은 그리스도를 통해 하나님과 관계를 맺고 예수의 이야기를 이해하는 것을 포함하나, 이 중간 원리는 세속 세계가 이해할 수 있는 원리다. 프리즌에게 이 원리는 정의와 비폭력이다. 정의는 아리스토텔레스가 정의한 대로 각자 마땅히 받아야 할 것을 주는 것이고, 비폭력은 사람에게 해를 가하거나 상처를 입히지 않는 것으로 정의된다. 물론 이는 원수를 사랑하라는 가르침과는 거리가 멀다. "신학적·윤리적 규범을 정치적 현실에 직접 적용할 수는 없다. 정치 제도는 교회와는 상당히 다른 목적으로 존재하기 때문이다(107쪽)." 그러나 국가가 하나님께서 의도하신 공동선을 증진하는 기능을 수행하리라 기대할 수는 있다. 아울러 국가가 전쟁을 벌이는 대신 국제 중재를 시도하고 억압받는 이들을 돌보도록 촉구할 수 있다. 따라서 프리즌은 국제 분쟁 해결책으로 군사력의 대안을 모색하는 세계를 상상하는 내용을 책에 썼다. "그것은 정말로 유토피아적이지만, [초강대국들이] 현재 추구하는 길도 마찬가지다(174쪽)."

그러므로 교회 안팎에서 모든 사람을 위한 하나의 윤리, 한 분이신 하나님의 뜻은 실제로 존재한다. 이 윤리는 교회에서 완벽하게 표현되지만, 세속의 언어로도 번역될 수 있다. 하나님께서는 교회에 대한 뜻과 국가에 대한 뜻을 다르게 가지고 계시지 않는다. 국가가 그리스도 밖에서 그 뜻을 이루는 데는 한계가 있겠지만 모든 사람을 위한 하나의 윤리, 하나의 목표는 여전히 존재한다.

그리스도인이 국가와 상호작용하는 방식

교회가 정의에 기여하는 방식은 첫째, 공동의 삶을 통해, 둘째, 교인들이 사회적 대의를 위해 기관에서 일하며 공공 정책에 영향을 미치는 것이다. 세계적으로 평화주의 공동체인 교회는 많은 사회에서 비폭력을 장려함으로써 전쟁의 다양한 정당성을 점차 약화시키며 국제 분쟁을 다루는 새로운 방법을 개발해 왔다(184~185쪽). 교회는 (1) 사회의 품격을 형성하는 데 도움을 주고, (2) 교회 안에서 정의와 비폭력을 보여 주며, (3) 세상에서 인간의 필요를 충족하기 위해 조직하고, 그리하여 다른 사람들에게 모범을 보이고, (4) 투표권을 포함해 공공 정책에 영향을 미치고, (5) 다른 기관 안에서 그리고 다른 기관을 통해 개인으로서 일함으로써 평화와 정의를 증진해야 한다(259쪽).

평화와 정의를 증진하기 위한 전략은 효과적일 뿐 아니라 기독교 윤리 원칙에 충실해야 한다. 일이 잘되게 하려고 원칙을 어겨서는 안 되지만, 아무것도 이루지 못하는 행동은 가치가 거의 없다. "제안된 행동을 계산하고 신중하게 추론해야 한다. 길거리에서 외쳐대며 모두에게 말하는 것 같지만 정작 누구에게도 구체적으로 말하지 않는 방식이 정당화될 수 있을지는 모르지만, 평화로운 세상을 만드는 데는 실제로 효과가 거의 없다(219쪽)." 그렇다고 해서 순교자의 증언을 배제해서는 안 된다. "역설적이게도, 때로는 삶을 긍정하는 유일한 방법이 적의 손에 죽는 일을 받아들이는 것일 수 있기 때문이다(224쪽)." 프리즌은 비폭력적 수단이 모든 경우는 아니어도 많은 경우에 정의라는 대의를 효과적으로 증진할 수 있다고 가정한다.

교회를 위한 대안적 정치의 방향

현실주의적 평화주의 입장의 핵심 가정은 교회의 본질과 관련이 있다. 이 입장은 때때로 성경적 정치 언어를 사용하지만, 실제로는 국가가 정치체이며 교회는 국가 내에서 또는 국가 경계를 넘어 활동하는 자발적 연합이라는 북미의 문화적 가정에 따른다. 교회 자체는 가장 넓은 의미(의사 결정, 임원 선출 등)에서 볼 때를 제외하면 정치체가 아니다. 이 입장은 일반적으로 교회와 국가의 분리를 그 둘이 다른 기관이라는 의미로 이해한다. 국가는 본질적으로 정치저이고, 교회는 정부 정책에 영향을 미치려고 할 때나 그 구성원이 그러려고 할 때만 정치적이라는 것이다. 따라서 교회와 정치의 관계에 대해 이렇게 질문할 수 있다. 그리스도인들은 개인적으로나 집단적으로 실제 정치 무대인 국가에서 일어나는 일에 어떤 영향을 미치는가?

정치체로서의 교회와 국가

교회(거룩한 나라)와 국가를 모두 정치체로 간주한다면 이 입장은 어떻게 될까? 둘 다 그리스도인의 충성을 요구한다. 교회와 국가의 차이는, 교회가 예수를 주님으로 모시는 반면 국가는 궁극적으로 인간 지도자나 헌법을 신뢰한다는 점만이 아니다. 시민권과 경계를 정의하는 방식에서도 차이가 있다. 교회의 구성원은 순전히 자발적으로 하나님과 교회와 계약을 맺은 사람들이다. 반면 국가는 특정한 지리적 경계 안에 있는 모든 사람을 시민으로 삼으며, 따라서 비자발적으로 자격을 얻는다.

국가의 지리적 정의는 궁극적인 제재 수단으로 검을 포함하기 마련이다. 국가의 시민은 자발적인 약속으로 구성원이 된 것이 아니기 때문이다. 국가에는 하나님이 정한 기능이 있다. 공동선을 위해 일하고, 그리스도인이든 비그리스도인이든 국경 안에 있는 모든 사람을 위해 질서를 유지하는 것이다.

이스라엘 사람들의 초기 역사를 보면 지리적 경계가 없었다. 이런 경계의 부재는 광야에서 확연했다. 그러나 사사 시대에도 각 부족의 영향력이 미치는 지리적 범위에 가나안 사람들과 이스라엘에 속하지 않은 사람들이 포함되었다. 그러다가 왕의 시대가 되어서야 이스라엘은 지리적 경계 안에 있는 모든 가족 집단이 이스라엘의 일부라는 주장을 시도했다.

신약성서에서 교회는 자발적인 언약으로 연합된 하나님의 백성, 거룩한 나라, 초기 이스라엘의 전통을 이어갔다. 방어를 위해 하나님을 신뢰하고, 역사를 장기적인 관점에서 바라보고, 궁극적으로 폭력의 제재 없이 기능하는 것이 가능할 수 있었다. 교회는 지리적 경계와 군대가 없는 정치체가 되는 길이다. 교회는 자체적인 법률 체계(마태복음 18장 참조), 자체적인 방어 수단(에베소서 6장), 자체적인 충성 서약, 자체적인 주님이 있다.

교회와 국가의 관계

그렇다면 교회는 국가와 어떻게 관계를 맺을까? 교회는 단순히 거룩한 나라로 존재함으로써 그리스도의 주권과 그분의 평화의 길을 증거한다. 그러나 그것을 넘어, 거룩한 나라로서의 교회nation-church는 사절을 파견함으로써 국가nation-state와 관계를 맺는다. 사도 바울은 그리스도께서 우리를 세상에 화해의 메시지를 전하는 사절로 임명하셨다고 기록한다(고후 5:17~21). 이 대사들은 외교를 수행하거나 다른 나라의 언어를 배울 수도 있지만, 그 메시지는 항상 다른 이들이 화해와 더불어 의로움, 정의, 올바른 관계를 경험하도록 초대하는 내용이다.

국가에 대한 교회의 외교적 사명은 개인 전도의 사명과 유사하다. 사람들이 회개하고, 그리스도 안에서 하나님께 충성을 다하며, 원수를 사랑하는 그리스도의 길을 따르도록 권유하는 것이다. 그렇다면 회개할 것 같지 않은 사람이나 기관에 그 메시지를 널리 알리는 일은 가치가 있을까?

우리는 교회 윤리와 국가 윤리를 별개의 구획이 아니라 연속체로 간주하는 것이 좋다. 이 연속체가 그리스도를 가리키는 벡터라면(그림 7.1 참조), 그 벡터를 따라 누구나 그리스도를 향해 가까이 갈 수 있도록 돕는 것이 좋다. 그리스도와 교회에 헌신하기로 결심하는 시점에 이 연속체에는 분명 단절이 있지만, 그런 결정을 내리기 전에도 우리는 더 나쁜 행동과 더 나은 행동, 그리스도인의 길로 더 가까이 이끄는 결정과 반대 방향으로 이끄는 결정을 구분할 수 있다.

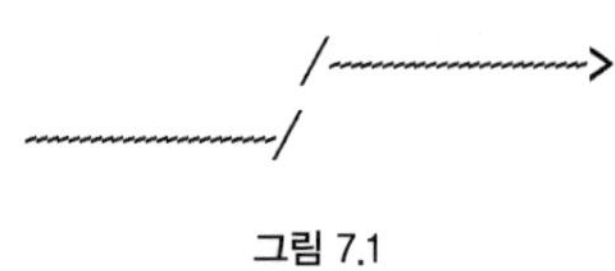

그림 7.1

　예를 들어, 교회는 국가가 포로를 더 인도적으로 대우하거나 새로운 폭격기를 만들지 않기로 하도록 촉구할 수 있다. 이런 행위들이 궁극적으로 좋기 때문이 아니라 국가를 그리스도인의 길에 더 가까워지게 하기 때문이다. 그렇다고 해서 지리적, 비자발적 경계가 있는 국가가 거룩한 나라가 된다는 뜻은 아니다. 하지만 교회가 그리스도의 메시지를 전하는 사절들을 파견하는 일은 여전히 바람직하다.

비순응과 권력 참여

　세상에 순응하지 않는 거룩한 나라로서 교회는 세상에서 물러나 파문을 일으키지 않으려고 노력하는 일이 가장 쉽다. 서로 다르지만 연결을 유지하고, 반대에 직면해도 도망치거나 동화되지 않고 계속 화해를 선포하고 실천하기가 훨씬 더 어렵다. 이것도 원수를 사랑하고, 우리와 다른 이들을 사랑한다는 의미에 포함된다. 따라서 교회는 국가 권력에 계속 참여하면서도 물러나거나 흡수되지 않아야 한다.

현실주의적 평화주의의 사회적 기능

'현실주의적 평화주의' 입장의 또 다른 가정은 교회의 사회적 환경이 상대적으로 자비로운 국가라는 것이다. 그런 곳에서는 국가의 행위에 영향을 미칠 수 있는 희망이 있으며, 비록 소수일지라도 그리스도인들이 사회에서 편안한 지위를 누릴 수 있다. 그리스도인들은 사회에 도덕적 영향을 미치는 빵 속의 누룩 같은 존재다. 교회는 세상 사람들이 자신의 소명을 다하도록 육성하고 강화하기 위해 존재한다.

사실, 대부분의 북미 메노나이트 교회들은 이렇게 자신들의 상황을 이해하며 이 다양한 평화신학의 대중성을 설명한다. 그러나 국가가 그처럼 자비롭지 않다면 어떻게 될까? 교회가 정부 정책 형성에 미치는 효과성을 별로 낙관하지 않는다면 어떻게 될까?

신약성서에 있는 또 다른 평화 입장은 묵시적 종말론apocalypticism이다. 비폭력적 묵시적 종말론은 수 세기에 걸쳐 억압받은 민족, 자신이 가진 것이나 마땅히 가져야 할 것을 상대적으로 박탈당한 민족이 선택할 수 있는 대안이었다. 인간의 영향력으로 박해가 멈추리라는 희망을 빼앗긴 묵시적 종말론은 하나님이 개입하셔서 상황을 바로잡는 미래를 바라본다. 이것이 요한계시록에 나오는 교회의 입장이다. 여기서 국가는 죽임을 당한 평화로운 어린 양인 그리스도께서 입mouth을 무기로 정복할 짐승이다.

메노나이트 중앙위원회MCC가 옹호하는 평화 입장이 무엇이든 간에 교회의 본질과 사회적 맥락을 가정하게 된다. MCC는 북미 메노나이트 교회 대다수의 상황을 반영하는 입장을 채택해야 할까? 아니면 교회의 본질과 맥락을 가정하는 특정한 평화 입장이 우리 교회의 변화를 시사할까?

버크홀더의 패러다임에 따른 '현실주의적 평화주의' 분석

T. 신학적·성경적 가정

T.1. 하나님의 주권

T.1.a. 하나님의 궁극적인 뜻은 모든 사람을 위한 샬롬·온전함이다. 비록 지금은 정사와 권세가 이 뜻에 반하고 있지만 말이다.

T.1.b. 하나님께서는 역사 속에서 행하시며, 인간을 창조하신 원래 목적에 맞게 인간의 삶을 회복하기 위해 개입하신다.

T.2. 그리스도의 주권: 그리스도는 교회의 주인일 뿐만 아니라 사회적, 정치적 현실로 이해되는 정사와 권세의 주인이기도 하다. 그러나 교회만이 그리스도를 삶의 주인이자 본보기로 인정한다.

T.3. 성경 해석

T.3.a. 구약과 신약의 관계: 둘 다 개인주의적 내용보다는 사회적, 정치적 내용을 담고 있다. 우리는 언약, 올바른 인간관계, 정의, 해방에 대한 구약의 관심에 비추어 신약을 읽는다. 신약은 구약의 성취다. 예수는 폭력적인 성전聖戰이 아니라 고봉받는 종의 관점에서 메시아로서의 자신의 사명을 해석한다.

T.3.b. 성경에서 윤리 원칙을 어떻게 도출할 수 있을까? 성경 해석자로서 우리의 임무는 성경에 반영된 삶의 기본 주제와 관점을 식별하는 것이다. 그런 다음, 그 가치가 새롭고 다양한 역사적, 문화적 맥락에 어떻게 적용되는지 이해하려고 노력해야 한다.

T.3.c. 해석 공동체의 기능과 한계: 성령이 인도하는 공동체는 공동체의 사회·정치적 맥락에서 성경의 의미를 이해하고자 한다. 그러나 우리 자신의 문화적 경험은 성경을 읽는 방식에 영향을 미친다.

T.4. 복음의 본질과 범위

T.4.a. 윤리와 구원은 어떤 관계가 있는가?

T.4.b. 평화는 어떤 의미에서 복음의 중심인가? 예수의 삶과 가르침은 정의, 의로움, 평화를 강조하는 예언자적 전통의 연속이었다. 예수의 십자가 죽음은 의로운 왕국을 시작하려는 예수의 삶의 투쟁이라는 맥락에서 해석해야 한다. 예수는 자신의 왕국을 시작하기 위해 비폭력적인 종의 역할을 선택했다. 그리스도가 종의 역할을 하고 십자가를 받아들인 것은 초대 교회 전통에서 가장 근본적인 윤리의 본보기였다. 그리스도는 부활하셔서 교회뿐 아니라 정사와 권세를 지배하는 주님이 되셨으며, 교회는 평화의 복음을 통해 그런 권력과 싸우도록 부르심을 받았다. 그리스도를 따르는 사람들의 새로운 운동은 정사와 권세 한가운데서 변화를 위한 강력한 해방 세력을 만들 수 있다.

T.5. 종말론: 인류와 지구 전체의 평화·샬롬이 목표다. 그리스도인은 미래가 이미 도래한 것처럼 살아야 하며, 그 미래를 실질적인 사회·정치 행동으로 전환하려고 노력해야 한다. 성경에 나오는 새 하늘과 새 땅의 이미지는 역사 속에서 사회 변혁을 위한 비전을 제시한다.

E. 윤리 원칙과 절차

E.1. 하나의 도덕이 있는가? 그렇다. 교회 안팎의 모든 사람을 위한 하나의 윤리, 하나의 하나님 뜻이 있으며, 이는 세속 언어로 옮길 수 있다. 그러나 프리즌은 국가가 그 윤리를 실현하는 데 한계가 있음을 인식한다.

E.2. 사람을 죽이는 일이 과연 옳은가? 아니다. 하지만 인간의 사회적 행동을 협력의 방식으로 '지시'하는 선한 강압은 필요하다. 설득력과 강제력이 폭력적이지 않다면, 다시 말해 사람들을 해치지 않고 화해로 이어질 수 있는 과정으로 시작한다면 필요하고 수용할 수 있다.

E.3. 기독교 윤리는 무저항이 아니라 비폭력이다.

E.4. 윤리적 통찰의 원천: 계시는 신앙인들에게 윤리적 통찰의 원천이지만, 그리스도인들이 더 큰 정치적 목표를 달성하기 위해 다른 사람들과 협력하려면 정의와 비폭력이라는 두 가지 중재적 윤리 개념으로 해석해야 한다. 성경적 계시는 관계적이며 인간 경험을 통해 우리에게 다가온다.

E.5. 권력과 책임: 정치권력은 피통치자들의 동의에 달려 있으므로 기독교인들도 다른 사람들과 마찬가지로 세상을 변화시키는 힘을 가졌으며, 세계 시민으로서 세상에 대한 연민으로 세상을 변화시킬 책임이 있다.

C. 교회

C.1. 하나님 나라와 가시적 교회의 관계: 교회는 하나님의 나라라는 새로운 윤리적 현실이 역사 속에서 제도적으로 집중되는 중

심이다. 그러나 인간의 비전과 제도는 하나님 나라의 제한적이고 불완전한 표현이다. 그 왕국은 하나님의 통치가 온전히 이루어질 때까지는 미래로 남아 있지만, 우리는 그 왕국이 현재 역사 속에 잠정적으로 들어오리라 기대할 수 있다. 자신들이 하나님 나라를 대표한다고 생각하는 잔존자들은 독선에 빠지지 말라는 경고를 받는다.

C.2. 선교의 우선순위: 세상에서 가난하고 약한 이들을 대변하고 그들을 위해 말하고 행동하는 것이 최우선이다. 정사와 권세 한가운데서 교회는 인류의 목적에 이바지하지 못하는 권력자들을 비판하고, 사회적·문화적 삶의 구조 개선에 창의적으로 기여함으로써 증언해야 한다. 교회는 고통받는 이들에게 정의와 평화의 기쁜 소식을 전해야 한다.

C.3. 사회적 형태와 전략: 교회는 비정부 조직, 자발적 연합, 국적, 인종, 민족, 이념, 계급의 경계를 초월한 백성이자, 정사와 권세 한가운데서 변화를 일으키는 힘이다. 교회는 평화를 만드는 소명에 영적 자원을 제공해야 한다.

C.4. 제자도의 영원성과 시간적 차원에서 나타나는 긴장: 가시적 교회는 사랑으로 묶인 사람들의 공동체며, 성찬을 함께 함으로써 메시아의 만찬을 미리 맛보게 된다. 교회는 미래에 어떤 모습일 수 있는지를 현재에 보여 준다.

C.5. 의사 결정 과정: 분별력은 상호 의존하는 분위기에서 생기며 대화를 통해 마침내 합의에 이른다.

C.6. 교회는 제자도와 예배의 방향을 분별하기 위해 정기적으로 모이는 평화의 백성이다. 그렇게 양육되고 교화된 이들은 흩어져

다양한 능력으로 평화를 위해 일한다.

S. 국가와 사회

S.1. 국가의 본질: 남성과 여성이 사회적 존재로 창조되었기에 그들의 정치적 조직화(국가 포함)는 선하고도 필연적인 창조의 일부다.

S.2. 순종과 복종의 윤리: 기독교의 입장은 사회 구조를 완전히 수용하지도 않고 완전히 거부하지도 않는다. 때때로 그리스도인은 제도에 협력하지 않을 것이며, 그로 인해 고통을 겪기도 한다. 시민 불복종은 사회 구조를 변화시키는 방법 중 하나다.

S.3. 시민 의식

S.3.a. 그리스도인은 자신을 세계 시민으로 여기고서 전 세계의 평화와 정의를 위해 노력해야 한다.

S.3.b. 참여: 그리스도인은 물러나 있으면 안 되며 사회·문화 제도의 변혁에 참여해야 한다. 창조주 하나님의 형상대로 만들어진 존재로서 문화의 창조자가 되어야 한다. 그리스도인은 정치 질서를 변화시킬 책임이 있다.

S.4. 권리와 자유의 보장자로서의 국가: 하나님께서 의도하신 국가의 기능은 공동선에 이바지하는 것이다. 모든 사람은 기본권을 부여받는다.

S.5. 정당성: 권력은 원래 검이나 국가 원수에서 나오는 것이 아니라 피통치자들의 동의에서 나온다.

S.6. 사회문화적 속박과 기독교적 분별력: 그리스도인이 된다는 것은 우리가 속한 경제 체제가 아니라 교회가 형성하는 정의관을

가지는 것을 의미한다.

S.7. 국제 체제의 본질: 국제 체제는 힘의 균형이라는 측면보다는 초국가 네트워크로 간주된다. 국가 원수뿐만 아니라 수많은 행위 자가 국제 문제의 방향에 영향을 미친다.

S.8. 이데올로기와 정부 형태에 대한 평가: 좋은 정부는 비폭력 적으로 평화와 정의를 증진하고 인간의 기본 욕구를 충족시킨다. 이런 입장은 자본주의나 공산주의, 사회주의를 그 자체로 옹호하 지는 않는다.

P. 교회와 국가의 관계 문제에 대한 정책과 입장

P.1. 애국심과 시민 의식: 기독교인들은 우선 세계 시민이다. 교 회는 지리적 경계를 넘어 확장된다.

P.2. 비정치적이라는 의미: 세상에서 물러나 있는 것조차 정치적 입장이다. 그것은 현상 유지에 대한 대안을 의미할 수도 있고, 부 정적으로 말하면, 세상으로부터 도피하려는 시도를 의미할 수두 있다.

P.3. 관직: 특정 후보가 기독교 윤리 기준에 완진히 동의하시는 않으리라고 가정한다. 따라서 교회는 특정 후보를 지지하지 않고 서 후보자들을 평가할 수 있는 윤리적 기준을 밝힐 수 있다. 그리 스도인이 공직에 출마해야 하는지에 대한 문제는 다루지 않는다.

P.4. 정부 당국에 대한 적절한 증언은 사회 기풍을 조성하고, 보 다 정의로운 사회 구조를 목표로 하는 비폭력 방식의 갈등 해결 을 수용하도록 사람들을 준비시키는 형태를 취한다. 이를테면, 비폭력과 정의를 실제로 보여 주는 대안적 사회가 되는 것, 인간

의 필요에 부응하는 봉사 기관을 조직하는 것, 공공 정책을 수립하고 선출직 또는 임명직 공무원에게 영향을 미치기 위해 준비하는 것이다. 개별 교회 구성원들은 자신이 일하는 기관을 통해 평화와 정의를 증진한다.

P.5. 공공 정책을 평가하는 기준은 비폭력과 정의의 중재 원칙이다.

P.6. 전략 역시 중요하다. 윤리 원칙을 희생하지 않으면서 효과를 추구해야 한다. 수단과 목적은 연결되어 있다.

D. 특정 사안에 대한 결정

D.1. 전쟁세 납부 거부는 대안적 삶의 방식의 가시적 표지다.

D.2. 징집 거부는 대안적 삶의 방식의 가시적 표지다.

D.3. 낙태에 관한 법률: 언급되지 않음.

D.4. 외교 정책 결정은 모두를 위한 평화와 정의라는 목표에 부합해야 한다.

D.5. 평화와 정의를 위해 일하는 사람들과의 협력은, 비록 그들이 정당한 전쟁의 관점에서 일하고 있더라도 칭찬할 만하다.

D.6. 국제 분쟁은 군사력 대신 다른 방법으로 해결할 수 있다.

D.7. 인권을 옹호한다.

D.8. 군사비 지출에 반대하고 더 많은 사회복지 프로그램을 지지하는 방향의 공공 정책 수립에 기여한다.

D.9. 가난한 이들을 실질적으로 돕는 제3세계 개발 전략 수립에 기여한다.

D.10. 세계 질서의 본보기를 발전시킨다.

캐나다 아나뱁티스트 평화주의

존 헤럴드 레데콥

A Perspective on
Anabaptist Pacifism
in Canada

아나뱁티스트 종파의 국가에 대한 이해와 국가와의 관계는 그들의 특수한 사회적, 정치적 맥락 때문에 근본적으로 영향을 받지 않는 것이 이상적이다. 그러나 아나뱁티스트 전통을 따르는 북미 그룹(이하 아나뱁티스트)의 경험을 피상적으로 살펴보더라도 상당한 관점의 차이가 드러나는데, 이는 대부분 캐나다와 미국의 국가적 맥락이 다르기 때문이라고 생각한다. 이 짧은 글을 통해 캐나다 아나뱁티스트 평화주의가 왜 독특한지, 특히 미국 아나뱁티스트 평화주의의 주요 양상과 어떻게 그리고 왜 다른지 간략히 설명하고자 한다. 캐나다의 아나뱁티스트는 단일 조직을 이루고 있지 않으므로 주류 진영에만 초점을 맞출 것이다.

캐나다와 미국의 아나뱁티스트 평화주의의 차이점

세 가지 기본적인 차이점을 확인할 수 있다.

1. 캐나다 아나뱁티스트들은 일반적으로 국가와 그 대리자인 정부를 더 긍정적으로 바라본다. 미국에 비해 캐나다 교인들은 정부를 잠재적 폭군이 아니라 봉사자로 보는 경향이 훨씬 강하다. 그들은 정부를 본질적으로 악한 적, 1527년 슐라이트하임 신앙고백을 인용하자면 궁극적으

로 사탄의 힘을 가진 기관으로 인식하는 데 어려움을 겪는다. 따라서 캐나다 아나뱁티스트는 정부의 권력과 자금에 대한 의심이 훨씬 적다. 그들은 정부를 하나님이 창조 세계를 위해 세운 기관으로 여기며 일반적으로 정부를 높이 평가하는 경향이 있다. 전반적으로 정부를 긍정적인 시각으로 바라보는 것이다.

2. 캐나다 아나뱁티스트들은 정부 자금을 사용하는 사업을 포함해 국가 기관과의 공동 사업을 기꺼이 추진해 왔다. 전쟁에 대한 반감과 병역 거부가 미국 못지않지만, 적어도 제2차 세계대전 당시 자료에 따르면 캐나다 아나뱁티스트 평화주의자들은 해외 원조부터 출판 그리고 피해자·가해자 대화 프로그램부터 빈곤층을 위한 다양하고 많은 기관 운영에 이르기까지 교회와 국가의 협력 사업에 점점 더 개방적이었다.[1] 미국의 경험과는 어느 정도 대조적으로, 캐나다의 전통적인 무저항 입장은 이념적이거나 부정적으로 흐르지 않고 정치화되었다. 이러한 발전은 칭찬받을 만하다고 볼 수도 있지만 한탄스러운 일로 여겨질 수도 있다.

캐나다 MCC의 캐나다 식량곡물은행Canadian Foodgrains Bank 설립은 각급 정부 기관의 전폭적인 지원과 협력을

---

[1] 참조: Guy Franklin Hershberger, *The Mennonite Church in the Second World War* (Scottdale, PA: Mennonite Publishing House, 1951), 34–48; John B. Toews, *A History of the Mennonite Brethren Church* (Hillsboro, KS: Mennonite Brethren Publishing House, 1975), 342–58.

얻었으며, 캐나다 아나뱁티스트들은 이를 위험한 타협이 아니라 평화 증언의 진정한 증표로 여겼다. 캐나다 MCC를 포함해 교회, 협의회, 기관이 정부 기금을 사용하여 어려운 사람들을 돕는 것은 대부분의 캐나다 아나뱁티스트들에게 책임감 있고 효율적인 세금 활용이라는 인상을 준다. 그들은 카이사르에게 영합한다거나 정부의 이익을 위해 조종당한다는 두려움을 거의 느끼지 않는다.

3. 캐나다 아나뱁티스트들은 고위 선출직과 고위 공무원직을 맡는 등 폭넓게 정치에 참여해 왔으며, 이는 회중의 대대적인 승인을 받아 이루어졌다. 이러한 참여의 역사와 범위는 어느 정도 기록되어 있다.[2]

이러한 추세는 줄어들지 않고 계속되고 있다. 일반적으로 아나뱁티스트의 95퍼센트가 거주하는 서부 5개 주 의회에서 각각 한 명 이상의 아나뱁티스트를 찾아볼 수 있으며, 몇몇은 내각에서 직책을 맡고 있다. 주 의원 출마자가 수백 명에 이르고, 한 선거구에 여러 명이 출마한 경우도 많다. 어떤 주에서는 의원 선거에 출마한 서너 명의 후보가 모두 아나뱁티스트인 경우도 있었다. 1945년 이후 연방 하원 선거에 수십 명이 출마했는데 10여 명의 아나뱁티스트가 당선됐다. 현재 캐나다 하원에는 엡, 프리즌, 펑크, 라이머 의원이 있으며, 제이크 엡Jake Epp 의원은 연방 내각에서 저명한 장관으로

---

2   참고: John H. Redekop, "Mennonites and Politics in Canada and the United States," *Journal of Mennonite Studies* 1 (1983): 79–105.

활동하고 있다.

미국에서는 1938년 이전에 아나뱁티스트가 연방 의원으로 선출된 적이 세 차례나 있었다고 한다. 최근 몇십 년 동안에는 몇 명이 선거에 출마했으나 당선자는 없었다. 주 의원은 10명쯤 선출됐는데 대부분 1950년 이전이었다. 일반적으로 아나뱁티스트들은 캐나다 정계에서만큼 미국 정계에서 세간의 이목을 끌지 못한다. 이러한 격차는 인구통계학적 차이뿐 아니라 풀뿌리 가치와 신학적 우선순위의 차이를 반영한다.

캐나다에는 아나뱁티스트의 기본적인 헌신이 약화되지 않는 한, 다양한 정당을 통한 정치 참여를 사회 구조에 대한 긍정적인 증언으로 여기는 아나뱁티스트가 많다. 그러나 미국에서는 이러한 태도가 널리 퍼져 있지 않은 듯하다. 미국에서 아나뱁티스트의 정치 참여는 보통 메노나이트 중앙위원회MCC, 특히 그 산하의 평화분과와 워싱턴 사무소를 통해 이루어지는 것으로 보인다. 이런 다른 형태의 참여는 행동하는 기독교가 사회적 관심을 표현하는 대안적 방식을 반영하고 강화한다. 캐나다에서는 참여가 긍정적인 성격을 띠지만 미국에서는 부정적인 경향을 보인다. 어떤 논평자들은 미국의 접근 방식이 더 일관되게 비판적이고 예언자적이라고 본다. 반면 캐나다의 접근 방식이 기회를 더 잘 활용하므로 바람직하다고 여기는 이들도 있다.

캐나다 아나뱁티스트 평화주의의 특징에 대한 설문 조사에서 다음의 두 가지 핵심 질문을 던졌다. 캐나다 아나뱁티스트 평화주의는 왜 그런 형태로 발전했을까? 이런 평화주의에는 신학적 결함이 없는가?

캐나다에서 독특한 아나뱁티스트 평화주의가 발전한 이유

사회학적 요인

캐나다와 미국의 이주 양상은 현저히 달랐다. 1990년 자료에 따르면, 미국 아나뱁티스트 교인 26만 6100명 중 거의 4분의 3이 스위스 메노나이트의 후예이며, 캐나다에서는 11만 4400명의 교인 중 약 8분의 1만이 스위스 메노나이트 그룹이고 대부분은 미국 이민자의 후손이다. 스위스계 아나뱁티스트는 일반적으로 정치 참여를 기피하는 데다 심지어 투표를 거부하는 이들도 있다 보니 이러한 비율 차이는 중대한 결과를 가져온다. 스위스 메노나이트 그룹이 미국 아나뱁티스트의 주류라는 사실은 미국에서 발전한 아나뱁티스트 평화주의 유형을 형성하는 가장 중요한 단일 요인일 수 있다.

이런 양상의 이면에는 정치 활동에 더 적극적인 네덜란드계 러시아 메노나이트 그룹의 상대적인 강점이 있다. 이들은 미국에서 아나뱁티스트 중 거의 4분의 1을 차지하는 반면, 캐나다에서는 그 비율이 거의 8분의 7에 달한다.[3] 네덜란드계 러시아인 그룹은 처음에는 차르 정권과의 교류, 1920년대와 1940년대에 들어온 대다수 이민자의 경우 소련 당국과의 교류를 포함해 폭넓은 정치적 교류의 전통을 북미에 가져왔다. 게다가 네덜란드계 러시아인 그룹은 정착촌을 통치한 정치적 경험까지 있었다.

---

3   Rodney J. Sawatzky, "Domesticated Sectarianism: Mennonites in the U.S. and Canada," *Canadian Journal of Sociology* 3, no. 2 (1978): 240; Dieter Goetz Lichdi, *Mennonite World Handbook* (Carol Stream, IL: Mennonite World Conference, 1990), 328.

1870년대에 러시아에서 온 아나뱁티스트 이민 1세대는 거의 전적으로 농촌 지역에 정착했지만, 1920년 이후 이민자들은 주로 도심지에 정착했다는 사실도 중요하다. 미국에서는 두 차례 세계대전 이후로 대규모 이민이 없었다. 따라서 네덜란드계 러시아인 그룹에서도 초기의 농촌 중심 정착 양상이 여전히 지배적이었다. 1683년 초 펜실베이니아에 정착한 스위스계 그룹은 거의 전부가 농촌에 머물며 주로 농업 혹은 관련된 전문 직업을 구하려 했고 대부분이 정치 문제를 회피했다. 20세기 이전까지 이들은 정치 문화에 거의 적응하지 못한 데다 정치 참여에 대한 거부감이 널리 퍼져 있는 상황에서 미국 아나뱁티스트 평화주의의 전반적인 방향이 형성됐다. 반면 캐나다에서는 양차 세계대전 이후 네덜란드계 러시아 이민자들이 교육적·직업적·경제적으로 빠른 성공을 거두면서 정치 활동을 하는 이가 많아졌다.

미국이 캐나다보다 아나뱁티스트가 더 많지만 수치는 그다지 중요하지 않다. 미국은 아나뱁티스트가 900명 중 한 명 꼴인 데 비해 캐나다는 230명 중 한 명 꼴이다. 게다가 캐나다에서는 대부분 7개 지역과 도시에 집중되어 있는데 이들이 그곳의 중요한 유권자 집단을 형성하고 있다. 일부 도시와 농촌 지역에서는 이들이 다수를 차지하며 선거 및 정책 문제를 결정한다. 심지어 일부 대도시 지역에서도 이들은 상당한 소수 집단을 형성하고 있다. 예를 들어 위니펙의 인구는 약 58만 5000명인데 아나뱁티스트 교회가 47곳이며 교인 수가 2만 명쯤 된다. 또한 1만 5000~2만 명은 어린이거나 교회에 소속되지 않은 성인이다.[4] 반면 미국에서는 펜실베이니아의 일부 지역처럼 메노나이트와 아미시가 집중되어 있는 곳에서 많은 이들이 정치에 관여하지 않는 쪽을 선택했다.

역사적 요인

캐나다의 아나뱁티스트들은 아미시든, 메노나이트든, 그리스도 형제단BIC이든 간에 정치적 억압과 착취에 반발해 독립을 선언한 나라에 온 것이 아니었다. 그들이 맞닥뜨린 정치 풍토에는 정부에 대한 두려움이 포함되지 않았다. 사실 대부분의 경우 캐나다 정부는 이들이 캐나다로 이주할 수 있도록 주선하는 역할을 했다. 1867년 이후에는 영국 식민 당국과 함께, 1780년대 미국 독립전쟁을 피해서 온 아나뱁티스트, 1870년대에 들어온 네덜란드계 러시아 이민자 그리고 양차 세계대전 이후 도착한 네덜란드계 러시아 실향민까지 포함한 영국 왕당파United Empire Loyalist를 환영하는 역할을 했다. 20세기에 캐나다로 건너온 많은 아나뱁티스트 이민자들은 미국을 비롯해 다른 나라 정부가 대체로 이들의 입국을 거부하던 시기에 캐나다 정부가 자신들을 환영해 준 일에 특히 고마워했다.

식민지 초기부터 캐나다에서는 교회와 국가의 관계가 우호적이었으며, 종교 단체와 정부 기관은 공교육을 포함해 다양한 분야에서 적극적으로 협력해 왔다. 캐나다에는 교회와 국가 사이에 '분리 장벽'이 존재하지 않는다. 실제로 수백만 명의 가톨릭을 믿는 프랑스계 캐나다인뿐만 아니라 다른 소규모 문화 집단(이탈리아 가톨릭, 스코틀랜드 장로교, 스웨덴 루터교, 네덜란드 개혁파, 메노나이트)을 대표하는 사람들에게도 저마다 정체성과 고유성을 유지하면서 정부와

4 Leo Driedger, Mennonites in Winnipeg (Winnipeg: Kindred Press, 1990), 87.

협력하는 민족 기반의 신앙 집단이라는 모자이크식 개념이 자치령에서의 삶을 이해하는 중심이 되었다. 오늘날에도 혈통적 메노나이트, 두호보르Dukhobor, 후터라이트Hutterite 등 여러 민족·종교 집단이 다양한 사안에 대해 주 정부 및 연방 정부와 수월하게 소통하고 있다.

더욱이 캐나다 역사를 통틀어, 특히 1867년 캐나다가 공식적으로 건국된 이래 교회와 국가 간의 논쟁은 거의 없었다. 정부는 교회의 친구 역할을 할 때가 더 많았다. 캐나다 당국은 학교 시스템에서 기독교를 강력히 지지했을 뿐만 아니라, 적어도 1982년 권리 및 자유 헌장이 제정될 때까지 기독교 절기를 장려하고 어디서나 공공 기도를 권장했으며 다양한 종교 단체에 특별 면제와 특혜를 부여했다. 최근 들어서는 정부가 종교 단체와 협력하여 선주민들에게 필요한 시설을 제공하고, 해외 구호 활동을 펼치고, 난민을 원조하고, 그 밖의 상호 관심사에 대한 협력 프로젝트를 추진하기도 했다.

이러한 경험을 감안할 때, 캐나다 아나뱁티스트들이 정부를 의심하거나 악한 존재로 여겨야 할 이유가 있을까? 물론 정부가 악한 경향이 있고 역겨운 권력 남용이 있을 때도 있지만, 그 악의 정도는 기업이나 노동계, 그 외 기독교 영향력이 미약한 다른 사회 부문에서 보이는 것보다 크지 않아 보인다.

그러므로 당연히 대부분의 캐나다 아나뱁티스트들은 정부가 베푼 자유와 선의에 깊은 감사를 표하며, 대체로 평화주의적 삶의 방식을 방해받지 않고 이어갈 수 있는 땅을 주신 하나님께 감사해 왔다. 협력 프로젝트와 특별한 특권에 대해서는 두 배로 감사했다.

전반적인 종교 상황

캐나다 역사에서 기독교가 초기에는 가톨릭과 성공회가 주를 이루며 영예로운 지위를 누리긴 했지만 미국에서처럼 정치화된 적은 없었다. 보수 기독교라도 보수 정치와 융합되지 않았고, 진보 기독교라고 해서 진보 정치와 융합되지도 않았다. 기독교 공동체의 어느 진영도 신앙과 애국심을 상당한 수준으로까지 융화하지 않았다. 캐나다는 기독교적 미국주의Christian-Americanism의 발전과 유사한 경험을 한 적이 없다. 기독교적 캐나다주의Christian-Canadianism라는 개념도 없으며, 미국의 "명백한 운명Manifest Destiny(19세기 미국의 정착민들이 서쪽으로 영토를 확장해 북미 대륙을 지배할 운명이라고 믿는 팽창주의-옮긴이)"에 상응하는 개념도 없다. 캐나다에서는 아나뱁티스를 비롯해 일반 그리스도인들이 국가와 결부된 감상적인 신앙심이나 그런 현상을 뒷받침하는 추종적인 생각에 직면한 적이 없었다. 시민 종교도 전혀 번성하지 않았다. "하나님 아래under God"라는 말이 들어가는 국기에 대한 맹세도 없다. 사실, 캐나다에는 국기에 대한 맹세란 것이 아예 없다. "우리는 하나님을 믿습니다In God We Trust"가 국가 표어였던 적도 없다. 요컨대 캐나다 아나뱁티스트들은 정부를 비판할 만한 이유는 종종 있었지만, 신성한 사명이나 하나님의 특별한 위임을 주장하는 국가를 상대할 필요가 없었다.

다른 두 가지 종교적 요인도 주목해야 한다. 첫째, 캐나다의 복음주의 신자 비율은 몇 세대 동안 미국의 3분의 1도 되지 않았으며, 이들은 정치적 영향력을 추구하거나 소유하지 않았다. 캐나다에는 도덕적 다수파Moral Majority(1980년대 미국에서 정치적으로 큰 영향력을 끼친 보수 기독교 단체로, 미국 종교적 우파의 시발점이 됨-옮긴이)도 없고, 국가와 지도자들의 목사를 자처하는 텔레비전 전도사도 없고, 영향력 있는 종교적 극우 세력도 없다. 이런 상황 덕분에 캐나다의 아나뱁티스트는 정치 권력층을 열렬히 옹호하는 기독교 신자들이나, 법을 이용해 정치적 유토피아를 건설하려거나 비판자들을 억압하려는 극단주의자들과 차별화하지 않고도 보수적인 종교적 우려를 정부에 표명할 수 있었다. 캐나다 건국 당시 정체성이나 미래의 운명에 대한 정치적·종교적 논쟁이 좋든 나쁘든 아예 없었기 때문에 아나뱁티스트와 국가 간의 합리적인 소통이 가능했고, 국가의 주장이나 행위에 지나치게 비판적인 태도가 생겨나지 않도록 막을 수 있었다.

정치적 요인

중요한 점은, 서서히 발전하면서 여전히 불완전한 캐나다 헌법을 캐나다인들이 어떤 식으로든 신의 계시로 여긴 적도 없고, 국가의 상징을 신성시한 적도 없다는 것이다. 공식적으로 국가 원수인 국왕이 "신앙의 수호자"라는 칭호까지 가지고 있는데도 현실은 그렇다. 캐나다인들은 자국의 정치 체제를 다른 나라보다 낫다고 보지도 않거니와 특별히 도덕적이거나 이념적이거나 궁극적이라고 여기지도 않는다. 오히려 실용적이고 실리적이라고 인식한다. 건국자들을 성인으로 숭배하지 않으며(그들 중 누구도 기념하는 공휴일이 없다), 국가 건물은 신전이 아니며, 정치와 관련된 국경일에는 사실상 종교적 내용이 없다. 국가가 스스로 종교적 실체로 규정하지 않는 상황에서 아나뱁티스트가 국가에 부정적으로 반응할 이유는 줄어든다.

따라서 캐나다의 아나뱁티스트가 국가와 대화하고 심지어 협력할 때는 최고의 충성을 요구하는 권력을 상대하고 있는 것이 아니다. 국가는 그리스도인들이 교회에 제일 충성한다는 사실에 도전하지 않는다. 캐나다 정부는 주장을 펼칠 때 정치·도덕적 용어가 아니라 순전히 정치적 용어를 쓴다. 그 결과, 정부와의 교섭은 경쟁적이거나 위협적인 주장의 틀에서 시작하지 않는다. 캐나다의 국가 구조에 이념적인 내용이 거의 없다 보니 캐나다 아나뱁티스트는 위협을 느끼지 않았을뿐더러 실제로 국가 의사 결정에 참여하는 폭넓은 기회를 누렸다.

캐나다 시민권은 도덕적 또는 이념적 정체성보다는 정치적, 문화적 정체성을 부여한다. 캐나다인들은 국가를 당연하게 여기지 않는다. 그들은 (1) 국가가 하나님께 특별히 인정받았고 (2) 잠재적으로 폭압적일 수 있다는, 궁극적으로 양립할 수 없는 신념을 조화시키기 위해 분투할 필요가 없다. 대부분의 캐나다 아나뱁티스트들은 이런 양쪽 견해를 모두 가지고 있지 않기에 그런 상반된 신념을 놓고 씨름하지 않는다.

캐나다식 국가주의는 주목할 만하다. 그 힘이 너무도 약한 나머지 1980년 퀘벡주에서 캐나다 탈퇴 여부를 결정하는 주민 투표를 실시했을 때 캐나다인들은 조용히 지켜보기만 했다. 59.6퍼센트의 찬성표로 퀘벡은 캐나다에 남기로 결정했다. 1990년에 또다시 퀘벡이 연방에서 탈퇴하겠다고 위협했을 때도 캐나다인들은 관심 있게 지켜봤지만 불안해하거나 실망하지 않았다.

이런 약한 국가주의는 어쩌면 정치적 합리성과 성숙함의 표시일 수도 있겠지만 순기능과 역기능을 동시에 지닌다. 캐나다는 결속력을 유지하는 헌신이 부족할 수 있다. 그러나 바로 이런 약점은, 아나 뱁티스트를 포함한 그리스도인들이 강한 정치적 압력을 받지 않고, 국가적 정치 구조를 다른 모든 것을 이해하는 틀로 여기려는 유혹에 빠지지 않는다는 점에서 좋다. 국가주의는 교회에서 분열의 요인이 되지 않았고, 정치적 모험은 십자군 성전이 되지 않았다.

캐나다식 국가주의가 약한 편임에도 불구하고 일반적으로 캐나다인들은 캐나다라는 국가가 취약하더라도, 중요하지만 유일하거나 신성한 명령은 아닌 목적을 위해 존재한다는 데 동의한다. 그 역할은 악을 제한하고 선을 위한 봉사자가 되는 것이다. 정부 기관은 공공의 이익을 달성하려는 공공 활동을 촉진하기 위해 상당히 확장될 수 있다. 캐나다인들은 정부를 의심할 이유가 없으므로 국가 조직이 규제, 복지, 심지어 독점 사업을 시행할 때도 보통 긍정적으로 반응한다. 마르크스주의보다는 감리교에 뿌리를 둔 캐나다식 사회주의는 이념적 지형의 정당한 부분으로 여겨지며, 사회주의를 바라보는 미국의 지배적인 시각과 대조를 이룬다. 따라서 캐나다인들은 정부가 공공 병원과 의료 보험에서 가족 수당에 이르기까지 다양한 사회주의 프로그램을 시행하는 것을 개의치 않는다. 일부 아나뱁티스트는 그런 모험적인 시도에 기독교 윤리 요소를 포함하라고 제안하기까지 한다. 반면 아나뱁티스트 가운데서도 특히 소련 공산주의의 사회주의 정책을 기억하거나 그에 대해 들은 기억이 있는 사람들은 동의하지 않는다.

어쨌거나 대부분의 캐나다인들은 정부가 세금으로 징수한 돈의 상당 부분을 사회 프로그램에 사용하는 것이 국민에게 도움이 된다고 생각한다. 정부를 경제적 평등 추구자, 공급자, 기업가, 규제자로 폭넓게 수용하면서 캐나다의 '공공부문 문화'가 탄생했다. 자유 기업 체제를 더 지지하는 정당에 투표하는, 아나뱁티스트를 포함한 일반 캐나다인들조차 정부를 자력이 없는 사람들을 돕는 데 필요하며 비효율적이어도 유용한 서비스 기관으로 보는 경향이 있다. 이들은 정부가 소외층을 돕는 적극적인 임무를 하나님으로부터 부여받았다고 여긴다.[5]

여기서 몇 가지 정치적 요인을 추가로 언급할 필요가 있다. 첫째, 캐나다는 세계 무대에서 군사적 역할이 크지 않은 중견국이다. 캐나다는 핵무기를 개발하거나 상당한 규모의 재래식 군사력을 키우지 않기로 결정했다. 경제 규모로 보면 서방 세계에서 7위이고 유엔 평화 유지 활동에 가장 광범위하게 참여한 국가지만 국방 예산은 전체 정부 지출의 약 9퍼센트에 불과하다. 이에 비해 미국의 국방 예산은 40퍼센트에 육박한다. 그러므로 캐나다에서 군비 지출과 군산복합체를 비판하는 것은 미국과는 다른 성격을 띤다.

캐나다는 1950년대 초 한국에서의 이른바 '경찰 행동' 이후로 전쟁에 개입하지 않았다. 제2차 세계대전 이후로 징병도 하지 않았다. 베트남 전쟁의 고통스러운 충격도 겪지 않았다. 인도차이나와 다른 지역에서는 사실상 전투부대가 아니라 평화유지군으로 활동했다. 그러나 캐나다는 많은 무기를 제조하고 수출한다. 프로젝트 플라우셰어스Project Ploughshares(1976년에 설립되어 평화, 군축, 안보 등

---

5   참조: John H. Redekop, "The State and the Free Church," in *Kingdom, Cross, and Community: Essays on Mennonite Themes in Honor of Guy F. Hershberger*, edited by John Richard Burkholder and Calvin Redekop (Scottdale, PA: Herald Press, 1976), 179-95.

의 연구 활동을 펼치는 캐나다의 NGO-옮긴이), 메노나이트 중앙위원회MCC 등의 기관에 참여하는 아나뱁티스트를 포함해 많은 캐나다 그리스도인들은 대외 원조가 다른 형태로 이루어져야 한다는 점을 캐나다 정부와 군수업체에 계속 상기시키고 있다.

둘째, 캐나다인들은 정부의 폭넓고 관대한 사회 프로그램의 상당수가 교회들이 처음 개척한 인도주의적 사업이라는 사실에 만족감을 표한다. 의료 서비스, 유치원부터 대학까지의 교육, 장애인 지원, 노인 요양원, 빈곤층 지원 등 인간의 존엄성을 지키는 많은 프로젝트가 이 범주에 속한다. 해외 원조는 또 다른 사례다. 캐나다의 아나뱁티스트와 다른 그리스도인들이 이러한 정부 프로그램을 긍정하고, 교회가 먼저 모범을 보인 프로젝트를 맡은 것을 기뻐하는 일은 당연하다.

일반적 고찰

캐나다라는 국가의 특성 때문이기도 하고 캐나다에 대한 긍정적인 경험 때문이기도 하지만 캐나다 아나뱁티스트들이 정부에 부정적인 태도를 보이는 일은 거의 없다. 왜 그럴까? 물론 정책상의 결점을 발견할 수는 있으나 이는 악한 본성을 보여 준다기보다는 단기적인 정치적 기회주의를 시사한다.

전쟁 시기의 어려움을 일부 제외하면 캐나다 아나뱁티스트들은 토지 무상 제공, 종파별 학교, 언어 권리, 대체 복무, 이민자를 위한 가족 결합, 요양원과 노인 거주 시설에 대한 정부 지원, 이민 문제, 피해자·가해자 화해 프로그램, 정부 잉여 물자의 배분, 선주민과의 협력, 해외 구호·개발 원조금과 관련해 정부와 대체로 좋은 관계를 유지해 왔다. 이런 폭넓은 긍정적 상호작용은 정부에 대한 태도에 큰 영향을 미쳤다. 요약하면 대부분의 캐나다 아나뱁티스트들은 정부 지원과 정부와의 교류에 대한 초기 거부감을 극복하고 이제는 국가를 긍정적으로 바라보고 있다.

최근 수십 년 동안 미국의 아나뱁티스트도 정치적으로 더욱 활발해졌다. 그러나 캐나다에 비하면 그들의 역할은 미미하다. 거기에는 여러 이유가 있는데, 더 큰 사회 규모에 비해 적은 신자 수, 주류인 스위스계 그룹의 관점, 미국 정부의 다른 우선순위, 그리고 정치를 피하는 전통적인 아나뱁티스트 신학 규범에 더 매달려 왔다는 점이다. 아마도 여전히 지배적인 농촌의 사고방식과 더불어 지난 60년 동안 이민자가 부족했다는 사실도 한몫했을 것이다. 어쨌거나 미국 아나뱁티스트들은 교회와 국가 간 복잡한 문제를 해결하려고 이 분야에서 캐나다 교인들보다 훨씬 더 많은 연구와 저술을 해 왔기에 국가에 대한 긍정적 경험과 부정적 경험을 조화시키려고 애쓰고 있다.

요약하자면, 대부분의 캐나다 아나뱁티스트들은 정부를 기독교인의 섬김이 허용하는 범위 내에서 참여해야 하는 그저 또 다른 영역으로 보게 된 반면, 대부분의 미국 아나뱁티스트들은 정치 질서를 하나님께서 그리스도인이 참여하도록 명하신 범위 밖으로 본다고 할 수 있겠다. 하지만 두 그룹은 마땅히 서로 배울 수 있다. 그들은 그리스도인의 정치 참여가 항상 조건부여야 하고, 항상 부차적이어야 하며, 항상 경계하고 예언자적이어야 한다는 데 동의한다.

결론

1. 캐나다와 미국의 아나뱁티스트는 교회와 국가의 관계에 대한 신학적 가정에서 기본적인 차이를 보이지는 않지만, 정부에 대한 경험이 상당히 달랐고 두 나라의 정치적 상황도 현저히 달랐다.

2. 양국 정부 모두 긍정적인 면과 부정적인 면을 가지고 있다. 각 나라의 아나뱁티스트 평화 증언은 분석과 강조를 위해 선택된 측면의 영향을 받는다.

3. 대체로 미국 아나뱁티스트, 특히 교육 수준이 낮은 이들은 국가주의적 헌신이 더 강하지만 정치 활동은 덜 한다. 반대로, 캐나다 아나뱁티스트는 국가주의적 성향은 덜하나 정치적으로 더 활발하며, 특히 당파적 선거 활동과 공동 사업에 적극적이다.

4. 미국 헌법은 교회와 국가를 엄격하게 분리하고 있지만 실제로는 종교와 정치가 캐나다만큼이나 섞여 있다. 한 가지 큰 차이점이라면 미국에서는 법원이 여러 세대에 걸쳐 많은 문제 영역을 정의해 왔다는 것이다. 1982년 캐나다에서 권리 및 자유 헌장이 제정되면서 캐나다인들도 비슷한 경향을 보이기 시작했다. 법원이 교회와 국가 간 문제에 더 활발히 개입함에 따라 캐나다의 아나뱁티스트는 더 많은 분쟁에 휘말리게 될 것이다.

5. 대부분의 미국 아나뱁티스트는 정부 권력과 돈에 강한 의구심을 품는다. 그러나 캐나다 아나뱁티스트는 그렇지

않은 편이다. 자국의 공공부문 문화와 더불어 정부에 대한 사회의 긍정적인 시각을 상당히 흡수한 그들은 정부 보조금을 기꺼이 받아들이며 자신들의 세금이 잘 쓰이고 있다고 여긴다. 따라서 미국 아나뱁티스트에 비해 정부와의 협력을 훨씬 더 용인할 뿐 아니라 심지어 바람직하게 여기는 경향이 있다.

6. 대부분의 미국 아나뱁티스트는 캐나다 아나뱁티스트보다 정치판에 뛰어들기를 꺼렸지만 교회와 국가의 관계 문제에 관한 연구와 저술에서는 앞장서 왔다.

7. 캐나다 아나뱁티스트는 미국의 시민 종교, 미국이 특별하다는 관념, 기독교적 미국주의, 그리고 정부의 부정적인 면에 대한 심취를 비판함으로써 미국 형제자매들을 도울 수 있다. 미국 아나뱁티스트는 캐나다의 정치적 독선, 때로는 비판적이지 않은 정치적 행동주의, 그리고 국가의 긍정적인 면에 대한 심취를 비판함으로써 캐나다 형제자매들을 도울 수 있다. 각 그룹은 상대방의 관점에서 교회와 국가의 관계를 바라보는 법을 배워야 한다. 캐나다 아나뱁티스트는 너무 낙천적이고, 그런 낙관을 과신하며, 지나치게 반미적이다. 그들은 캐나다 시민으로서의 경험에 과하게 만족하고 있다. 반면 미국 아나뱁티스트는 자국 정책 평가에 지나치게 선택적이고, 정부 활동을 혹평하는 보고서를 너무 쉽게 믿으면서 긍정하는 보고서는 웬만해선 믿지 못하는 경향이 있다. 또한 워싱턴 MCC 직원과 지역 교회 교인들 사이에 큰 거리감이 생

기도록 허용해 왔다.

8. 캐나다와 미국의 아나뱁티스트 사이의 영적 유대감은 여전히 강하다. 이런 유대감은 뚜렷이 다른 교회·국가 환경에서 살아가는 데 따른 분열의 결과를 상쇄할 수 있도록 육성하고 활용해야 한다. 교회와 국가 간 문제에 대한 많은 오해는 두 공동체가 각자의 기본 입장을 재평가하고 서로 경청할 때 사라질 것이다. 우리의 공통된 정체성과 소명은 상호 이해를 촉진한다. 그러나 두 집단의 신학과 실천이 그들이 인식하는 것 이상으로 각 사회에 의해 형성되었다는 사실 때문에 더 큰 통합을 이루는 일은 복잡하다.

9. 기독교 교회는 사랑에 기초한 제자도 윤리를 실천하도록 부름받았다. 정부는 정의의 윤리를 실천하고 개인과 집단의 성취를 촉진하도록 부름받았다. 캐나다와 미국의 아나뱁티스트 공동체 모두 자유를 약속하고 기독교적 봉사 기회가 많은 사회에서 살아가는 특권에 감사하고 있다. 두 그룹은 정치적 무관함이 선택 사항이 아님을 깨닫고 있다. 아울러 정치를 진지하게 여기면서도 정치가 가장 중요하다고 생각하면 안 된다는 것도 알고 있다. 또한 능력에 기회를 더하면 책임이 된다는 사실을 인정한다.

해방 평화주의

로버트 잭 수더먼

Liberation Pacifism

이 심포지엄의 의제를 설정한 예비 논문에서 존 R. 버크홀더는 메노나이트 평화신학의 잠정적 유형의 개요를 설명했다. 그는 해방 평화주의 유형의 세 가지 특징을 제시했다. (1) 가난하고 억압받는 이들과 연대하는 것으로 시작된다. (2) 정의를 강조하며, 어쩌면 평화보다 정의를 우선시할 수도 있다. (3) 절대적 비폭력을 규범으로 확립하기를 꺼린다. 버크홀더는 아널드 스나이더, 페리 요더, 마크 뉴펠드 그리고 라번 러치먼까지도 이 유형의 지지자로 언급했다.

이런 특징들이 정말로 이 논문을 구별해 줄까? 첫 번째로 언급된 주제는 이 유형에만 국한되지 않는다. 대부분의 메노나이트 신학은 가난한 이들과의 연대를 보여 주려 하지만 그런 시도가 항상 출발점은 아니다. 두 번째 특징은 좀 더 명확한 규정이 필요하다. 정의와 평화를 놓고 상대적 우선순위를 정하는 문제, 그러니까 실제로 두 가치를 분리할 수 있으며 그렇기에 순위를 매길 수 있는지도 이 유형에만 국한된 문제가 아니다.

우리가 특히 관심을 갖는 문제는 바로 세 번째 특징이다. 스나이더, 뉴펠드, 요더, 러치먼은 모든 상황에서 비폭력을 규범으로 삼는 것을 꺼릴까? 그렇다면 그 이유는 무엇일까? 그들이 제시하는 대안은 무엇인가? 이것이 우리의 선교 전략과 평화 증언에는 어떤 영향을 미칠까? 이러한 질문들을 염두에 두고 스나이더와 뉴펠드의 논문을 살펴보기로 하자.

요약

마크 뉴펠드

마크 뉴펠드는 〈비판이론과 기독교적 봉사: 사회적 갈등 상황에서의 지식과 행동Critical Theory and Christian Service: Knowledge and Action in Situations of Social Conflict〉이라는 논문에서 위르겐 하버마스의 비판적 사회이론에 근거하여 적절한 행동과 지식에 대한 분석을 제시한다.[1] 모든 인간 발달에는 세 가지 유형의 지식이 필수적인데, 그 세 가지는 기술적 지식, 해석학적 지식, 비판적 지식이다. 각 유형의 지식은 공동체의 특별한 관심사에 반응한다.

'기술적 지식technical knowledge'은 인간의 생존을 위한 "물리적 환경의 변화"에 초점을 맞춘다(250쪽). 기독교적 봉사는 물리적 생존 그 이상에 관심이 있기에 이 지식은 기독교적 봉사에 필요하지만 충분하지는 않다. "지식의 기술적 관점을 사회 세계로 확장"하는 데서 위험이 발생한다(251쪽). 그 결과, 사람들을 대상으로 취급하고 미리 정해진 목표를 위해 사람들을 조종하는 사회공학 기법social engineering techniques이 사용된다. 질서 유지 측면에서 사회적 평화를 정의하고, 질서 회복과 관련된 기관을 지원하며, 대다수 빈곤층에 영향을 미치는 근본 문제에는 거의 관심을 쏟지 않고 엘리트의 이익에 주로 관심을 기울이는 것이다.

'해석학적 지식hermeneutic knowledge'은 사회 질서를 이해하기 위한

---

[1] Mark Neufeld, "Critical Theory and Christian Service: Knowledge and Action in Situations of Conflict," *Conrad Grebel Review* 6, no. 3 (1988): 249-62; 뉴펠드 부분의 본문 속 인용문은 이 글에서 가져왔다.

목적으로 사회적 소통에 관심이 있다. 소통과 이해 모두 "비정치적"이고 "비이념적"인 용어로 정의된다(254쪽). 해석학적 지식은 사회 붕괴를 "소통 오류와 오인"의 관점에서 바라본다(255쪽). 따라서 갈등 중재·해결은 사회적 긴장을 해소하는 데 적합한 기법이다. 뉴펠드는 이 접근법의 가장 큰 약점이 "이데올로기적 왜곡을 식별할 수단을 제공하지 않고, 대립적인 해석의 틀을 비판적으로 평가할 기준을 제시하지 않는 것"이라고 지적한다(256쪽). 이 중재·해결 접근법은 구조적으로 발생한 사회적 갈등을 이해하는 기준도 제공하지 않으므로 사회적 갈등의 근본 원인을 파악할 수 없다. 뉴펠드는 자유주의 메노나이트들과 메노나이트 중앙위원회MCC를 비롯해 "개혁적인 북미 자유주의자들"이 이러한 가정에 기초해 사회 개혁을 시도한다고 주장한다(254~255쪽).

'비판적 지식critical knowledge'은 "구조적으로 발생한 인간 상호작용의 왜곡"에서 해방되는 데 관심이 있다(257쪽). 그 도구는 비판적 사회과학이고, 그 목적은 비평이다. "비판적 사회과학이 공유하는 전제는 인간 상호작용의 왜곡이 사회적으로 구조화된 불평등(예를 들면, 부와 권력의 불평등)에 뿌리를 두고 있다는 것이다. 불평등은 이미 주어진 자연 질서의 일부가 아니라 사회적으로 구조화된 것으로 여겨지기 때문에 극복될 수 있다(258쪽)." 따라서 이 접근법은 해석학적 접근법이 제공하지 못한 것, 즉 사회 현실에 대한 대립적인 해석들을 "개방적이고 독단적이지 않고 비판적인 방식으로" 평가하는 기준을 제공한다(258쪽). 비판적인 사회 이해를 발전시키고 사람들이 정의를 위해 투쟁할 수 있도록 힘을 실어주는 해석을 우월한 것으로 간주한다.

이 접근법은 사회적 상호작용의 본질에 대해 현실적이다. 사회적 갈등이 항상 이해와 중재를 통해 "조화"를 이룰 수 있는 것은 아니라는 점을 인정한다. 때로는 구조적 변혁, 혁명적인 조직적 투쟁을 통해서만 해결이 이루어진다(259쪽). 이런 기독교적 봉사 모델의 장점은 무엇일까? 기독교 복음의 핵심인 구원, 해방, 죄로부터의 해방과 일치한다는 것이다. "여기서 평화 만들기는 질서 강요나 '도움을 주는' 공정한 중재가 아니라 오히려 사회 정의를 위한 투쟁에 참여하는 것으로 이해된다. 또한 억압받는 이들을 조종하는 것도 심지어 그들 편에 서서 경청하는 것도 아니며, 급진적인 사회 변화를 위해 억압받는 이들과 함께하는 것으로 이해된다(260쪽)". 뉴펠드는 MCC를 포함해 기독교 봉사 단체들이 일부 지지층을 잃더라도 이러한 해방적 접근법을 채택할 것을 촉구한다.

아널드 스나이더

〈오늘날 니카라과에서의 아나뱁티스트 비폭력의 적절성The Relevance of Anabaptist Nonviolence for Nicaragua Today〉이라는 논문에서 아널드 스나이더는 16세기 초 독일 농민 전쟁과 1979년 니카라과 혁명을 비교한다.[2] 그는 농민 봉기에 대한 반응으로 1527년 슐라이트하임 아나뱁티스트들이 "무장 저항을 거부하고 비폭력적 대응을 촉구했다"고 지적한다(112쪽). 스나이더의 의도는 니카라과 혁명

---

2   C. Arnold Snyder, "The Relevance of Anabaptist Nonviolence for Nicaragua Today," in *Freedom and Discipleship*, edited by Daniel S. Schipani (Maryknoll, NY: Orbis Books, [1984] 1989), 112-27 (reprinted from *The Conrad Grebel Review* 2, no. 2 [Spring 1984]: 123-37); 스나이더 부분에서 본문 내 인용문은 이 논문에서 가져왔다.

과 같은 현대적 환경에서 비폭력이 여전히 유효한지 살펴보는 것이다. "아나뱁티스트의 비폭력 전통은 그 기원이 혁명과 관련이 있기에 오늘날 혁명에 적극적으로 참여하는 그리스도인들에게 어떤 의미 있는 메시지를 줄 수 있을까? 아나뱁티스트의 비폭력은 정의, 평화, 사랑을 향한 한 걸음일까, 아니면 억압, 착취, 슬픔을 향한 한 걸음일까(115쪽)?"

스나이더는 독일 농민(그리고 니카라과인)의 정의에 대한 우려가 "결국 일부 그리스도인들이 대항 폭력counter-violence으로 불의한 대리자들을 공격하게 만든" 과정을 설명한다(117쪽). 아울러 혁명가들과 슐라이트하임 아나뱁티스트들이 그리스도에 대해 상당한 견해차를 보였다고 주장한다. 혁명가들에게는 "전체 인민을 위해 더 큰 정의로 이끄는 자기희생적 행동이야말로 그리스도인다운 행동(119쪽)"이었다. 이는 혁명에 적극적으로 참여하는 행위를 정당화한다. 반면 슐라이트하임 아나뱁티스트에게는 보복하기보다 고통을 당하신 복종적이고 영적인 그리스도가 바로 순종의 본보기였다. 그들에게 "하나님 나라의 충만함은 그리스도의 재림을 기다리는 것이었다(119쪽)."

스나이더는 주장한다. "슐라이트하임 비폭력 입장의 아킬레스건은 더 넓은 세상의 정의 문제에 관심이 부족한 것이다. 그런 입장은 정의의 윤리를 가르치기보다 그리스도의 임박한 재림을 기대하면서 순수성과 거룩함의 초세속적인 윤리를 설교한다(120쪽)." 반면, "해방을 위한 폭력 정당화의 아킬레스건은 성육신하신 그리스도를 모범으로 호소하는 것이다." 그러나 예수의 삶은 우리에게 "혁명적 폭력의 설득력 있는 본보기"를 제공하지 않는다(121쪽).

비폭력은 현대의 혁명적 맥락과 관련이 있을까? 스나이더는 이렇게 주장한다. "소극적", "현실 도피적", "분리주의적", "종말론적", "활기 없는", "안일한", "조용한", "이원론적", "침묵하는" 비폭력(슐라이트하임 유형)은 "우리의 그리스도 개념이 아무리 훌륭하고 정확하더라도 니카라과의 형제자매들에게는 적절하지 않을 것이다(122쪽)." 반면, "적극적"이고 "대립적"이며, "불의, 기아, 질병, 살인의 폭력"을 막기 위해 "직접 행동"에 헌신하고(122쪽), 세계 정의를 위한 투쟁에 "두려움 없이 참여하는" 비폭력이라면 "이것이 니카라과와 전 세계에 유효한 비폭력이며, 도움이 필요한 이웃의 안녕을 위한 헌신적, 비폭력적 관심을 적극적으로 가르치고 보여 주므로 적절하다(122쪽)."

니카라과에서는 비폭력이 복음화 과정에 포함된 적이 없었다. 따라서 미구엘 데스코토Miguel d'Escoto의 말을 빌려 "우리가 뿌리지 않은 것을 거두기를 바랄 권리는 없다(122쪽)." 우리는 모범으로 비폭력의 씨앗을 뿌리거나, 아니면 아예 뿌리지 않을 것이다. 따라서 회복할 가치가 있는 유일한 아나뱁티스트 비전은 "자신을 죽이고 오직 그리스도 안에서 두려움 없이 부활하는 온전한 헌신의 아나뱁티즘"이다. "그러한 제자도는 우리가 알고 있듯이 그리스도께서 우리 가운데 계셨을 때 행하셨던 것처럼 힘없고 짓밟히는 사람들을 위해 행동하는 데 주저하지 않을 것이다(122쪽)."

분석

마크 뉴펠드

마크 뉴펠드의 논문은 현대 아나뱁티스트에게 매력적이다. 물리적 환경의 변화, 공정한 친절을 넘어, 가난하고 억압받는 이들이 그 축복을 누릴 수 있도록 사회 체계를 재구성하는 것에 대한 근본적인 관심으로 나아간다. 그런 입장은 태도를 분명히 취하고자 하며, 우리가 어느 편에 설지 선택하는 데 지침이 될 제한된 기준을 제시한다. 사회과학적 관점은 악의 구조적 측면을 밝혀내고, 현대의 개인주의적 경건함을 교정하는 긍정적인 역할을 한다. 이 관점은 또한 모든 차원의 해방이 복음의 핵심임을 올바르게 인식한다.

그러나 뉴펠드의 MCC 평가와 달리, 나는 하버마스의 세 가지 지식 유형이 MCC의 역사적 궤적과 일치한다는 점을 다음과 같이 제시한다. (1) 구호 활동 참여(기술적 지식), (2) 개발에 참여(해석학적 지식), (3) 정의에 대한 관심(비판적 지식).

하지만 몇 가지 사항은 추가로 검증해야 한다. 인간 상호작용의 왜곡이 이미 주어진 자연 질서가 아니라 사회적으로 구조화된 불평등에 뿌리를 두고 있으며 따라서 극복할 수 있다는 사회과학적 전제는 기독교적 봉사의 적절한 근거가 될 수 있는가? 이는 뉴펠드 자신이 믿으려 하지 않는 19세기 자유주의적 낙관주의를 정교하게 다시 표현한 것 아닌가? 뉴펠드는 이번에는 비판적 사회과학이 개방적이고 독단적이지 않고 비판적인 방식으로 진리를 탐구할 수 있다고 믿는다(258쪽). 그렇다면 사회과학에 대한 이런 믿음은 과연 타당한가? 이런 학문에는 '비판적 분석'이 취할 경로를 결정하는 자체적인 전제가 있지 않은가?

뉴펠드가 언급한 필리핀 어부들의 상충하는 해석 틀(256쪽 각주 23)의 경우, 사회과학이 제안하는 기준(즉, 명확히 설명하는가? 권한을 부여하는가?)은 어떻게 해결책을 끌어낼 수 있을까? 한 가난한 어부는 문제를 필리핀 무슬림의 탓으로 돌렸고, 다른 가난한 어부는 가난한 사람들을 착취하는 부유한 필리핀 사람들을 탓했다. 아마도 무슬림을 모조리 돌로 쳐 죽이는 것(첫 번째 어부의 제안)이 그 섬의 어부들에게 힘을 실어줄 것이다.

모든 악(왜곡)이 사회 구조에 포함되어 있다는 뉴펠드의 확신을 성경의 타락 개념에 대한 적절한 이해라 할 수 있을까?

존 R. 버크홀더가 주장하듯 뉴펠드는 절대적 비폭력을 규범으로 확립하길 꺼리는 것일까? 뉴펠드는 이 질문에 답할 수 있는 단어를 거듭 정의하지 못한다. 그는 "구조적 변화에는 투쟁이 필요하며, 그 투쟁은 정의상 혁명적"이라고 주장한다(259쪽). 사회 구조의 변혁은 "조직적 투쟁"을 통해서만 이루어질 수 있다(260쪽). 평화 만들기는 "사회 정의를 위한 투쟁에 참여하는 것"을 의미한다(260쪽). 기독교 봉사 활동가들은 사회 변혁이 "투쟁을 통해" 이루어진다는 점을 이해해야 한다(260쪽). 그리고 기독교적 봉사는 "가난한 이들과 연대해 (…) 더 효과적인 투쟁을 위해 조직하는 것"을 포함해야 한다(261쪽). 뉴펠드의 MCC 비판은 MCC의 현재 전략이 MCC 활동가들의 투쟁 참여를 방해한다는 것을 암시하지만 그 투쟁의 성격을 어디에서도 정의하지 않는다. 그는 MCC 프로그램에서 정의를 위한 투쟁의 일환으로 폭력을 옹호하는가? 그는 비폭력을 규범으로 확립하길 꺼리는가? 그는 버크홀더가 기술한 이 유형에 부합하는가? 이 질문들에 대한 답은 아직 없다.

아널드 스나이더

스나이더의 입장은 좀 더 쉽게 구분할 수 있다. 불충실하거나 불순종적인 유형의 비폭력은 아나뱁티스트 그리스도인들이 결코 규범으로 삼아서는 안 된다. 그런 비폭력은 "우리 형제자매들이 겪는 폭력을 막기 위해 행동보다는 말만 하는 것이기에 적절하지 않다(122쪽)." 반면, 예수(스나이더가 이해하는 예수)에게 충실하고 순종하는 적극적인 비폭력은 아나뱁티스트와 다른 사람들에게 규범이 된다. "이것은 니카라과와 전 세계에 유효한 비폭력이며, 도움이 필요한 이웃의 복지에 헌신적이고 비폭력적인 관심을 적극적으로 가르치고 보여 주므로 적절하다(122쪽)." 스나이더는 올바른 유형의 비폭력을 규범으로 확립하는 것을 주저하지 않는다.

스나이더의 논문에서 세 가지 요점은 나보다 더 자격이 있는 메노나이트 역사학자들이 더 자세히 살펴볼 필요가 있다.

첫째, 스나이더가 기술한 슐라이트하임 비폭력은 정확한가? 그렇다면 이런 유형의 비폭력은 현대 혁명적 맥락에서 배교로 간주되어야 할까?

둘째, 스나이더는 아나뱁티스트의 비폭력 전통이 "혁명 이후에 생겼다"고 주장한다(115쪽). 그것은 사실일까? 아나뱁티스트는 혁명이 일어난 환경에서 겪은 박해 때문에 비폭력을 선택했을까(그들의 비폭력은 혁명 이후에 발생), 아니면 그들이 비폭력을 선택했기 때문에 박해를 받았을까(비폭력은 혁명적 투쟁과 전략의 일부)? 슐라이트하임 신앙고백은 비폭력을 개념화하고 구체적인 상황에 적용하는 과정의 시작이었을까, 아니면 슐라이트하임 신앙고백 이전에 (아니, 어쩌면 독일 농민 전쟁 이전에) 시작된 과정의 강화였을까? 콘래드 그레벨이 토마스 뮌처에게 보낸 편지에서 알 수 있듯이 아나뱁티스트의 비폭력 전통이 혁명 시대 이전이나 와중에 생겨났다면 스나이더

의 입장은 재평가되어야 한다.[3]

셋째, 스나이더는 슐라이트하임 비폭력을 다음과 같이 기술한다.

> 분리주의적, 종말론적, 소극적인 슐라이트하임 비폭력을 그런 상황[즉, 독재자를 끌어내리기 위해 그리스도인들이 피를 흘린 니카라과]에 적용한다고 생각해 보면 그런 소극적 비폭력이 억압과 착취를 증가시킬 것이라고 말해야 하니 두렵다. 사실 자국의 모든 식민지인이 이런 소극적 비폭력을 믿도록 열성적으로 장려하지 않을 제국주의 세력이 어디 있겠는가? 그 신민들은 순종적이고 조용할 것이며, 활기는 없어도 걱정할 대상은 아닐 것이다. 세대가 바뀌어도 소극적인 증인 역할에만 신경 쓰며 하나님의 정의가 하늘에서 내려오기를 참을성 있게 기다릴 것이다. 마키아벨리조차 이보다 좋은 방책을 꿈에도 생각지 못했을 것이다. (120쪽)

그러나 16세기의 경험은 스나이더의 두려움을 뒷받침한다고 보기 어렵다. 제국주의 세력이 이 "조용하고", "활기 없는" 신민들을 몹시 우려했다는 징후가 곳곳에 있다. 스나이더는 이러한 우려가 오직 다른 요인들(성인 세례, 교회 교리에 대한 도전, 공동체 설립) 때문이라고 주장하는 것일까? 16세기 아나뱁티스트들은 슐라이트하임 신

---

3 Leland Harder, ed., *The Sources of Swiss Anabaptism: The Grebel Letters and Related Documents* (Scottdale, PA: Herald Press, 1985); 특히 290쪽, 293쪽을 참고할 것.

앙고백 이후에도 당대의 마키아벨리주의자들에게 마키아벨리의 꿈나무로 대우받지 못했다. 그렇다고 해서 스나이더가 비폭력을 규범으로 적용하기를 꺼린다고 비난할 수는 없다.

역사가들이 그의 역사 해석에 이의를 제기할 수 있고, 성경 해석자들이 그의 예수 해석에 문제를 제기할 수도 있지만, 스나이더는 자신의 해석적, 역사적 틀 안에서 비폭력을 혁명의 전략으로 단언하며 역사의 주인인 예수를 따라야 한다고 주장한다.

해방 평화주의

절대적 비폭력을 규범으로 확립하길 꺼리는 특징이 있는 해방주의 사상을 잠시 살펴보는 것이 유익할 수 있다. 미게스 보니노 Míguez Bonino는 〈제자도, 정의, 권력에 관하여On Discipleship, Justice and Power〉라는 글에서 다음과 같이 썼다.

> 물리적 강요와 다양한 폭력을 포함한 힘은 [모든 인류가 포함되고 모든 것이 그 영역의 본질에 따라 기능하게 될] 그런 [세속적 또는 구조적] 영역에 속한다. 우리는 그것을 의지로 없앨 수 없다. 그러나 일부 기독교인과 기독교 공동체는 (개인적으로 나도 그 방향에 끌리지만) 이러한 참여 방식을 일관되게 거부해 왔다. (…) 우리는 평화주의자가 될 수 있다! 이 결정이 세속 영역에 대한 책임을 포함하는 기독교적 증언의 맥락에서 내려진다면 그것은 정당하다.[4]

그러나 미게스 보니노의 평화주의에 대한 유혹은 다음과 같은 요인 때문에 완화된다. (1) 평화주의가 모든 기독교인에게 필수 선택으로 여겨질 필요는 없다. (2) 우리는 "단순한 치환"으로 예수의 예를 들 수 없다. (3) 우리는 "더 깊은 차원에서 '예수의 존재 방식'에 부합해야 한다."[5] 이러한 더 깊은 수준의 일치가 폭력 사용의 가능성을 포함하는지는 "내게 여전히 열린 신학적 (그리고 실존적) 질문이며 이미 준비된 답변은 존재하지 않는다."[6] 미게스 보니노는 비폭력을 절대적 규범으로 확립하길 꺼리는 평화주의자로 보인다. 그는 버크홀더가 제시한 유형에 들어맞는다.[7]

조지 V. 픽슬리George V. Pixley가 쓴 〈침례교 성경학자의 답변 Response from a Baptist Biblical Scholar〉도 같은 유형으로 보인다.[8] 그는 기독교 평화주의 공동체(메노나이트)의 딜레마를 논한다. 이들은 세계에서 가장 부유한 나라에 살고 있는데 그 나라가 니카라과인들이 쟁취한 자유를 위협하고 있다는 것이다. 그는 두 가지 대안을 제시한다. (1) 이민, 또는 (2) "근본주의의 한 형태인 아나뱁티즘에 대한 급진적인 복음주의적 문제 제기."[9] 그러고는 이렇게 말한다. "내가

---

4   José Míguez Bonino, "On Discipleship, Justice and Power," in *Freedom and Discipleship*, edited Daniel S. Schipani (Maryknoll, NY: Orbis Books, 1989), 137–38.

5   Míguez Bonino, "On Discipleship, Justice and Power," 138.

6   Míguez Bonino, "On Discipleship, Justice and Power," 138.

7   미게스 보니노의 주장에 대한 더 상세한 내용은 다음 자료를 참조할 것. José Míguez Bonino, *La fe en busca de eficacia* (Salamanca, Spain: Ediciones Sigueme, 1977), chap. 6.

8   George V. Pixley, "Response from a Baptist Biblical Scholar," in *Freedom and Disciple-ship*, 139–46.

9   Pixley, "Response from a Baptist Biblical Scholar," 145.

이 딜레마를 해결하는 방법은 비폭력을 단순히 권장하는 가치로 삼되, 하나님 나라의 절대적 가치로는 삼지 않는 것이다. 하지만 나는 침례교인이고, 이것은 내 문제가 아니다."[10]

후안 루이스 세군도Juan Luis Segundo는 기독교인의 행동 규범으로서 비폭력을 더 강하게 거부한다. 그는 신앙과 이데올로기를 분리하려고 하면서 이렇게 주장한다. 신앙은 절대적이지만 구체적인 내용이 없으며, 이데올로기는 내용이 있지만 "객관적으로 절대적인 가치"를 나타내지 않는다.[11] 역사적 경험은 이데올로기적이며, 따라서 어떤 윤리적 접근도 절대적이지 않다. 절대적 신앙과 역사적 선택 사이의 공백은 이데올로기로 채워져야 한다. 구약에 나오는 적의 전멸과 신약에 나오는 무저항적 사랑은 모두 이 공백을 채우려는 시도다. 이는 "신앙의 내용이 아니라 (⋯) 이데올로기"의 사례다.[12] 기독교 신앙의 절대적 특성은 그 내용에 있지 않고 "해방 과정"에 있다. "이는 역사에 대한 자유, 즉 이데올로기에 대한 자유로 전환된다."[13]

신약성서 기록에 대한 해석을 바탕으로 세군도는 예수가 상호적이고 고통스러운 사랑을 명령한 비폭력 운동가였다고 단언한다. 그러나 선한 사마리아인의 비유를 들며 예수를 절대적 평화주의자에서 멀어지게 하는 다섯 가지 요인을 지적한다.[14]

10　Pixley, "Response from a Baptist Biblical Scholar," 145.

11　Juan Luis Segundo, *The Liberation of Theology* (Maryknoll, NY: Orbis Books, 1975), 106.

12　Segundo, *Liberation of Theology*, 116.

13　Segundo, *Liberation of Theology*, 110.

14　Segundo, *Liberation of Theology*, 154–82.

1. 사랑의 도구와 폭력의 도구는 사실 동일하다. 도랑에 빠
   진 사람을 "사랑"하기로 선택함으로써 사마리아인은 도
   랑에 빠진 다른 사람들에게는 "폭력"을 행사하는 선택을
   한 셈이 된다.

2. 역사성의 한계 때문에 "에너지의 경제"는 우리가 누구를
   사랑할지(우리의 시간과 에너지를 누구에게 줄지) 선택하도
   록 강요한다. 이 선택은 우리가 선택하지 않은 사람들에
   게 폭력으로 작용한다.

3. 역사적 효용은 우리가 에너지의 경제를 어디에 어떻게
   사용할지 신중하게 선택하도록 강요한다.

4. "성경에 나오는 폭력과 비폭력에 관한 모든 언급은 이념"
   이며, 모든 이념은 상대적이다.[15] 어떤 것도 절대적 윤리
   규범으로 간주될 수 없다.

5. 목적은 항상 수단을 정당화해야 한다. 수단은 "그 자체로
   어떤 정당성도 가질 수 없다. 그 가치는 그것이 사용되는
   목적에서 비롯된다."[16]

따라서 예수가 보여 준 섬김과 사랑, 그리고 살인에 대한 일반적
인 성경 지침은 "정당한 이유 없이 살인할 수 없다는 말과 같다."[17]

---

15 Segundo, *Liberation of Theology*, 166.
16 Segundo, *Liberation of Theology*, 171.
17 Segundo, *Liberation of Theology*, 166.

                                      유형 09

해방 평화주의에 대한 헌신이 우리가 공공 영역에서 행동하는 방식에 영향을 미칠까? 우리의 평화 증언은 위험해질까?

나는 해방 평화주의자인 뉴펠드와 스나이더가 (라번 러치먼과 페리 요더는 말할 것도 없고) 혁명적 맥락에서 비폭력을 규범으로 고수하길 꺼린다는 버크홀더의 견해에 반대했다. 뉴펠드는 증거가 불충분하고 핵심 용어의 정의가 부족해서 그랬고, 스나이더는 올바른 유형의 비폭력이 전 세계에 적용된다는 단정적인 주장 때문에 그랬다. (페리 요더는 스나이더와 마찬가지로 순종적[전투적] 비폭력과 불순종적[소극적] 비폭력을 구분할 뿐만 아니라, 정당한 무력 사용과 그렇지 않은 치명적 폭력도 구분한다. 그는 "우리가 그리스도인으로서 전투적이면서도 비폭력적으로 샬롬을 위해 전력투구해야 한다"고 강력히 주장한다.[18] 하지만 "샬롬이 한편으로는 폭력과 억압의 제거를 의미하면서도, 다른 한편으로는 폭력과 양립 가능하며 폭력의 결과일 수 있다"고 확실히 주장할 수 있는지에는 의문을 품는다.[19])

나는 미게스 보니노와 픽슬리가 해방 평화주의 유형에 더 잘 맞을 수 있으며, 세군도는 폭력을 정당화하는 더 전통적인 입장으로 이미 선을 넘었다는 의견을 추가했다. 그렇다면 일부 메노나이트가 미게스 보니노, 픽슬리와 견해를 같이한다고 가정할 때, 이는 우리의 선교 전략에 영향을 미치고 우리의 평화 증언을 위험에 빠뜨릴

18 Perry B. Yoder, *Shalom: The Bible's Word for Salvation, Justice, and Peace* (Newton, KS: and Life Press, 1987), 145.
19 P. Yoder, *Shalom*, 144.

까? 아마도 이 유형이 비폭력에 대한 전통적인 메노나이트 사고와 어떻게 다른지 알아보는 것이 가장 좋은 답변 방법일 것이다. 이에 다섯 가지 요점을 제시하겠다.

1. 이 유형은 선교 활동의 효용성과 적절성에 더 중점을 둔다. 하지만 정의, 평화, 구원(독립, 해방), 화해가 기독교적 봉사의 동력이 되는 목표라면, 이런 가치들을 고려하지 않고서 성공을 어떻게 측정할 수 있겠는가? 개선되는 모습이 뚜렷하지 않거나 상황이 악화되고 있다면, 전략(윤리)의 전환이 정당하지 않을까? 전통적으로 메노나이트는 성공보다 순종을 강조했다. 우리의 사회적 책임은 하나님께 순종하고 순수성을 유지하는 것이다. 그러나 이 유형은 정의, 평화, 구원, 화해라는 공인된 목표를 달성하기 위해 더 많은 참여를 요구한다.

2. 이 유형은 하나님의 주권이 역사 속에서 주로 사회 구조를 통해, 그리고 부차적으로 순종하는 교회를 통해 드러난다고 본다. 이런 관점은 확신에 찬 신정주의神政主義로서, 하나님이 세상에서 신성한 목적을 이루기 위해 사회·정치 구조를 사용하신다고 가정한다. 하지만 메노나이트는 전통적으로 사회가 통치자들에 의해 위에서부터 변화된다고 믿지 않았고, 오히려 순종하는 교회야말로 사회 변혁을 위한 하나님의 주된 도구라고 여겼다.

3. 이 유형은 예수가 교회뿐만 아니라 세상의 주인이라고 더욱 확신한다. 아울러 "세속적" 순종도 신앙적이며 하나

님 나라의 건설을 촉진한다고 단언한다. 메노나이트는 순종하는 교회를 넘어선 현실의 영역을 사탄의 주권 아래 "그리스도의 온전함 밖에 있는" 악의 영역으로 보는 경향이 있다. 그리스도가 만물의 주인이라는 확신은 세상에 변화를 가져올 수 있다는 큰 낙관주의로 이어진다. 반면 전통적인 메노나이트 관점은 세속 사회의 급진적인 변화 가능성에 비관적이다.

4. 이 유형은 모든 이분법을 거부하는 척하지만 실은 자체적인 이분법을 만들어 낸다. 신앙에 근거한 순종이 세속적 현실에 영향을 미치지 못할 것이라며 의심하고, 신앙과 불신앙의 영역에서 각기 다른 전략을 요구하는 이분법을 만들어 낸다. 메노나이트는 신앙에 근거한 순종이 궁극적으로 세속적 현실에 영향을 미칠 것이라고 믿었다. 따라서 그들은 공적 윤리와 사적 윤리가 일치해야 한다고 주장한다.

5. 이 유형은 (순종하는 그리스도인들을 포함해) 모든 사람들이 폭력적인 구조에 얼마나 연루되었는가에 대해 더 현실적이어야 한다고 주장한다. 우리 삶은 매 순간 폭력에 연루되어 있기에 완전한 비폭력이란 존재하지 않으며, 우리의 윤리는 타협한 것이라고 말한다. 메노나이트는 악한 구조를 영속시키는 데 우리가 공모하고 있음을 인정하지 않는 경향이 있다. 고립, 이주, 침묵은 윤리적 순수성을 지키는 중요한 무기였다.

개인적 성찰

이 시점에서 나의 '객관적' 분석은 개인적 성찰로 바뀌었다. 이것이 허락되기를 바란다.

나는 1989년 가을, 콜롬비아 보고타에서 이 글을 쓰고 있다. 이 답변을 작성하는 짧은 시간 동안에도 이 도시에서 70개가 넘는 폭탄이 터졌으며, 그중 다수는 우리 아파트에서 소리가 들리고 창문이 덜컹거릴 정도로 가까운 거리에서 터졌다. 기관총 쏘는 소리에 생각이 끊어질 때도 많았다. 캐나다 대사관에서는 우리에게 너무 눈에 띄지 말라고 권고했다. 하지만 우리 아들 중 하나는 금발에 파란 눈을 지닌 활기찬 소년이고, 또 다른 아이는 키가 188센티미터라 콜롬비아 군중 사이에 우뚝 솟아 있으니 그런 지침을 지키기가 쉽지 않았다. 비행기에 타거나 내릴 때, 은행에 갈 때, 장 보러 갈 때, 관공서 서류를 떼러 갈 때, 날이 어두워진 후 산책하거나 교회 모임에 참석할 때 등 거의 모든 일상생활에서 일일이 무장 경호나 군의 호위를 받았다. 군의 보호를 받지 않으려면 이 나라를 뜨는 길밖에 없었다.

콜롬비아에서 공공연한 일이 미국과 캐나다에서도 (비록 더 은밀하긴 하지만) 똑같이 강력하게 존재한다는 사실이 점점 더 분명해지고 있다. 그곳에서도 우리는 매일같이 군 무기와 경찰의 보호 아래 살고 있다. 퀘벡에서 테러 위기가 발생하기만 해도 전시조치법이 발동되고, 켄트 주립대학에서 시위가 일어나기만 해도 미군은 시민을 상대로 집결한다. 평온과 평화는 겉치레에 불과하다. 그 표면 뒤에는 국가가 궁극적으로 폭력에 기반을 두고 있다는 현실이 숨겨져 있다. 그런 상황에서 비폭력은 무엇을 의미할까?

세속적 폭력에 가담하지 않거나, 그로부터 이익을 얻지 않거나, 억압받지 않는 것은, 몰라서 행복한 사람들에게만 가능한 선택으로 보인다. 우리는 군사주의에 반대하면서도 그것이 사라지기를 바라지는 않는다. 미게스 보니노는 이 문제를 재정의함으로써 우리를 돕고자 한다. "문제는 우리가 폭력을 수용하느냐 마느냐가 아니라, 모두가 적극적으로 연루된 폭력의 현실에서 그리스도인들은 무엇을 하는가다."[20] 나는 미게스 보니노를 넘어서서 이렇게 말하고 싶다. 문제는 **우리가 폭력에 가담하는가?'**가 아니라, '**우리가 폭력에 가담하고 우리 삶이 폭력에 빚지고 있음을 인정했을 때 비폭력은 무엇을 의미하는가?'**다. 더 직설적으로 말하면 이렇다. **매일 군의 호위를 받는 보고타에서 비폭력은 무엇을 의미하는가?** 몇 가지 잠정적인 제안을 하겠다.

> 1. 비폭력에 대한 모든 숙의는 우리가 폭력에 가담했음을 인정하고 고백하는 데서 시작해야 한다. 비폭력을 받아들인다고 해서 폭력적 구조에 연루한 사실이 사라지지는 않는다. 이는 역설적이게도, 비폭력과 군사주의 사이, 또는 비폭력과 폭력 사이에서의 선택이 아니다. 윤리적 관점에서 볼 때 인간 현실은, 비폭력의 반대가 폭력이 아니라, 사회 문제에 대한 최선의 대응책으로서 폭력에 충성하는 실정이다. 성경적 관점에서 보면 폭력적인 해결책

---

20   Míguez Bonino, "On Discipleship, Justice and Power," 138.

에 대한 이런 충성과 신뢰를 우상 숭배라고 한다. 따라서 우리의 윤리적 투쟁은 군사주의와 폭력 속에서 어떻게 비폭력적으로 행동할 것인가다.

2. 모든 폭력은 악이라는 아나뱁티스트의 주장은 세월이 흐를수록 더 큰 신뢰를 얻고 있다. 이런 악을 똑똑히 보고 큰 소리로 반대해 온 우리의 전통이 이제 (교리나 실천에서) 그 주장을 철회한다면 불행한 일일 것이다. 비폭력적 대안을 찾는 일은 점점 더 중요해지고 있다.

3. 우리는 해방 평화주의 입장을 위협으로 여겨서는 안 된다. 앞서 열거한 해방 평화주의의 모든 주장(네 번째 항목은 제외)은 메노나이트 평화주의에 통합되어야 한다. '기독교적 증언에서 적절성과 효용성은 중요하다. 하나님은 사회 구조의 주권자시다. 예수는 모든 창조물의 주인이시다. 우리는 폭력적 구조에 연루되어 있다.' 이러한 강조점들은 우리의 전통적인 입장을 굽히는 것이 아니라 보완하는 것이다.

4. 분별하는 과정의 핵심은 우리가 추상적이고 이론적인 관점에서 말하는가, 아니면 헌신과 참여의 관점에서 말하는가다. 후자라면 우리는 세상의 평화와 정의를 증진하는 새롭고 더 창의적이며 더 효과적이고 더 충실한 방법을 찾으리라 확신할 수 있다. 하지만 전자라면 우리의 숙의는 바늘 끝에서 천사가 몇 명이나 춤출 수 있는지를 알아내려는 탐구의 현대판에 지나지 않는다.

새롭게 등장한 신종파적 평화주의

다니엘 스키파니

An Emerging Neo-sectarian Pacifism

존 R. 버크홀더가 고안한 잠정적 유형론은 지난 50년 동안 북미 메노나이트와 그리스도 형제단 신자들 사이에서 발전해 온 10가지 유형의 평화신학을 구분한다. (《메노나이트 평화신학을 이해할 수 있을까?》). 그 유형론은 메노나이트와 그리스도 형제단 교회 현장에서 다양한 평화신학의 흐름을 분류하고 평가하는 데 도움을 주는 발견적 도구로 쓰이고 있다.

버크홀더가 3세대에 걸친 기여를 언급한 것은 우리가 세대 문제를 간과해서는 안 된다는 점을 시사한다. 그 세대 문제는 구체적인 역사적 상황에서의 심리·사회학적, 문화적, 정치적, 종교·신학적, 기타 역학과 의제를 포함한다. 우리는 세대 문제를 고려함으로써 신앙에 관한 대화에서 서로 말이 통하지 않을 위험을 최소화할 수 있다. (실제로 세대 요인은 몇 년 전 메노나이트들 사이에서 열린 '신앙에 관한 대화·대담'에서 발생한 심각한 의견 차이와 오해를 설명하는, 적어도 하나의 원인일 수 있다.)

테드 쿤츠가 성찰한 내용은 세대 문제에 대한 버크홀더의 의견에 주목할 때 얻을 수 있는 이점을 잘 보여 준다. 버크홀더의 애초 제시한 "탈정치적 평화주의Post-Political Pacifism"라는 분류 기준 아래 여기서 논의되는 쿤츠의 최근 저작은 거의 모든 측면에서 가이 허시버거(1세대, "역사적 무저항")와 존 하워드 요더(2세대, "메시아 공동체")의 메노나이트 평화신학 전통 안에 자리 잡고 있다. 그러나 쿤츠의 저작과 사상은 그가 명시적으로 다루고 평가하는 다른 환경과 관점을 반영한다. 〈메노나이트와 국가: 예비적 성찰Mennonites and the State: Preliminary Reflections〉이라는 글에서 쿤츠는 개인적인 이야기를 들려주며, 자신의 신앙 여정 기록에서 초점을 맞춘 문제를 다루는 몇 가지 방법을 제안한다.[1] 쿤츠의 자기 분석과 평가는 그 자체로 토론에 창의적인 기여를 하며 새로운 질문을 제기하고 대안을 제시한다.

이러한 유형의 평화신학에 대한 나의 언급은 두 가지 면에서 적합하다. 첫째, 쿤츠는 메노나이트와 국가에 대한 자신의 견해를 예비적 성찰로 제시한다. 현재 메노나이트 평화신학 논의에서 고려하는 다른 유형들과 비교할 때 그의 기여는 확정적이고 포괄적인 정식 입장이 되었다기보다는 여전히 진행 중이며 발전하고 있다. 그래서 나는 이 유형의 제목을 '새롭게 등장한' 경향으로 표현했다.

둘째, 애초 이 유형에 부여한 "탈정치적 평화주의"라는 명칭이 부적절하다고 생각한다. 1985년 버크홀더는 쿤츠에게 답변하면서 "신종파적 현실주의Neo-Sectarian Realism"라는 더 적절한 명칭을 썼다. 쿤츠 자신의 신앙 여정과 더불어 그의 신앙·지적 여정에 대한 분석에 비추어 보면 "탈이념적 평화주의post-ideological pacifism"도 적절한 명칭이 될 수 있다. 이 명칭은 제임스 파울러James Fowler가 신앙 발달 이론을 적용해 신학적 유형을 살펴본 데서 차용했다. 쿤츠의 서사도 순진함에서 성숙으로 나아가는 발달적 접근법을 사용한다. 파

---

1   참조: Ted Koontz, "Mennonites and the State: Preliminary Reflections," in *Essays on Peace Theology and Witness*, edited by Willard H. Swartley (Elkhart, IN: Institute of Men- nonite Studies, 1988), 35–60.

울러의 용어로 말하자면 "이념적 [평화] 신학"은 명확한 경계 설정과 유지에 중점을 두어 파울러의 제4단계로 전환한다. 이 신학의 언어는 의도적으로 열정적이며, 그러한 헌신을 바탕으로 새로운 헌신과 행동을 호소한다. "제4단계에 초점을 맞춘 신학의 주요 목표는 변화를 가져오는 것이다. 의도적이든 아니든, 제4단계에 초점을 맞춘 신학은 이념의 특성을 띠는 경향이 있다."[2]

그런 다음 파울러는 "이념적 신학자들ideological theologians"과 "균형의 신학자들theologians of balance"(제5단계로 전환해 양극성을 넘어 역설을 포용하고 더 큰 통합을 시도하는 이들)을 신학의 과제, 하나님과 역사의 관계, 시간과 종말론, 죄와 악에 대한 서로 다른 관점 측면에서 비교한다. "탈이념적"이라는 명칭은 쿤츠가 '은밀하게 콘스탄티누스적인crypto-Constantinian' (자유주의적 평화주의) 이념적 입장을 의도적으로 넘어서려고 시도하면서 두 왕국 윤리와 어떤 현실주의를 재통합하려 했다는 사실을 가리킨다.

또 다른 두 왕국 윤리 제안에 대한 분석

메노나이트 연합 성서신학교Associated Mennonite Biblical Seminaries의 페리 요더에게 보낸 1989년 4월 15일 자 편지("하나님의 백성"에서 "하나님의 왕국[또는 통치]"으로의 전환이 신학 교육의 지도 원리로서 갖는 함의를 논함)에서 쿤츠는 몇 가지 핵심 신념을 재차 말함으로써 교회

---

2   James W. Fowler, "Black Theologies of Liberation: A Structural-Developmental Analysis," in *The Challenge of Liberation Theology: A First World Response*, edited by Brian Mahan and L. Dale Richesin (Maryknoll, NY: Orbis Books, 1981), 83.

와 사회에 관한 그의 전반적인 사고를 알 수 있는 단서를 주고, 그리하여 메노나이트와 국가에 관한 그의 논문을 살펴볼 수 있는 관점을 제공한다.

> 저는 우리가 항상 "이원론적" 관점(이를테면, 교회/세상 또는 옛 시대/새 시대, 다른 용어도 사용 가능)으로만 생각해서는 안 되고, 세 가지 근본적 현실을 고려하는 관점에서 생각해야 한다는 확신이 점점 더 듭니다. 그 세 현실은 "세상"("타락"하고 그리스도의 주되심을 받아들이지 않는 현재의 질서), 교회(현재 그리스도의 주되심을 인정하고, 비록 타락했을지라도 은혜를 통해 그 주권에 따라 불완전하게나마 살아가려는 몸), 왕국(교회를 통해 그리고 교회 밖의 다양한 구속 사건, 운동, 사람들을 통해 하나님의 통치가 시작되고, 하나님께서 그것을 이루실 미래에 온전히 도래하는 상태)입니다. (…) 우리는 새로운 세상을 바라고 기대하며 그것을 위해 일하기만 해서는 안 되고, 신앙 공동체 안에서 (불완전하고 불충분하게나마) 지금 그런 세상을 살기 시작해야 합니다.

교회와 국가 그리고 사회에 대한 쿤츠의 주요 이해는 두 왕국 윤리를 재구성하는 맥락에서 나타난다. 이러한 재구성에는 그의 새로운 관점이 담긴 핵심 주장과 원칙(신앙 실천과 성찰을 위한 함의 또는 지침이라는 의미에서)이 포함된다. 그 주장과 원칙은 다음과 같다.

교회의 본질과 역할에 대하여

1. 교회는 역사 속에서 행하시는 하나님의 주요 수단이다. 교회 공동체는 대안적 사회 현실로서 살아가도록 부름받았다. 사회 변화를 이루는 주요 수단은 새롭고 보다 해방된 삶의 모델을 창조하는 것이다. 따라서 교회 영역 밖에서의 정치 참여는 잠재적으로 정당하고 바람직하기까지 하지만, 증언과 섬김이라는 더 넓은 선교 사역에서 파생되고 종속된 것으로 보아야 한다.

2. 교회는 자체 삶과 선교에 충실해야만 보다 직접적인 '정치적' 증언을 할 수 있다. 이는 진정성과 진실성, 신뢰성의 문제다. 자유, 정의, 평화라는 하나님 나라 같은 대안을 구현하는 교회의 소명은 정부에 대한 증언과 관련 있는 사람들이 우선으로 관심을 기울여야 한다. 다시 말해, 그리스도의 통치에 따라 살아간다고 고백하고 주장하는 신앙 공동체의 역사적, 구체적 현실(교회 구조, 관계, 가치와 실천 등)이 주요한 정치적 의제가 되어야 한다. 여기에는 신실함뿐만 아니라 일관성, 심지어 적절성 문제도 걸려 있다.

3. 아가페는 현재 측면뿐만 아니라 궁극적 측면에서 교회의 가장 중요한 행동 규범이다. 다시 말해, 쿤츠는 예수의 희생적 사랑 윤리에 관한 전통적인 아나뱁티스트-메노나이트의 확언을 유지하며 다시 진술한다. 이러한 확언은 교회에 관한 한 현재적 아가페 주장과 궁극적 아가페 주장 사이에서 구분이나 이원론의 여지가 없다.

국가의 본질과 역할에 대하여

1. 국가를 그 자체로 진지하게 받아들여야 한다. 하나님의 경륜 안에서 국가는 인간의 타락과 반역을 끊임없이 상기시키는 존재다. 국가의 기능은 교회의 기능과 다르며, 따라서 (요더의 "메시아 공동체"적 접근법과는 현저히 다르게) 국가의 본래 성격을 '그 자체로' 존중하는 것이 중요하다.

2. 정부는 인간의 타락으로 생긴 결과를 처리할 일차적 책임이 있는 기관이다. 정부의 핵심 기능은 무고한 사람을 보호하고 악을 행하는 자를 제재하는 것이다. 즉, 국가는 다양한 행위자의 착취를 비롯해 다른 형태의 억압과 폭력처럼 구체적으로 드러나는 죄에 맞서는 책임을 맡았다. 쿤츠는 이런 죄악을 "국가의 수행을 필연적으로 저해하는 일차적 죄"라고 일컫는다.[3] 이로부터 다음과 같은 결론이 도출된다.

3. "국가에 적합한 윤리는 교회에 적합한 윤리와 다르다."[4] 하나님께서 궁극적으로 모든 민족과 제도에 대해 하나의 뜻, 즉 예수의 윤리에 따른 삶을 두신다는 점을 긍정하더라도, 현실 세계에서 국가의 상황과 기능에 대해서는 명확한 제한을 둬야 한다. 타락한 세상에서 국가의 행동을 이끌려면 아가페 이외의 도덕 기준이 필요하다. 체계적 악과 근원적 죄의 역사적 조건들 때문에 국가의 행동

---

3   T. Koontz, "Mennonites and the State," 49.

4   T. Koontz, "Mennonites and the State," 48.

은 한 차원에서는 '죄악'으로 분류될 수 있으며(예를 들면, 폭력적이고 강압적이어서 예수를 통해 드러나는 궁극적 규범에 미치지 못하는 경우), 다른 차원에서는 '옳거나' 적어도 적절한 행동으로 분류될 수 있다(예를 들면, 악의 증가를 억제하거나 선을 보호하거나 공동체를 강화하는 경우). 따라서 일종의 '타락의 윤리'를 발전시켜야 한다. 게다가 국가나 사회가 아가페로 나아가도록 촉진하기 위해 아가페 이외의 '중간 원리' 또는 규범이 필요하다.

4. "국가의 적절한 규범은 가능한 최소한의 강압이나 폭력으로 악인을 제재해 선을 보호하는 것이다."[5] 이는 폭력을 포함해 다양한 국가 행위의 신중한 분별을 요구하는 상대적 규범이다. 더 나아가 이 규범은 국가가 특정 상황에서 지나치게 평화주의적일 수 있으며(예를 들면, 악인을 저지하거나 제재하지 못하는 경우), 정부가 도덕적으로 정치 공동체를 장려하고 육성하여 선을 보호하는 데 필요한 힘의 양을 줄일 수 있어야 한다고 가정한다. 쿤츠는 존 하워드 요더가 《국가에 대한 기독교의 증언》[6]에서 발전시킨 것과 유사한 모델을 사용하여 국가 규범에 대한 자신의 입장을 다음과 같이 유용한 형태로 요약한다.[7]

---

5   T. Koontz, "Mennonites and the State," 50.

6   John Howard Yoder, *The Christian Witness to the State* (Newton, KS: Faith and Life Press, 1964), 60-73.

7   T. Koontz, "Mennonites and the State," 53.

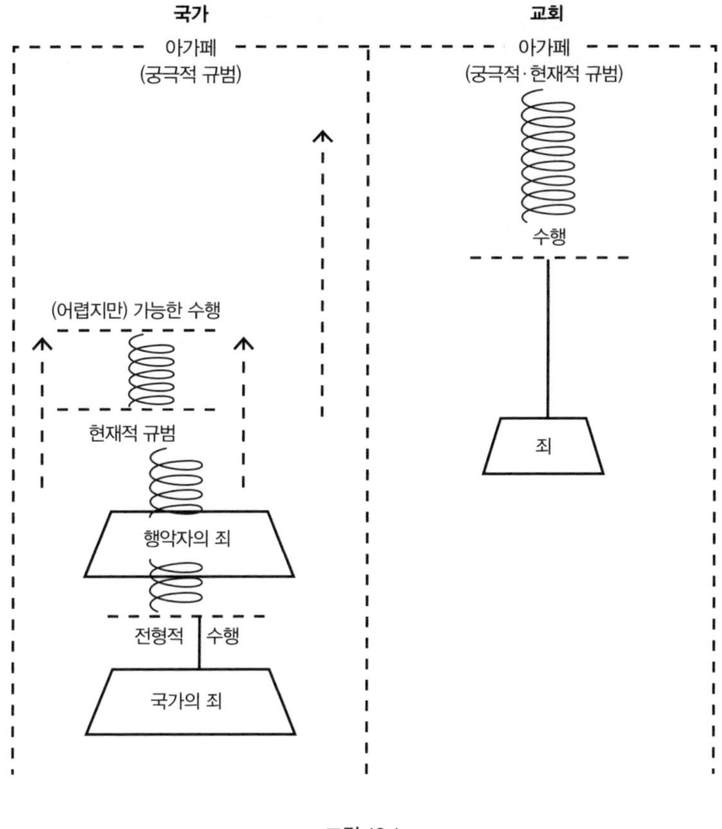

그림 10.1

쿤츠는 이 모델을 다음과 같이 설명한다.

오른쪽 상단의 화살표는 이 모델에 내재한 아가페(또는 적어도 비폭력)라는 궁극적 규범으로 향하는 힘을 나타낸다. 국가는 강제력이나 폭력이 아니라 동의와 공동의 유대감을 바탕으로 결속을 유지하는 공동체를 만들기 위해 노력하는 가운데 해당 규범에서 '최소한의 (폭력)'이라는 부분을 진지하게 고려해야 한다. '(어렵지만) 가능한 수행'을 나타내는 구분선은 국가가 강압이나 폭력을 제한적으로 사용함으로써 선善을 보호하지 못하는 상황(일반적인 가정이지만 늘 그렇지만은 않은)을 보여 준다. '현재적 규범'을 나타내는 구분선은 국가가 그 시점에 적용해야 하는 실제적이고 상대적인 규범, 즉 최소한의 강압이나 폭력으로 악을 억제하는 것을 의미한다. 본문에서 강조되고 그림에서 현재적 규범 양쪽에 있는 화살표가 드러내듯이, 이 규범 자체가 가변적이다[원문]는 점에 유의해야 한다. 특정 사례에서 이 '현재적 규범'이 실제로 어디에 있는지는 '행악자의 죄'가 어느 정도로 무거운지에 달렸다. 그 무게가 악을 억제하기 위한 폭력의 정도를 결정하기 때문이다. 따라서 현재의 상대적 규범이 아가페라는 절대적 규범에서 얼마나 멀리 떨어져 있는지는, 주어진 상황에서 선을 보호하기 위해 동원되는 최소한의 강제력이나 폭력의 정도에 따라 결정된다. '행악자의 죄'의 무게는 '현재적 규범'을 아래로 끌어내리는 요소에 해당한다. 다시 말해, 주어진 상황에서 국가가 당장 적용해야 할 실제 규범은, 행악자들이 국가의 강제나 폭력으로만 제지할 수 있는 방식으로 선을 위협하는 정도만큼 아가페라는 절대적 규범으로부터 아래로 끌어 내려지는 것이다. 현재적 규범과 국가의 전형적 수행 사이의 거리(그림에서는 둘 사이의 '스프링'으로 표현되었다)는 국가 자체의 죄에서 연유하며, 이는 국가의 죄악성을 측정하는 척도가 된다.

그림에서 알 수 있듯이, 일반적으로 (거의 항상) 국가의 죄
는 필요 이상으로 폭력을 행사하거나 선한 자들이 아니
라 악을 행하는 자들을 지원함으로써 아가페에서 멀어지
도록 끌어 내린다. 그러나 앞서 언급했듯이 특정한 경우,
국가는 실제 수행 과정에서 아가페에 지나치게 가까워져
서 (결과적으로 선을 보호하지 못함으로써) 선한 국가로서의
역할을 하지 못할 수도 있다. 그렇다고 하더라도 덜 폭력
적이거나 강압적인 수단으로 선을 보호할 수 있도록 현
재적 규범(그리고 그에 상응하는 즉각적인 '옳은' 행위)를 아가
페에 가깝게 이동시키려는 노력을 멈추어서는 안 된다.

내가 국가 규범을 생각하면서 이런 유형의 모델에 끌
린 이유는 다음과 같다. (1) 성경의 내용에 부합한다. 내
가 생각하기에 성경은 그리스도인 제자들에게 요구하는
것과 동일한 기준을 암묵적으로든 명시적으로든 국가에
요구하지 않는다. (2) 정치인들이 때때로 직면하는 딜레
마에 대한 나의 인식을 제대로 반영하며, 타락한 상황에
서 그들에게 정치인으로서 아가페의 규범을 따르라고 요
구하지 않는다. (비록 우리는 정치인 개개인에게 그리스도인
이 되라고 요구하고, 특정한 상황에서 그리스도인이자 정치인
으로서 역할을 일관되게 수행할 수 없다면 정치를 그만두라고
촉구해야 하지만 말이다.) (3) 정부에 대한 예언자적 비판
을 할 여지가 있다. 앞의 두 가지 이유는 '전통적인' 메노
나이트 사상의 연속선상에 있다. 그러나 세 번째 이유는

최근 많은 필자들이 비판해 온 메노나이트 윤리의 교회/
세상 이원론과는 근본적으로 다르다고 생각한다. 그 이
원론은 세상을 타락한 것으로 보았기에 국가에 예언자적
비판을 할 여지가 없는 듯 보이기도 했다. 나는 정부에 예
언자적 발언을 하고자 하는 이들에게 동조한다. 내가 하
고자 한 일은 그런 예언자적 비판이 나와야 하는 규범적
틀을 탐구하는 것이었으며, 그 틀은 하나님의 경륜 안에
서 국가의 기능이 교회의 기능과 다르다는 점을 인정하
는 것이다.[8]

새롭게 등장한 이 유형에 대한 질문

쿤츠가 옹호하는 현실주의 입장은 여러 지점에서 문제가 된다. 우
선 그가 이해하는 '사실'이 그러하며, 이는 구체적인 도덕적·정치적
판단에서 문제로 나타난다. 테드 그림즈루드Ted Grimsrud가 지적했
듯이 쿤츠가 다루는 관점이나 '사실'이 전 세계에서, 아니 북미에서
조차 대다수 사람들의 사실이 아니라 오히려 권력자들의 사실이 아
닌지 의문스럽다.[9] 쿤츠는 억압받고 권리를 박탈당한 사람들, 예컨
대 국가의 경제 체제나 사법 제도의 피해자들 관점은 고려하지 않
는 듯하다. 또한 이 두 왕국 윤리가 사회·정치 권력의 '현실 세계'를
필연적으로 권력 정치에 국한하여 받아들이는 전통에 속하는 것은

---

8   T. Koontz, "Mennonites and the State," 53-54.
9   Ted Grimsrud, "Response to Ted Koontz's Paper: Mennonites and the State,"
Peace Theology Colloquium IV, 20-23 June 1985, Elkhart, Indiana.

아닌지도 의문이다.

이와 관련된 우려는, 세계나 국가 또는 다른 차원에서 현실적인 정치적 평가를 강조함으로써, 정치 활동에 대한 낙관적 시각은 마땅히 의심한다 해도, 국가와 사회에 대한 급진적인 예언자적, '유토피아적' 증언, 즉 다가오는 하나님의 통치, 즉 샬롬의 비전으로 영감을 받고 유지되는 증언을 배제하는 듯 보인다는 점이다. (쿤츠가 정의하지 않은) 정의에 대한 열정은 뒷전이 됐다. 이 논문은 그러한 증언의 근거나 방향을 명시적으로 다루지 않으며, 중간 원리나 그 밖의 더 구체적인 기준의 출처를 밝히지도 않는다.

타락한 세상에서의 국가의 중심 기능과 교회가 국가에 기대할 수 있는 바에 대한 쿤츠의 이해는 더 많은 논의가 필요하다. 쿤츠가 주장하는 국가에 대한 '타락의 윤리'(예를 들면, 죄악이지만 옳은 국가 폭력·강압 행위의 문제)를 성경 해석학적 근거를 통해 구체적으로 살펴볼 필요가 있다. 현재까지 이 점에 대한 쿤츠의 성찰은 도발적이며, 존 하워드 요더의 견해와는 상당한 불연속을 보인다.

1985년 6월에 열린 제4회 평화신학 학술 토론회에서는 교회와 국가의 관계를 이해하는 데 종말론이 중요한 신학적 쟁점임을 확인했다. 이를테면, 하나님 나라가 이미 존재하는 현실인지 아니면 그럴 가능성이 어느 정도인지, 부활을 진지하게 받아들이는 종말론은 어떤 유형인지, 그리스도인들이 국가에 발언하고 참여하는 두 왕국 관점을 어떻게 긍정적으로 구성할지에 대해 서로 다른 판단이 있다는 것이다.[10] 더 구체적으로는, '악의 억제를 강조하는 것에서 실질적인 평화 만들기와 정의 실현으로 어떻게 나아갈 것인가'가 관건이다. 쿤츠의 새로운 신종파적 또는 신이념적 평화주의 역시 이런 선상에서 도전받아야 한다.

쿤츠가 재구성한 두 왕국 윤리는 콘스탄티누스적·종파적Constantinian-sectarian 교회의 양극성을 다시 도입한다. 우리는 어떻게 그 양극성을 넘어 현재의 역사적 상황에서 세상의 교회가 되는 방식을 상상할 수 있을까?

쿤츠는 교회가 역사 속에서 행하시는 하나님의 주요 수단이라고 주장한다. 그렇다면 실질적인 질문이 되풀이된다. 우리는 그 주장의 내용을 어떻게 더 현실로 만들 수 있을까? 실제 공동체들이 이 세상에서 가시적인 사회적, 정치적 대안이 되는 쪽으로 어떻게 더 구체적이고 신실하게 나아갈 수 있을까? 이러한 유형의 메노나이트 평화신학 관점에서 더 많은 연구와 성찰로 이 도전 과제가 다루어지길 바란다.

10　참고: Gayle Gerber Koontz and Perry Yoder, "Issues and Questions Raised during the IMS-MCC Peace Colloquium," in *Essays on Peace Theology and Witness*, edited by Willard H. Swartley (Elkhart, IN: Institute of Mennonite Studies, 1985), 210.

추가 성찰

Further Reflections

아나뱁티스트 역사의 메노나이트적 활용에 대한 성찰

아널드 스나이더

Reflections on Mennonite Uses of Anabaptist History

존 R. 버크홀더는 20세기 메노나이트 평화 사상의 역사를 다음 네 가지 범주를 활용하여 요약했다. (1) 무저항이라는 기반, (2) 신학적 차원의 확장, (3) 교회와 국가 문제에 대한 새로운 사고, (4) 보수적인 반응.[1] 버크홀더에 따르면 아나뱁티스트 신학 유산이 이 네 가지 중 첫 번째 범주에서만 대화 상대로서 활발히 작용했고 나머지 세 가지에서는 기껏해야 잠재적으로 작용했다는데, 16세기 역사 연구자인 나로서는 그 점이 안타깝다. 하지만 버크홀더의 설명은 정확하다.

'아나뱁티스트 비전 회복'이 20세기 초 수십 년 동안 메노나이트의 자기 인식에 결정적 역할을 했다는 사실은 잘 알려져 있다. 평화 문제에 대한 모든 입장에 걸쳐 있는 사실상 모든 메노나이트가 여전히 규범적 아나뱁티즘normative Anabaptism의 어떤 형태를 호소하고 있다. 그러나 안타깝게도 역사학자들 사이에서는 규범적 아나뱁티즘이 무엇인지에 대한 일반적인 견해가 더는 존재하지 않는다. 현재 역사학계의 통설에 따르면 '규범적 아나뱁티즘'은 교단(메노나이트)의 변증적 역사 서술apologetic historiography의 산물이다. 현대 역사학자들이 설명하는 아나뱁티즘은 다면적인 운동으로, 어떤 면에서

1　J. R. Burkholder, "Can We Make Sense out of Mennonite Peace Theology?", 3-4 November, Elkhart, Indiana, 1989. MCC 평화위원회와 에큐메니컬 평화신학 작업그룹의 합동 회의에서 발표된 작업 논문으로 이 책에 재수록되었다.

는 평화주의고, 어떤 면에서는 (주님이 오실 때까지 칼자루에 손을 얹고 있는) 마지못한 평화주의며, 또 어떤 면에서는 비평화주의였다. 현재의 메노나이트 신학은 아나뱁티즘에 대한 이런 다형적이고 다원적인 이해를 아직 받아들이지 못했다.

최근에 J. 데니 위버J. Denny Weaver가 《아나뱁티스트 되기Becoming Anabaptist》를 펴냈음에도 불구하고 최근의 아나뱁티스트 역사 서술이 메노나이트 교회에 어떤 도움이 될 수 있는지, 아니 도움이 될 수 있을지조차 확실하지 않다.[2] 16세기 아나뱁티즘의 다형적 현실은 규범적인 방식으로 교화하지 않는다. 따라서 위버의 책 마지막 장에서 그런 문제가 드러난다. 그는 상대화하는 역사 서술에서 규범적 지침을 끌어내려고 하지만 내가 보기에 그 시도는 성공하지 못했다.

나는 아나뱁티즘에 뿌리를 둔다고 주장하는 신학 프로젝트들이 16세기 아나뱁티스트의 혼란스러운 온갖 비전을 회복하는 일부터 시작해야 한다고 생각한다. 이는 중요한 첫걸음이다. 아나뱁티즘이라는 단어가 역사적 사실과 달리 모호한 스위스 전통의 규범성을 계속 내포하고 있기 때문이다. 간단히 살펴보면 적어도 다음과 같은 다양한 입장이varieties 존재한다.

1. 현실 정치 (발타자르 후브마이어Balthasar Hubmaier)

2. 종말론적, 잠정적 평화주의 (한스 후트Hans Hut)

<hr>

2　J. Denny Weaver, *Becoming Anabaptist: The Origin and Significance of Sixteenth-Century Anabaptism* (Scottdale, PA: Herald Press, 1987).

3. 거룩한 전쟁 (베른하르트 로트만-뮌스터Bernhard Rothmann-
   Münster)

4. 절대적인 이원론적 평화주의 (스위스 아나뱁티스트와 후터
   라이트)

5. 온건한 이원론적 평화주의 (필그람 마르펙Pilgram Marpeck,
   메노 시몬스Menno Simons)

6. 영성주의적 평화주의 (한스 뎅크Hans Denck, 레온하르트 시
   머Leonhard Schiemer, 한스 슐라퍼Hans Schlaffer)

위의 4번과 5번 입장만을 근거로 평화신학을 전개하는 것은 마치 나머지 입장들은 진정한 아나뱁티스트가 아니라는 듯이 지적으로 만족스럽지 않을뿐더러 불필요하게 제한적이다. 역사적 관점에서 볼 때 그런 결론은 타당하지 않다. 예를 들어 후브마이어는 세례 문제에 관해서라면 의심할 여지 없이 가장 중요하고 영향력이 큰 아나뱁티스트 사상가였다. 로트만은 마르펙이 그의 주요 저작 중 하나를 약간 정리해 재발행할 정도로 충분히 아나뱁티스트였다. 후트는 1세대 아나뱁티스트 전도자 가운데 가장 성공한 인물이었다. 그 밖에도 사례는 많다. 그러므로 당장 유익하지 않은 입장이라고 해서 고려 대상에서 제외하기보다는 모든 입장의 발언과 정보를 허용함으로써 아나뱁티즘의 신학적 핵심이 무엇인지 다시 살펴볼 필요가 있다. 결국 우리는 헤럴드 S. 벤더가 메노나이트 교회를 위해 진실하고 성경적인 과정으로 확언한 바를 긍정하고 싶을 수도 있지만, 우리가 충실하고자 하는 이른바 아나뱁티스트 평화 입장을 단순히 긍정하는 것은 역사적으로 더는 신뢰할 수 없다.

두 번째로 관련된 사항을 말하면, 현대 메노나이트가 슐라이트하임 신앙고백(제6조, 칼에 관한 조항)에 집중하면서 목회적, 영적 질문을 윤리라는 표제 아래 포함해 버리는 결과가 부차적으로 발생했다는 것이다. 이는 다시 우리의 평화신학에 지대한 영향을 미친다. 평화에 관한 20세기 메노나이트 저작들을 조사해 보면 핵심 단어가 **제자도, 순종, 공동체**인 것으로 나타난다. 예를 들어 우리의 평화신학과 관련해 **내어맡김**[yieldedness(독일어로 Gelassenheit), 아나뱁티스트-메노나이트 신학에서 그 의미는 하나님의 뜻과 성령님의 인도하심에 온전히 자신을 맡기고 따르는 태도다—옮긴이]이 언급된 경우는 극히 드물었다. 스위스 전통을 대표하는 슐라이트하임 신앙고백은 대단히 성서주의적이고 윤리적이다. '예수께서 평화를 이루셨고 우리에게 당신을 따르라고 말씀하셨기에 우리는 평화를 일군다'고 말한다. 그러나 슐라이트하임은 우리가 불의, 고문, 잠재적 순교에 직면했을 때 그런 평화로운 상태에 어떻게 이르러야 하는지에 대해서는 아무런 말도 하지 않는다. 역사적 기록은 아나뱁티스트들이 제자도의 소명에 충실한 영적 자원을 찾았음을 충분히 증명한다. 그들은 어떻게 신실한 제자로 살아갈 수 있었을까? 순종을 명하는 윤리적 규범은 그 자체로 제자도를 가능케 하는 적절한 원천이 되지 못했다.

지금까지 우리의 평화신학은 평화를 이루기 위한 성경적 근거를 생각하고, 교회와 국가의 관계 문제를 명확히 하며, (전통적인 소극적 무저항과는 대조적인) 비폭력 저항을 위한 여지를 만드는 데 도움을 주었다. 우리는 메노나이트 교회가 사회 정의를 위해 일할 수 있도록 기회를 여는 데 고군분투한 이들에게 깊이 감사해야 한다. 그러나 어떤 이유에서든 우리의 평화신학은 평화 만들기의 영성을 명확히 설명하는 차원에서는 할 말이 없다. 흥미롭게도 나는 가이 허시버거와 당대 사람들이 쓴 글, 그리고 《오늘날을 위한 지침》과 《칼과 나팔》에 실린 글에서 이 과업을 위한 자원을 훨씬 더 많이 발견한다. 아마도 우리 진보주의자들은 이런 종류의 질문을 다루는 데 필요한 공공연한 경건함에 당황했을 것이다. 어쨌든 나는 우리가 이런 질문을 더는 제쳐 둘 수 없다고 믿는다. 우리는 지역 사회와 해외에서 평화 만들기라는 임무를 위해 영적으로나 목회적으로 어떻게 준비하고 있는가? 우리 형제자매들을 위해 사랑으로 삶을 내어 주는 데 필요한 깊은 내적 자원을 현실적으로 인식하고 있는가?

어쩌면 내 경험으로 지나치게 추정하는 죄를 짓고 있는지도 모르겠다. 고백하건대 내가 이해한 제자도는 나를 니카라과로 이끌었다. 하지만 내가 콘트라 반군(니키라과의 친미, 반정부 민병대−옮긴이)을 사랑할 수 있게 되지는 않았다. 내가 이해하는 예수님이라면 내게 사랑을 요구하실 것이며, 그러한 사랑에서 제자도는 건강한 나무의 열매로 자랄 것이다. 우리 교회에서 가장 시급한 신학적 필요는 비폭력 제자도를 뒷받침하는 영성과 예배 생활을 함양하는 일이라 믿는다.

우리 아나뱁티스트 전통에는 평화신학의 영적, 전례적 차원에 다시 집중하는 데 도움이 될 귀중한 자원이 있다. 아나뱁티즘의 비전을 남독일인들을 비롯해 다른 집단들로까지로 넓혀 보면, 깊은 영성이 그들의 평화 만들기뿐만 아니라 세례를 기점으로 아나뱁티스트의 전체 활동을 지탱했음을 발견할 것이다. 이 신비주의적인 아나뱁티스트들은 자신을 그리스도께 온전히, 지속적으로 맡기는 것이 결정적 투쟁이라 믿었다. 그래야만 그리스도의 마음을 품고, 살아 계신 성령에 이끌려 사랑을 실천할 수 있었고, 심지어 폭력 상황에서도 그럴 수 있었기 때문이다.

우리는 새롭게 하시는 하나님의 영에 자신을 맡기는 것에 대한 아나뱁티스트들의 말을 깊이 묵상함으로써 이로울 것이다. 그들이 비폭력으로 순교에 직면했고 끔찍한 고통을 받아들였으며 경제적 억압을 견뎌 냈다는 심오한 역사적 사실은 우리의 역사적, 신학적 고찰에서 더 주목받을 만한 주제들이다. 이러한 연구는 특히 우리가 문화적 적응이라는 바다로 더 멀리 항해할 때 유익할 것이다. 예를 들어, 두에인 프리즌의 훌륭한 저서 제2판이 나올 무렵에는 평화 만들기를 위한 영적 자원에 관한 중요한 결론 장에 간디와 킹의 사례와 함께 아나뱁티스트 사례들도 포함되기를 바란다.[3]

H. S. 벤더의 위대한 '회복 프로젝트'를 또다시 구현하자고 제안하는 것이 아니다. 그 시기는 이미 오래전에 지났다. 하지만 스위스 아나뱁티스트 역사라는 포도밭의 한 귀퉁이에서 일하는 나로서는 우리가 아나뱁티스트 역사를 알 만큼 다 안다는 착각에 빠져 우리 교회를 제대로 섬기지 못하고 있다는 사실을 뼈저리게 깨닫고 있다. 사실, 우리가 역사와 대화를 시작하기도 전에 거기서 더는 배울 것이 없다는 결론을 내렸다고 말하고 싶다. 그와 반대로, 앞을 내다보는 신학 프로젝트를 진행하려면 아나뱁티스트 선조들을 향해 대충 고개만 끄덕일 게 아니라 과거와의 지속적인 대화가 필요하다고 믿는다.

<hr>

3　Duane K. Friesen, *Christian Peacemaking and International Conflict: A Realist Pacifist Perspective* (Scottdale, PA: Herald Press, 1986), 225–53.

샬롬 정치신학

새 시대의 제자도를 위한 새로운
유형의 메노나이트 평화신학

말린다 엘리자베스 베리

Shalom Political Theology

A New Type of Mennonite Peace Theology
for a New Era of Discipleship

서론

내 연구실에는 내용물을 복사하여 크림색 카드지 표지를 대고 검은색 플라스틱 링으로 제본한 책자가 몇 권 쌓여 있다. * 나는 《메노나이트 평화신학: 다양한 유형의 파노라마》[1]라는 이 소박한 출판물을 교재로 여러 차례 사용했는데, 구하기가 쉽지 않아 한 부 이상을 늘 여분으로 준비해 두었다. 이 간소한 논문집은 학부생들이 놀라서 눈이 휘둥그레진다는 점에서 참으로 유용했다. 학생들은 스스로 한 번도 생각해 보지 못한 질문을 던졌다. '메노나이트 평화주의자가 되는 방법이 여러 가지가 있다고요?'

그 책자는 내 눈과 마음을 열어 주었기에 이 해설 논문은 《다양한 유형의 파노라마》에 표하는 경의이자, 메노나이트 평화신학 전통들(복수형)에 박힌 나의 뿌리에서 자라난 새로운 형태의 메노나이트 평화신학인 '샬롬 정치신학Shalom Political Theology(이하 SPT)'을 담은 헌물이다.[2] 이제 살펴볼 내용은 다양한 평화신학 유형을 구축하는

---

* 말린다 엘리자베스 베리는 인디애나주 엘크하트에 있는 아나뱁티스트 메노나이트 성서신학교의 신학·윤리학 부교수다. 이 논문은 《콘래드 그레벨 리뷰》 34권 1호 (2016년 겨울) 49~73쪽에 최초로 게재되었으며, 허가를 받아 여기에 재수록했다.

1 John Richard Burkholder and Barbara Nelson Gingerich, eds., *Mennonite Peace Theology: A Panorama of Types* (Akron, PA: Mennonite Central Committee Peace Office, 1991).

일의 중요성을 확인하고, 《다양한 유형의 파노라마》에 등장하지만 잘 알려지지 않은 유형 중 일부와 결합하여 상승 효과를 내는 SPT를 제안함으로써 기존 유형론을 발전시킨다. 아울러 '역사적 평화교회Historic Peace Churches(이하 HPC)'가 그들의 고유한 신학 연구를 계속 활용하여 세상에서 하나님의 화해 목적과 비전에 맞춰 가기를 바라는 마음을 담았다.[3]

새로운 유형과 그 구성 요소에 대한 논거

왜 새로운 형태의 평화신학이 필요한가? 10가지 유형으로 충분하지 않은가? 글쎄, 그렇지 않다. 넓은 의미에서 보면, 메노나이트 평화신학이 그렇듯이 삶으로 드러나는 신학은 주변 세계와 끊임없이 대화하며 성경적 평화 비전이 어떻게 기독교 신앙의 핵심이 되는지를 분명히 말해야 한다. 나의 제안만으로는 이런 요구를 충족하지 못한다. 왜냐하면 우리의 연구 유형론이 전 세계의 경험에 영향을 받은 목소리를 포함해 왔지만, 존 A. 랩이 《다양한 유형의 파노라마》 서문에서 언급했듯이 우리의 유형론은 아직 아프리카, 아시아, 호주, 라틴 아메리카의 목소리를 포함하지 않았고 그런 목소리들에

2　나는 다음 자료에서 샬롬 정치신학SPT의 초기 형태를 발전시켰다. Malinda Elizabeth Berry, "'This Mark of a Standing Human Figure Poised to Embrace': A Con- structive Theology of Social Responsibility, Nonviolence and Nonconformity" (Ph. D. diss., Union Theological Seminary, New York, 2013). 이 논문은 나의 첫 논의를 수정하고 추가한 것이며, 상당 부분은 그 긴 글에서 직접 발췌했다.

3　'역사적 평화교회'는 스스로 평화주의자로 여기는 교파들의 집단으로, 브레드런 교회, 메노나이트, 퀘이커가 여기에 속한다.

의존하고 있지 않기 때문이다.[4] 좀 더 구체적으로 말하면, 10가지 유형을 확장해야 하는 세 가지 이유가 있다.

첫째, 마땅한 이유로 메노나이트 평화신학은 남성의 목소리, 관점, 개인적 서사로 가득 찬 담론이었다. 《다양한 유형의 파노라마》가 그 대표적인 예다. 이 책자의 발간을 위한 협의에 여성이 참여했지만 10명의 기고자 중 여성은 단 2명에 불과했고, 그나마도 검토 대상이 된 평화신학 유형 가운데 어느 것도 지지하는 여성이 없는 것으로 밝혀졌다.[5] 이러한 성비 불균형은 교단의 '메노나이트 관점의 신앙고백Confession of Faith in a Mennonite Perspective'에 비추어 볼 때 도덕적 문제다. 신앙고백 제6조는 여자와 남자가 "똑같이, 경이롭게 신의 형상으로 창조되었다"고 이해하는 신학적 인간론theological anthropology을 명시하며, 제15조는 성령이 남녀 모두 교회의 지도자로 부르셨다고 확언한다.[6] 여성에 대한 이러한 신념이 있으므로 여성의 목소리, 관점, 개인적 서사가 우리의 전통을 적극적으로 만들어 가는 일은 중요하다. 이에 나는 메노나이트 평화신학에 대한 페미니즘적 접근으로 샬롬 정치신학을 제안한다.[7]

4   John A. Lapp, preface to *Mennonite Peace Theology: A Panorama of Types*.
5   이러한 경향을 어느 정도 바로잡는 세 권의 주목할 만한 저작물은 다음과 같다. Elizabeth Yoder, ed., *Peace Theology and Violence against Women* (Elkhart, IN: Institute of Mennonite Studies, 1992); Rosalee Bender et al., *Piecework: A Women's Peace Theology* (Winnipeg: Mennonite Central Committee Canada, 1997); and Carol Penner, "Mennonite Silences and Feminist Voices: Peace Theology and Violence against Women" (Ph.D. diss., University of St. Michael's College, Toronto, 1999).
6   "Article 6. Creation and Calling of Human Beings" and "Article 15. Ministry and Leadership," Confession of Faith in a Mennonite Perspective, http://mennoniteusa.org/confession-of-faith/ministry-and-leadership/.

둘째, 역사적 차원은 메노나이트 평화신학 유형을 형성하는 맥락으로 영향을 미쳤다. 예를 들어, 제2차 세계대전 이후 평화주의를 지적으로 존경받게 만든 프로젝트는 역사적 평화교회의 학자들을 사로잡은 프로젝트였다. 후배 학자인 내가 보기에 오늘날에는《다양한 유형의 파노라마》에 등장하는 학자들처럼 후세대를 위해 평화신학을 유지하는 임무를 맡았다고 자처하는 학계가 눈에 띄지 않는 실정이다. 다시 말하면, 아나뱁티스트 기반 평화주의를 지적으로 존경받는 기독교 입장으로 확립한 이상, 냉전 종식, 테러와의 전쟁 출현, 그린벨트 운동의 세계적인 인정, #흑인의생명도중요하다#BlackLivesMatter 운동, 진작에 단행했어야 할 인디언 기숙학교(19세기부터 20세기까지 미국과 캐나다에서 원주민 문화 말살 및 동화 정책으로 설립된 학교로, 수많은 어린이가 학대당하고 사망했다-옮긴이)와 막달레나 세탁소(18세기부터 20세기 말까지 아일랜드의 가톨릭 수녀원이 정부의 협조를 받아 운영한 여성보호 시설로, 수많은 여성이 감금되어 강제 노역을 당했다-옮긴이)의 폐쇄가 전쟁 시 대체 복무를 수십 년 동안 정치적으로 옹호해 온 HPC의 관심사가 될 수 있는지 고려하는 것이 타당하다. 따라서 나는 사회적·제도적 삶이 극적이고 빠르게 변화하는 가운데 교회와 사회가 어떻게 나아가고 있는지에 관심이 있는 X세대로서 SPT를 제안한다.

7   이 글에서는 '페미니즘'을 신학적, 윤리적 문제에 대한 여성 중심의 비판적 접근을 포괄하는 용어로 쓰며, 여기에는 글로벌 페미니즘 관점과 더불어, 미국 내에서 운동으로 전개되는 아시아계 미국인 페미니즘, 흑인 페미니즘, 우머니즘womanism(백인 여성 중심의 페미니즘을 비판한 데서 출발한 유색인종(특히 흑인 여성) 페미니즘-옮긴이), 라틴계 페미니즘, 무헤리스타mujerista(여성을 뜻하는 스페인어로, 남미 여성의 신학과 삶에 중심을 둔 사상-옮긴이), 선주민 페미니즘, 백인 페미니즘이 모두 포함된다.

셋째, 메시아 공동체의 평화주의(《다양한 유형의 파노라마》에서 유형 5)는 미국 메노나이트들 사이에서 가장 일반적인 신학 형태라 할 수 있다. 이 평화주의의 약점 중 하나는 억압받는 이들과 함께하지 못하는 교회의 무능함을 고발하는 사회 문제를 현대 아나뱁티스트 공동체들이 신학적으로 이해하도록 돕기에 충분치 않다는 것이다.[8] 이런 약점을 해결하려는 노력으로 《다양한 유형의 파노라마》에 여러 다른 유형(사회적 책임, 급진적 평화주의, 현실적 평화주의, 해방 평화주의)이 나오지만, 존 하워드 요더의 학문적 전통이 두드러지다 보니 '메시아 공동체의 평화주의'의 방법론적 맹점에 대한 논의가 제한된다. 이런 사실은 내가 SPT를 주장하는 또 다른 이유가 되는데, 바로 평화신학 담론의 헤게모니적 특성을 무너뜨리고자 한다는 점이다.

이 논문은 세 부분으로 구성되어 있다. 1부에서는 제임스 에번스 James Evans가 사회 문제를 신학적 문제로 다룬 연구와 도로테 죌레 Dorothee Sölle의 신비주의 정치신학 연구를 함께 엮어 설명한다. 여기서는 하나님에 대한 담론이 다양한 정치적 관심사와 만나는 지점, 방식, 이유, 효과를 다루는 방대한 저서와 논문 사이에서 내가 다루는 정치신학의 의미와 위치를 파악할 수 있다. 2부에서는 SPT의 성경적 근거를 제시한다. 지혜 문학의 관점에서 볼 때 성경적 샬롬은 창조의 신학적 모티브, 평화로운 왕국에 대한 예언자들의 말씀, 그리고 예수의 **바실레이아 투 테우**basileia tou Theou(하나님 나라) 선포와 연결된다는 것이 나의 주장이다. 이러한 연속성은 평화신학을 신학

---

8   세간의 이목을 끄는 몇 가지 사례를 들면, 로마 가톨릭교회 성직자들이 저지른 성적 학대 사건, 흑인 교회에서의 HIV/AIDS 위기, 기독교인들의 동성 결혼 찬반 논쟁(결혼의 평등성 대 신성성), 복음주의 단체를 중심으로 한 기후 변화 부정론 등이 있다.

적 지혜의 형태로 집중시키며 상승 효과를 내는 해석학이 된다.

3부는 SPT를 위한 건설적 제안과 더불어, SPT가 평화신학이 역사적으로 해내지 못했던 방식으로 어떻게 신앙 공동체의 신학윤리적theo-ethical 삶을 질문하고 재구성할 수 있는지 사례를 제시한다. 이 제안은 평화, 정의, 비폭력이 신앙, 가치, 윤리의 핵심이라고 확신하는 기독교 공동체를 대상으로 한다. 그 공동체는 에큐메니컬이거나 특정한 교파일 수 있다. SPT는 내가 라인홀드 니부어, 마틴 루서 킹 주니어, 도리스 잰즌 롱에이커Doris Janzen Longacre를 접하며 영감을 받은 신학적 인간론, 비폭력, 비순응의 원칙을 통합한다.[9]

여기서 방법론적인 설명을 덧붙여야겠다. SPT는 고전적 의미의 학문 분야로서의 '성서신학'이 아니다. 기본적으로 신학의 체계나 특정한 신학적 윤리도 아니다. SPT는 성경 연구, 신학적 성찰, 윤리적 실천이라는 세 차원의 고백적 담론을 통합하여 비폭력과 비순응에 헌신하는 제자도로 나타나는 샬롬의 성서신학 윤리를 제시하는 건설적인 신학적 제안이다.

9 　마틴 루서 킹 주니어의 경우, 배우자 코레타 스콧 킹에게 충실하지 못했다. 학자들은 킹의 삶에서 이러한 측면을 기록했으며, 나는 그들의 사실 확인과 분석에 감사한다. 페미니스트 그리스도인으로서 나는 킹이 가부장적 특권을 이용해 여성들을 지배했다는 사실을 알기에 그를 연구 자료로 삼는 것이 불편하다. 하지만 그의 결점을 밝히고, 그를 비판적으로 해석하며, 독자들이 그를 모범이 아니라, 기독교 신학과 윤리라는 공론장에 기여한 인물이자 그의 죄에 비추어 배우고 적용할 만한 아이디어를 제공한 사람으로 주목하도록 논의를 이끌어 가며 긴장을 유지하려 한다.

정치신학과 평화신학

하나님께서는 세상을 사랑하시므로 하나님을 사랑하고 섬기는 것
은 하나님이 사랑하시는 세상을 포용하고 섬기는 일이다. 이러한
고백은 정치적 성격을 띠며, 하나님께서 인간의 정치체와 인간의
권력 행사를 어떻게 인정하거나 인정하지 않으시는지 우리가 믿는
바를 설명하도록 요구한다. 정치신학적 고백은 외부와 내면 바라보
기를 포함한다. 아울러 외적 현실과 내적 현실이 계속 이야기를 주
고받게 하는 다원적 인식과 대화적 소통도 포함한다. 외부를 향한
내면의 시선은 다음과 같은 질문을 제기할 수 있다. '하나님이 내 삶
에 어떻게 현존하시는가? 그리고 하나님의 사랑이 내가 세상을 바
라보는 방식에 어떤 변화를 가져오는가?' 공공 정책의 딜레마를 숙
고하기 위해 외부를 응시하는 것은 신앙 공동체 내부에서 대화를
끌어내고, 그들이 권력을 공정하게 사용하는지 여부와 방식에도 영
향을 미칠 수 있다. 이러한 고백은 내가 신학자 제임스 에번스 주니
어와 도로테 죌레를 고찰하는 계기가 되었다. 그들의 연구가 일반
적으로 정치신학이라 여기는 범위를 확장했을 뿐 아니라, 메노나이
트 평화신학 고유의 사회 정의 해석학에 상응하는 외적 응시와 내
적 성찰에 따라 형성되었기 때문이다. '정치신학'이라는 용어는 여
러모로 유행어에 가깝기에 해석이 필요하다. 그러나 나는 에번스와
죌레가 이 용어를 쓴 방식이 내가 정치신학을 SPT 담론의 틀로 활
용하는 방식에 어떤 영향을 미치는지로 논의를 한정하겠다.[10]

　간단히 말해, 에번스는 사회 문제를 아프리카계 미국인의 경험
을 통해 실천신학과 정치신학에 연결하는데, 정치신학을 훈계하면

서 우리 자신을 향한 의심의 해석학을 요구한다. 이는 우리가 국가를 과대평가하고 교회를 과소평가하지 않게 하거나 혹은 그 반대의 잘못을 저지르지 않게 하기 위해서다. 그 덕분에 SPT는 메시아 공동체 안에서 권력이 판을 치고, 죄악을 저지르는 구성원을 보호하고, 국가가 하나님 정의의 대리자가 될 수 없다고 여기는 상황을 해명하라고 메노나이트 공동체에 요구할 수 있다. 마찬가지로 죌레는 하나님에 대한 담론이 정치적 발언 기능도 한다는 점을 인식하는 기독교적 경건함을 되찾기 위해 의심의 해석학을 요구한다. 죌레가 SPT에 특별히 기여한 점은 신비주의 탐구를 사회 문제들 그리고 그 문제들과 자아·소유·폭력의 관계에 적용했다는 데 있다. 죌레는 우리 모두를 신비주의자로 상정하고서 "하나님께서는 모든 이에게 충만한 삶을 원하신다"는 점을 거짓 신비주의와 진정한 신비주의를 구분하는 핵심적인 신학적 근거로 제시한다.[11] 이제 이 두 신학자의 관점과 SPT에 대한 기여를 좀 더 자세히 설명하겠다.

에번스는 저서 《우리는 모두 변화될 것이다: 사회 문제와 신학적 쇄신We Shall All Be Changed: Social Problems and Theological Renewal》이 실천신학에 관한 책이라고 설명하며, 끊이지 않는 사회 문제에 대해 깊이 있는 신학적 답변을 제시하는 데 관심이 있다고 말한다. 아울러 기독교적 증언이 그런 문제들과 어떻게 상호작용하는지에 대한

---

10 정치신학에 대한 나의 자세한 분석과 평가에 관심이 있다면 내 논문을 참고하길 바란다.

11 Dorothee Soelle, *The Silent Cry: Mysticism and Resistance*, trans. Barbara Rumscheidt (Minneapolis: Fortress Press, 2001), 52–55/《신비와 저항: 그대 조용한 외침이여》(이화여자대학교출판문화원, 2007).

우리의 기대가 복잡하며 지속적인 신학적 분석이 필요하다고 덧붙인다.[12] 그러나 단순히 사회 문제를 분석하는 것은 그의 관심사가 아니다. 그 자신이 "깊이 느끼는 두 가지 욕구"라 부르는 것, 즉 영적 쇄신에 대한 대중의 갈망과 사회 변혁을 통한 공통 기반 마련에 대한 유사한 갈망을 다루고자 한다.

세계의 상황을 살펴볼 때 나는 에번스의 의견에 동의한다. 기후 변화와 산업화된 식품 체계 비판에서부터 은밀하게 지속되는 인신매매와 성폭력까지, 가정 내 총기 폭력과 먼 곳에서의 드론 공격부터 규모가 줄고 활력을 잃어 가는 교회, 종교적 동기로 증가하는 폭력에 이르기까지, 사회 정의를 지향하는 그리스도인들은 우리 시대에 하나님께서 어떻게 만물을 새롭게 하시는지 의문을 품는 데 오래 걸리지 않는다. 에번스는 영적 쇄신과 사회 변혁이라는 두 열망이 깊이 느껴질 뿐만 아니라 깊이 연결되어 있다고 주장한다.[13] 그는 사회 문제, 영적 쇄신, 사회 변혁을 연결하는 요소를 이해하기 위한 논증을 펼치면서 실천신학 담론이 하나님 담론의 다른 유형, 특히 정치신학과 어떻게 관련되는지에 대한 귀중한 논평을 제공한다. 에번스는 사회 문제가 우리의 직접적인 경험과 얼마나 가깝든 멀든 사회 문제에 대한 인식을 발전시켜야 궁극적 실재에 관한 질문에 새롭게 접근할 수 있다고 주장한다. 그는 "하나님과 대면할 때 사회 문제의 신학적 차원이 드러나며, 신학적 문제의 사회적 차원도 분명해진다"고 말한다.[14]

12 James H. Evans Jr., *We Shall All Be Changed: Social Problems and Theological Renewal* (Minneapolis: Fortress Press, 1997), v.

13 Evans, *We Shall All Be Changed*, 89-90.

에번스는 사회 문제와 딜레마를 자신의 소관으로 여기지 않는 신학자들이 여전히 다수라는 사실을 한탄한다. 그는 혹여 그런 문제가 신학적 대화에 등장할 때도 윤리라는 틀 안에서 다루어진다고 주장하며 다음과 같이 이의를 제기한다. "신학 담론에서 사회 문제 논의를 윤리학에만 맡긴다면 윤리 분야도 제대로 다루지 못하는 것은 물론, 이러한 문제들이 오늘날 기독교의 증언에 미치는 영향도 정당히 다루지 못한다."[15] 이런 단절은 기껏해야 윤리적 행동을 단순히 습관적이고 반사적인 반응으로 만들어 버린다. 이를테면 그리스도인들은 더 생각할 것도 없이 단순히 원수에게 사랑으로 반응한다. 그것이 그리스도인으로서 해야 할 일이기 때문이다. 기본적인 성경주의biblicism를 넘어서는 더 깊은 영성이나 도덕적 토대를 제공하지 않는다면, 최악의 경우 그리스도인들의 행동은 객관적인 의미에서는 윤리적일 수 있으나 주관적인 의미에서는 그렇지 않을 수 있다. 왜냐하면 그들의 행동에는 윤리와 떼려야 뗄 수 없는 기본적인 신학적 성찰이 빠져 있기 때문이다.

에번스는 가장 넓은 의미에서 신학은 서로 다르지만 밀접하게 관련된 세 요소, 즉 기초신학(또는 기본신학), 조직신학, 실천신학의 조합이라고 주장한다.[16] 그는 독일 신학자 프리드리히 슐라이어마허Friedrich Schleiermacher와 게르하르트 에벨링Gerhard Ebeling을 인용한

14　Evans, *We Shall All Be Changed*, 10. 에번스는 자신의 주장을 펼치면서 고든 코프먼의 신비 개념을 차용하고, 이를 "영원하고 영구적이면서도 새롭고 현대적이지만 항상 다루기는 어려운 인간 문제들의 의미와 해결책을 우리가 계속 찾으려는 시도에 부여하는 이름"이라고 설명한다(11쪽).

15　Evans, *We Shall All Be Changed*, 1.

16　Evans, *We Shall All Be Changed*, 2.

다. 슐라이어마허는 실천신학을 정치체이자 공동체로서 교회의 삶을 조직하고 구조화하는 신학 교육의 측면으로 간주했다. 에벨링은 실천신학이 교회 리더십에 구조와 형태를 부여하는 이론이며, 교회 리더십의 내용을 제공하는 다른 신학 교육 분야와 대비된다고 주장했다. 에번스는 이러한 독일적 관점을 존 매쿼리John Macquarrie(영국)와 데이비드 트레이시David Tracy(미국)의 관점과 대조하는데, 두 학자 모두 실천신학에 더 넓은 정의를 부여하며 "공동체의 교회적 삶"에 관한 학문으로 본다.[17]

에번스는 매쿼리와 트레이시가 정치신학을 실천신학과 일치시키는 방식으로 정의한다고 지적한다. 정치신학은 하나님께서 인간이 만든 국가 조직을 어떻게 인정하거나 인정하시지 않는지에 대한 기독교적 이해를 탐구하는 신학 담론이다. 현대 정치신학은 또한 인간 권력 역학에 대한 사회적 분석을 방법론의 핵심 요소로 포함한다. 이런 면에서 정치신학은 항상 제도를 성찰하게 되며, 정치신학들이 갈라지는 지점은 국가관에 있다. 에번스가 논의에서 제기하는 문제는 정치신학이 국가와 교회의 경계를 무너뜨리는 경향에 대한 우려다. 한편, 슐라이어마허와 에벨링은 교회를 너무 높이 보고서 "신성한 질서를 지닌 정치 공동체"로 여기는 듯하다. 반면에 매쿼리와 트레이시는 국가를 "공정한 질서를 지닌 폴리스polis"로 가정한다. 바로 이 지점에서 에번스는 비판을 제기하며 미국에서는 "아프리카계 미국인들이 전제적인 국가 개념 때문에 억압받고 축소된

---

17 참고: John Macquarrie, *Principles of Christian Theology* (New York: Scribner, 1977), 127; and David Tracy, *The Analogical Imagination: Christian Theology and the Culture of Pluralism* (New York: Crossroad, 1981), 6ff.

교회 개념 때문에 배제당해 왔기에 신정 정치나 편협한 교회주의가 실천신학의 출발점으로 의심받게 된다"고 주장한다. 나는 정치신학에도 그런 문제가 있다고 본다.[18]

도로테 죌레의 《신비와 저항: 그대 조용한 외침이여*The Silent Cry: Mysticism and Resistance*》는 에번스가 정립한 패러다임의 또 다른 예다. 죌레의 정치·실천신학 접근법은 행동주의적 성향을 띠면서도 신비주의적이다. 에번스와 마찬가지로 죌레도 신학과 윤리의 분리를 한탄한다. 죌레는 우리 인간의 상상력이 더 강해져 세상에서 경험하는 내용과 살아가는 방식을 통합할 수 있기를 바라는 에번스의 희망을 공유한다.[19]

《신비와 저항》에서 죌레의 의도는 일상생활에서 비롯된 신비로운 영적 체험을 학계와 제도화된 교회에서의 삶과 통합하는 것이다. 죌레는 신비주의자들이 고립된 상태에서 가장 깊은 통찰을 얻었다는 생각을 특히 바로잡고자 한다. 그는 묻는다. "세상에서 도피하고 분리되어 고독하게 사는 태도가 과연 신비주의에 적절했는가?", "개인의 삶뿐만 아니라 공동체 생활에서도 발견하는 신비 의식mystical consciousness을 표현하는 다른 방식도 있지 않았는가?" 그는 우리가 신비주의는 내적인 것, 정치는 외적인 것이라는 잘못된 구분을 바탕으로 많은 가정을 한다고 결론 짓는다. 이런 오류를 바로잡고자 그는 이렇게 썼다. "내면에 있는 모든 것은 썩지 않게 외부로 드러내야 한다. 그러지 않으면 광야에서 나중에 먹으려고 쌓

---

18   Evans, *We Shall All Be Changed*, 2.
19   Soelle, *The Silent Cry: Mysticism and Resistance*, 5.

아 둔 만나처럼 상하고 만다." 그리고 "하나님 체험은 사유화되어 한 개인의 소유물이 되거나, 유한층의 특권이 되거나, 입교자들의 비전祕傳적 영역이 될 수 없다"는 점을 상기시키는 여러 신비주의 모델이 존재한다. 죌레의 관점에서 볼 때 우리 시대는 저항 정신과 변혁에 대한 열정으로 가득 찬 신비주의를 요구한다. 불의에 맞서 "안 돼!"라고 선언하는 신비주의 말이다.[20]

죌레는 정치신학 담론에 신비주의를 도입하여 개인의 치유와 공동체 변혁에 기여하고자 한다.

> 신비주의 텍스트를 읽는 일은 잔해 속에 묻힌 존재, 자아를 새롭게 인식하는 것이다. 따라서 신비주의 전통을 발견하는 일은 또한 자신의 잊었던 경험을 해방한다 (…) 하나님은 사랑이라는 것이 사실이라면, 종교와 윤리의 분리는, 학술 용어를 쓰자면 조직신학과 사회 윤리의 분리는, 양쪽 모두에 위험할 뿐 아니라 해롭다. 이는 종교와 윤리를 자멸시키는 꼴이다. 종교를 무의미하게 만들어 세상을 경험하는 기반을 축소하기 때문이다. 그러면 윤리는 개별 부족이나 무리의 자의적 합의로 전락한다.[21]

죌레는 종교적 체험의 실존적 측면의 중요성과 기독교 신앙의 의미를 규명하면서 샬롬을 추구하는 것에 대해 이야기하고 있다.

20 Soelle, *The Silent Cry: Mysticism and Resistance*, 3.
21 Soelle, *The Silent Cry: Mysticism and Resistance*, 6.

에번스와 죌레는 신학과 윤리를 성경적 세계관에 접합하려는 뿌리 깊은 아나뱁티스트적 충동을 강화한다. 아울러 그들의 독특한 정치신학 패러다임을 통해 평화신학 대화에 새로움을 불어넣는다. 즉, 우리 자신을 넘어 외부를 바라볼 때와 (개성화된 개인, 끈끈한 신앙 공동체, 소수 하위문화로서) 자신의 내면을 들여다볼 때 보이는 것들 사이에서 다원적 대화가 이루어지는 것이다. 영적 쇄신과 사회 변혁을 통합하려는 에번스의 생각과 더불어, 신비주의가 개인의 치유와 공동체 변혁의 촉매제가 될 수 있다는 죌레의 믿음은 메노나이트 평화신학 담론에, 영적 필요성에 따른 공동체적 자기 성찰을 위한 신학적 틀을 제공한다.

아나뱁티스트 그리스도인으로서 우리는 원죄를 우리 본성과 동일시하지 않고 선보다 악을 택하는 의식적 선택으로 여긴다. 필그람 마르펙에 따르면, 세례는 죄를 십자가에 못 박고 예수 그리스도 안에서 부활과 새 삶을 경험하기로 선택했음을 의미한다.[22] 하나님의 은혜는 우리 삶에서 산파이자, 중생과 재생의 대리자로 현존한다. 시편 34편 14절이 떠오른다. "악에서 떠나 선한 일을 하며 평화를 추구하라." 이는 진부한 얘기가 아니라, 사회 변혁적이고 신비로운 하나님의 정치의 길로 통합된 샬롬 지향적 사랑과 섬김이라는 신학적·윤리적 도전을 진지하게 고려하라는 초대다. 이는 곧 외부와 내면을 주시해 정의를 추구하며 평화를 이루는 일이다.

22 Pilgram Marpeck, *The Writings of Pilgram Marpeck*, trans. William Klassen and Walter Klaassen (Scottdale, PA: Herald Press, 1978), 108ff.

성경적 샬롬에 대한 신학적 관점

주일 학교에서 우리 대부분은 '샬롬shalom'이 히브리어로 평화를 뜻한다는 사실을 배운다. 그러나 이 평화가 얼마나 총체적인 것인지 배우지 않는 경향이 있다. '평화peace'는 중요한 용어지만, 메노나이트 공동체에서 이 말이 지닌 문화적 부담 때문에 나는 '평화'라는 단어를 한동안 쓰지 않기로 했다. 대신 '샬롬'을 선택함으로써 샬롬 정치신학의 관심사가 전체론적 신학윤리 교육과 양성이라는 점을 알리고 있다. 평화신학은 학자들이 교회에 제공하는 학문이기에 우리는 사회적으로 책임감이 있고 비폭력적인 선교 방식을 함께 혁신할 수 있다.

샬롬은 이사야서와 호세아서에 나오는 '평화로운 왕국'에 관한 예언적 증언과 특히 공관복음서에 나타나는 '하나님 나라(바실레이아 투 테우)'에 관한 예수의 예언적 선언을 연결하는 원리다.[23] 이 논문의 이 부분에서는 SPT의 기초가 되며 교회 안팎의 갈등에 비폭력으로 대응하는 법을 아는 전인적 제자 양성을 뒷받침하는 샬롬의 신학적 정의를 확립하고, 다른 이들도 동일한 헌신을 할 수 있도록 힘을 실어 주는 신뢰할 만한 기독교적 증언을 제시하고자 한다.

---

[23] 평화로운 왕국에 대한 언급은 사 2:2~4, 11:1~9, 65:17~25, 호 2:15~20과 같은 구절에 나타난다. 핵심 주제는 현재 포식자와 피식자의 관계에 있는 피조물들 사이의 폭력이 종식된다는 것이다. 폭력과 전쟁에 쓰인 무기들도 버려지거나 농기구로 바뀐다.

샬롬의 네 가지 차원

《샬롬: 성경이 말하는 구원, 정의, 평화 *Shalom: The Bible's Word for Salvation, Justice, and Peace*》에서 페리 B. 요더는 온전함에 대한 하나님의 뜻을 함축하는 이 단어의 정의를 네 가지 측면에서 제시한다. 한 측면에서 샬롬은 물질적 안녕과 경제적 번영을 의미한다. 누군가의 샬롬을 묻는다면 "잘 지내세요? 사랑하는 사람들은 잘 지내나요?"라는 뜻이다. 그의 건강, 재정 상황, 심지어 신체적 안전과 보안을 묻는 것이다.[24] 두 번째 측면에서 샬롬은 사회적 관계를 가리키고, 이웃과 국가 간 상호작용에 정의가 스며들기를 바라시는 하나님의 소망을 의미한다. 더욱이 샬롬의 존재는 고통과 억압을 끝내기 위해 하나님께서 일하시는 느낌을 불러일으킨다. 요더는 이렇게 썼다. "그러므로 인간관계의 영역에서 우리는 샬롬이 바람직한 모습을 묘사한다는 것을 알 수 있다 (…) [이는] 반전이나 반군사 활동이라는 좁은 의미의 평화보다 훨씬 더 넓고 긍정적인 상태를 포함한다."[25]

세 번째 측면에서 샬롬은 우리 삶의 도덕적, 윤리적 차원을 의미한다. 샬롬을 실천하는 사람들은 진실하게 행동하고 솔직하게 말하며, 그들의 행실은 속이고 거짓말하는 억압자들과 극명한 대조를 이룬다.[26] 요더의 논의에는 샬롬과 고대 이스라엘 율법의 관계, 그리고 서기 1세기까지 이어지는 고대 이스라엘 정치 제도의 발전에

24　Perry B. Yoder, *Shalom: The Bible's Word for Salvation, Justice and Peace* (Nappanee, IN: Evangel Publishing House, 1998), 11-13.

25　P. Yoder, *Shalom*, 13-15.

26　P. Yoder, *Shalom*, 15-16.

대한 해설이 포함되어 있다. 이러한 제도가 사사 시대에서 왕권 시대와 그에 수반되는 구조로 변천하고 결국에는 로마 제국주의로 바뀌는 동안에도 하나님께서 (정치) 지도자들에게 기대하는 바는 변함없었다. "샬롬으로 이어지는 실질적인 정의 구현"이 그들의 임무였다.[27]

그리스 신약성경에서 샬롬에 대응하는 단어인 **에이레네**eirene는 샬롬의 신학적 의미를 확장하는 또 다른 층위의 의미를 더한다. 요더는 바울 서신에서 사도 바울이 '에이레네 투 테우eirene tou Theou', 즉 하나님의 평화라고 언급하며 이를 복음 해석에 사용한다고 지적한다. 이 새로운 의미는 사회적 관계 내 정의에 대한 하나님의 관심을 바탕으로 하나님과 우리의 관계를 역동적으로 만든다. 요더는 사람과 하나님 사이에 샬롬만이 존재할 수 있다고 썼다. "이는 그들의 관계가 바로잡혔기 때문이다. 그리스도의 변혁적 죽음의 결과는 인간과 하나님의 관계 변화일 뿐만 아니라 사람들 사이의 일도 변화시킨다."[28] 샬롬은 하나님께서 공동체를 새롭게 하시는 사회 변혁의 현장이다.

현실주의적 해석학으로의 전환

하워드 존 로언Howard John Loewen은 평화를 주제로 한 역사적 평화교회의 성명서를 연구했다. 그는 그 문서들을 살펴보니 26권의 성경책에서 98개의 인용문을 사용했으며 그중 약 3분의 2는 신약

27 P. Yoder, *Shalom*, 100.
28 P. Yoder, *Shalom*, 20-21.

성서에서 인용했다고 지적한다.[29] 복음서가 예수의 가르침과 더불어 당대와 오늘날의 사람들에게 그의 제자가 되라는 권유를 바탕으로 '평화신학'을 발전시킬 자원을 기독교 전통에 제공한다는 사실은 의심할 여지가 없다. 그러나 우리가 복음서 이야기에 의존한다고 해서 구약성서를 완전히 외면한 것은 아니다. 히브리어 성경으로 연구하는 도전에 임하는 이들은 대부분 게르하르트 폰 라트Gerhard von Rad의 방향과 성서 연구의 '반왕권 전통anti-kingship tradition'에서 벗어난 학자들을 따랐다. 밀러드 C. 린드Milard C. Lind의 저서 《야훼는 전사: 고대 이스라엘의 전쟁 신학 Yahweh is a Warrior: The Theology of Warfare in Ancient Israel》이 대표적인 예다.[30]

그러나 평화신학과 성경에 관해 우리가 따를 수 있는 또 다른 방향이 있다. 신약에서 구약으로 거슬러 올라가기보다는 앞을 내다보는 해석학을 활용하여 사회 정의 문제가 성경 자료에 자연스럽게 나타나는 부분을 강조할 수 있다. 구약성서신학의 전통적인 패러다임 안에서 연구하는 대신, 이런 학문을 활용하여 성경의 다양성 안에서 주제별, 장르별 연결을 위한 이정표를 세우고, 그럼으로써 전통적인 "성스러운 길 위의 덤불"을 우회하는 길을 만들 수 있다. 이러한 이정표는 예언자들,[31] 지혜 문학[32] 그리고 샬롬(이 마지막 이정표는 모든 것의 중심에 있는 정경적 성서 원리다)[33]이다.

29　Howard John Loewen, "An Analysis of the Use of Scripture in the Churches' Documents on Peace," in *The Church's Peace Witness*, ed. Marlin E. Miller and Barbara Nelson Gingerich (Grand Rapids, MI: Eerdmans, 1994), 19.

30　Millard C. Lind, *Yahweh Is a Warrior: The Theology of Warfare in Ancient Israel* (Scottdale, PA: Herald Press, 1980).

31　See Matt. 13:53-58, Mark 6:1-6a, and Luke 4:16-30.

이는 라인홀드 니부어와 마틴 루서 킹 주니어의 저술에서 영감을 받은 기독교 현실주의적 전환이다. 메노나이트 신학 연구의 일부 흐름과 결별한 나로서는 하나님이 비폭력적인지 아닌지에는 관심이 없다. 내 관심사는 성경에 나오는 전쟁이 인간 본성이 작용한 예임을 논증하는 것이다. 그 본성이란 모든 영광 속에서 나타나는 이기심, 자기기만, 불안, 오만함이다. 그러므로 하나님께서 전쟁을 일부러 바라신다고 믿지 않는다. 그것은 하나님의 위대한 샬롬이라는 우주의 도덕적 기초를 위반하기 때문이다. 폭력은 결코 구원의 수단이 될 수 없다. 악에 맞서 싸울 때는 효과적일지라도 말이다. 하나님께서 주신 이성과 상상력, 기억을 통해 우리가 폭력에 부여하는 신학적 의미는 하나님의 구원의 힘이 빛을 발하는 곳에 있다. 따라서 폭력을 포기하는 행위야말로 구원이다. 나는 성경의 지혜 문학을 바탕으로 이러한 결론에 이르렀다.

지혜의 샬롬 신학

《신학의 렌즈로 본 구약개관*A Theological Introduction To The Old Testament*》에서 브루스 버치Bruce Birch, 월터 브루그먼Walter Brueggemann, 테런스 프레트하임Terence Fretheim, 데이비드 피터슨David Peterson은 "구약성서신학"의 의미가 단순히 "하나님과의 만남과 관계에 대해 말하고 있다는 본문의 주장을"을 진지하게 받아들이는 해석적 전환이라고 설명한다.[34] 구약성서가 "다양한 목소리의 집합체"이긴 하

32　Rosemary Radford Ruether, *Sexism and God-talk: Toward a Feminist Theology* (Boston: Beacon Press, 1993), 67-68.

33　Yoder, *Shalom*, 5.

지만, 이런 특징이 선물인 동시에, 이스라엘이 성육신과 초대 교회의 정신이 되는 과정에서 이스라엘과 하나님의 만남의 일관성과 연속성을 찾아내는 것이 중요하다는 점을 알린다고 저자들은 주장한다. 따라서 구약성서는 이스라엘이 하나님의 백성으로서 겪은 이야기라는 맥락 틀 안에서 하나님의 성품과 활동에 초점을 맞추고 있다.[35]

성경 문헌에는 역사 서술, 율법과 함께 지혜 문학(잠언, 욥기, 전도서, 집회서, 솔로몬의 지혜)이라는 장르가 포함되어 있다. 버치 외 저자들은 그 지혜 문학이 "광범위하고 불명확한" 범주임을 인정하나 거기에는 다섯 가지 특징이 있다고 주장한다. 그 특징들은 지혜 문학에 일관성을 부여하는 해석 원칙이라 부를 수 있는 요소다.

첫째, 지혜 문학은 히브리인들의 이집트 탈출과 같은 사건보다는 말, 돈, 우정, 일, 성, 땅과 같은 일상적 사안에 관심을 기울인다. 둘째, 지혜 문학은 독자의 관심을 삶의 문제에 집중시킴으로써 "그런 일상적인 문제에 윤리적 의미와 결과가 가득하다"는 저자의 관점을 대변하고, 우리 자신의 경험을 신학적으로 성찰할 수 있게 한다. 셋째, "그 지혜의 스승들은 젊은이들, 그러니까 아직 공동체의 전통 지식에 입문하지 않은 이들에게 삶을 잘 사는 법의 독특한 의미를 전달하고자 한다." 넷째, 지혜 문학 저자들은, 그 시대에 맞지 않는 표현을 좀 쓰자면, 주변 세계를 신중하고 세심하게 관찰해 일종의 체

---

34 Bruce C. Birch, Walter Brueggemann, Terence Fretheim, and David Petersen, *A Theological Introduction to the Old Testament* (Nashville: Abingdon Press, 1999), 17/ 《신학의 렌즈로 본 구약개관》(새물결플러스, 2016).

35 Birch et al., *Theological Introduction to the Old Testament*, 30.

계 분석에 해당하는 고찰을 제공했다.[36] 다섯째이자 SPT에서 가장 중요한 점은, 지혜 문학이 (종교적이거나 고백적이지 않다는 주장과는 달리) 야훼의 창조적 활동과 세상에 대한 의도를 말하고 있기에 신학적 문헌이라는 것이다.

지혜 신학이 '창조 신학', 즉 창조주가 의도하신 세상에 대한 신앙의 성찰이라는 점은 널리 인정된다. 창조주 하나님은 세상이 온전하고, 안전하고, 번영하며, 평화롭고, 정의롭고, 풍요롭고, 생산적이어야 한다고, 즉 모든 부분에서 샬롬으로 나타나야 한다고 의도하신 것이 분명하다. 이를 위해 창조주 하나님은 지혜로운 행동이나 어리석은 행동으로 유발되고 시작되는 보상과 처벌을 창조물에 내재시키고 한계를 설정하셨다. 그러나 이러한 한계는 자명하지 않다. 어떤 행동이 문제를 일으키는지를 알아차리기 위해서는 오랜 기간에 걸쳐 많은 '사례'를 연구하며 분별해야 한다. 이러한 모든 관찰과 일반화의 전제는 생명과 안녕의 거대한 구조가 하나님의 창조물이라는 점이다. 창조주 하나님은 창조물의 모든 부분이 서로 정교하게 연결되기를 바라셨다. 그러므로 모든 결정과 행위가 전체의 형태와 안녕에 중요하다.[37]

---

36 Birch et al., *Theological Introduction to the Old Testament*, 374-76.
37 Birch et al., *Theological Introduction to the Old Testament*, 376.

지혜 문학 저자들은 성경적 신앙에 대한 세계적, 국제적 수사법을 제시한다. 그들은 이러한 성경 본문을 "진부한 기독교"를 넘어 감동을 주는 문학으로 읽을 것을 촉구하며, "하나님 세상에서의 삶은 축하받아야 할 신앙의 길"이라는 기본 사실을 긍정하는 개방성을 옹호한다.[38] 그들의 결론은 지혜 문학의 통찰을 예언자들의 희망·심판의 말씀과 함께 엮도록 장려하는 해석학을 보여 준다. 이처럼 지혜와 예언으로 짜인 태피스트리는 구약성서의 선민사상, 민족 중심주의, 예외주의에 기초한 해석을 발전시키는 독법에 중요한 도전 과제를 던진다.

H. H. 슈미트H. H. Schmid는 성서신학에 대한 이 비전통적인 접근법을 더욱 지지한다.[39] 1970년대 슈미트는 민족국가로서 이스라엘의 역사에 초점을 맞추기보다는 창조, 즉 하나님의 법에 따른 질서의 본질과 세상의 시작에 초점을 맞춘 구약 성경 읽기를 옹호하기 시작했다. 그의 접근법은 평화를 강조할 것을 요구하며, 전쟁, 특히 성전聖戰을 "구약 전체 신학의 핵심적이고 긍정적인 요소"로 보는 게르하르트 폰 라트가 발전시키고 옹호한 경향과 상반된다.[40]

성서학자 제임스 바James Barr는 슈미트가 성서신학의 성전 패러다임을 거부하는 이유는 그것이 "고대 세계관과 밀접하게 연결된, 민족국가로 제한된 하나님 이해"에 기반을 두고 있어서라고 주장한다.[41] 이는 자민족 중심적인 특성이 성경 해석을 지배하여 선택받

---

38 Birch et al., *Theological Introduction to the Old Testament*, 377.

39 James Barr, *The Concept of Biblical Theology: An Old Testament Perspective* (Minneapolis: Fortress Press, 1999), 327.

40 Barr, *Concept of Biblical Theology*, 326.

은 자와 선택받지 못한 자가 존재한다는 우주관으로 이어진다는 의미다. 세계가 그런 특정 민족을 중심으로 질서가 정립되어 있다면 "[그 민족의] 적, 이방 민족은 기본적으로 혼돈의 표상으로 여기고서 우주를 위해 물리쳐야 하는 존재가 된다."[42] 이런 패러다임에 의존한다면 우리는 창조의 근본적인 특성에 대한 증언을 소홀히 하는 것이나 다름없다. 슈미트는 "성경은 평화가 세상의 진정한 운명이라는 전제에서 전개된다"고 썼다.[43] 바는 여기에 덧붙여 평화를 세상의 운명으로 이해하는 것은 "건강하고 질서 있는 세상에서 살고 싶은 인류의 기본 욕구"에 대한 진술이 된다고 말한다.[44] 그러나 이 평화는 로마의 평화Pax Romana나 필사적인 갈등 억압이 아니다. 그것은 하나님의 샬롬이다.

버치, 브루그먼, 프레트하임, 피터슨, 요더, 슈미트의 성경적 관점과 거기서 읽어 낸 신학적 함의는 내가 주장하는 해석학을 규정한다. 그것은 "하나님의 선택받은 백성"이라는 좁은 정의를 넘어서는 세계관과 인간 정체성에 대한 관점으로 성경을 읽는 방식, 폭력과 비폭력의 상호작용을 다루는 인간의 여정을 기록한 원전原典으로서 성경의 증언을 읽는 방식이다. 선민에 대한 경직된 해석학, 즉 성경이 단순히 이스라엘의 이야기라는 생각을 제쳐두면 우리는 한 문화 규범을 다른 문화 위에 두기보다는 서로의 관계 속에서 문화적 차

41　Barr, *Concept of Biblical Theology*, 326.

42　Barr, *Concept of Biblical Theology*, 326.

43　Hans Heinrich Schmid, *Altorientalische Welt in der Alttestamentlichen Theologie*, 6 Aufätze (Zürich: Theologischer Verlag, 1974), 116.

44　Barr, *Concept of Biblical Theology*, 327.

이를 두는 문화 간 성경 해석을 채택할 수 있다. 세상을 '전 지구적' 관점에서 바라보면 모든 것이 연결되어 있다는 성경의 메시지에 주목할 수 있다. 이러한 유기적 전체성에서 출발해 이제 성경과 신학에 기반을 둔 SPT의 신학윤리적 구성 요소를 간략히 설명하고자 한다.

샬롬 정치신학

불의의 만연에 주목하는 에번스와 쥘레의 정치신학 접근법에 따라 SPT는 지혜로운 태도로 정의에 대한 긴급한 요구에 부응할 수 있다. 불의한 행위가 아무리 명백하더라도 죄와 악, 억압에 저항하는 인간의 의지력만으로는 이를 극복할 수 없다. "자원봉사자를 충분히 동원할 수만 있다면", "청원서에 충분한 서명만 받을 수 있다면", "이 만행의 배후에 그들이 있다는 걸 증명할 수만 있다면", "그들이 하는 일은 정말 잘못됐어요!" 나만 옳다는 식의 분노만으로는 문제를 해결하지 못한다. 더욱이 샬롬에 대한 관심을 가지고 출발할 때 우리는 죄와 은혜의 시각으로 세상을 바라보게 된다. 세상을 향한 하나님의 샬롬을 추구하려면 죄(불신, 반항, 지나친 자기애, 자기기만)가 어떻게 관계를 파괴하고 은혜(회개, 겸손, 새로운 신뢰, 용서)가 어떻게 관계를 지켜주는지에 주목해야 한다. 이 두 가지 힘이 세상에서 작용하는 것을 볼 수 있을 때 비로소 우리는 하나님의 샬롬을 우리 삶과 세상에 맞이하는 일의 의미를 개념화할 준비가 될 것이다.

SPT는 세 명의 신학윤리학자theo-ethicist를 바탕으로 신학윤리적theo-ethical 원칙을 통합한다. 바탕이 되는 원칙들은 기독교 현실주의자인 라인홀드 니부어의 신학적 인간론, 인격주의자 마틴 루서 킹 주니어의 비폭력 사상, 비순응에 대한 도리스 잰즌 롱에이커의 페미니즘적 재구성이다. 나는 실제 활발한 공동체에서 SPT를 해석하고 적용하는 데 전념하고 있기에 SPT에는 이 세 원칙을 통합하는 세 가지 실천이 포함된다. 그 실천은 공동체에서 영향력 있는 구성원을 명명하는 투명성, 비폭력 대화, 서클 훈련이다.

현실주의적 신학적 인간론

니부어가 20세기 기독교 사상에 기여한 점 중 하나는 '죄'가 신학적 어휘에서 부정不淨한 단어가 아니라 필요한 단어임을 주장한 것이다. 니부어는 목회 활동, 사회 운동, 학문적 연구를 통해 미국의 자유주의 신학이 그리스도인들을 잘못된 길로 이끌었다는 결론을 내렸다. 자유주의 기독교는 예수의 메시지를 "완전히 알아볼 수 없을 만큼" 감상적으로 다룸으로써 기독교 신앙의 성경적 토대를 무시하고 중산층 이상주의와 도덕주의로 대체하고 있었다. 니부어는 "현대 자유주의 개신교에서 신학적으로는 좌측, 정치적으로는 우측인" 대안적인 길을 택했고, 성경에 나오는 인간에 대한 사상과 통찰을 실존주의 관점에서 바라볼 것을 촉구했다.[45]

1964년판《인간의 본성과 운명*The Nature and Destiny of Man*》서문에서 니부어는 서구 문화가 개성과 의미 있는 역사라는 두 개념을 강조해 왔고 그 개념은 실제로 히브리 성서 전통에 뿌리를 두고 있다

45　Reinhold Niebuhr, "Dr. Niebuhr's Position," *The Christian Century* 50 (1933): 91-92, quoted in Gary J. Dorrien, *Idealism, Realism, and Modernity: 1900-1950* (Louisville: Westminster John Knox Press, 2003), 451.

는 기본 논지를 설명한다. 그는 "이 두 개념의 성장, 타락, 정화"를 추적하면서 그 두 권의 책이 "인간의 상황에 관심을 기울여 온 현대 문화의 여러 학문 분야와 역사적 뿌리 사이에서 더 나은 이해를 가져다주기를" 바라고 있다.[46] 니부어가 새롭게 주목한 성경적 뿌리에는 인간의 영원한 역설, 즉 우리가 하나님의 형상을 지녔으면서도 유한한 피조물이라는 사실이 포함된다. 변증법적인 이 역설은 니부어의 신학적 인간론의 토대가 된다.

이 인간론을 비롯해 니부어의 신학 전반을 뒷받침하는 두 번째 변증법은 초월성과 관계성의 수직적 변증법이다. 랭던 길키Langdon Gilkey는 니부어의 신학에서 초월성이 세 층위로 사용된다고 지적한다. 첫째, 즉각적인 현실 너머 하나님 안에 고정된 초월성, 둘째, 현실, 의미, 판단, 희망의 근거가 되는 초월성, 셋째, 이기심을 넘어 하나님과 관계 맺는 능력인 자기 초월로서의 초월성이다. "니부어가 보는 초월성은 인간 정신이나 문화사의 한 측면이 아님에도 불구하고 세상과 끊임없이 관계를 맺는다. 다시 말해, 개인뿐만 아니라 사회, 문화, 역사와 훨씬 더 관계를 맺는 초월성이다."[47]

"하나님, 제가 바꿀 수 없는 것을 받아들이는 평온함과, 바꿀 수 있는 것을 바꾸는 용기를, 그리고 그 둘을 분별하는 지혜를 주소서." 니부어의 이 기도는 그의 신학적 인간론의 축소판이다. 여기에는 인간의 역사와 문화를 초월하여 심판하시는 하나님께 드리는 호

---

46 Reinhold Niebuhr, *The Nature and Destiny of Man: A Christian Interpretation* (New York: Charles Scribner's Sons, 1964), vii/《인간의 본성과 운명 1, 2》(종문화사, 2014, 2015).

47 Langdon Gilkey, *On Niebuhr: A Theological Study* (Chicago: Univ. of Chicago Press, 2001), 17, emphasis Gilkey's.

소가 담겨 있다, 그리고 하나님과의 관계를 통해 이기심과 자기기만이 어떻게 **하나님의 형상**imago Dei을 왜곡하는지 분별하여, 우리가 바꿔야 한다고 생각하는 모든 것을 바꿀 수 있다고 생각하게 되기를 바라는 희망이 담겨 있다. 아울러 피조물인 우리의 자유가 불의에 맞서 싸우는 영감의 원천이 될 수 있다는 확신도 담겨 있다.

비폭력과 사랑의 공동체

마틴 루서 킹 주니어는 사회 운동가로서가 아니라 침례교 설교자로 경력을 시작했다. 이미 인기 있는 연설가였고 언젠가는 교수직을 맡길 바랐던 젊은 킹에게 자신이 시민권 운동을 이끌고 있다는 것은 놀라운 일이었다. 운동이 시작되면서 그는 자신의 신학 교육을 설교문 작성과 목회 이상의 일에 적용해야 한다는 사실을 깨닫게 되었다. 그는 종교적 믿음을 도덕적, 정치적 행동에 적용하면서 단순히 대학원 경험의 우물에서 길어 올린 것이 아니라 어린 시절에 배운 신학윤리적 교훈을 본격적인 신학 체계로 통합해 나갔다. 킹 연구자이자 인격주의자인 루퍼스 버로 주니어Ruffus Burrow, Jr.는 이 체계를 "아프리카계 미국인 인격주의Afrikan American Personalism"로 명명하며 킹의 지적 훈련을 보스턴 인격주의 학파와 더불어, 킹의 하나님, 인간, 사랑, 정의에 대한 관점에 빠져서는 안 될 "소박한" 인격주의와도 연결했다.[48] 버로는 킹의 신학과 윤리, 특히 비폭력에

---

48 버로는 '흑인 의식 운동Black Consciousness Movement(1070년대 남아프리카 공화국에서 흑인의 주체성 회복을 위한 의식 변혁을 촉구한 운동–옮긴이)'에서 사용하는 'Afrika'라는 철자를 쓰면서 이 표기가 아프리카 대륙과 디아스포라에서 널리 사용되고 선호된다고 설명한다. Rufus Burrow, Jr., *God and Human Dignity: The Personalism,*

대한 믿음과 사랑의 공동체에 대한 비전에 생기를 불어넣는 다섯 가지 인격주의 사상을 열거한다. 그 내용은 다음과 같다. '현실은 개인적이다, 현실은 사회적이다, "인격"은 최고의 내재적 가치를 지닌다, 우주는 객관적인 도덕 질서에 기초한다, 우리는 사랑의 공동체를 세우는 과정에서 사회적 불의에 저항해야 한다.'[49]

킹의 행동주의의 목표는 모든 인간의 고유한 가치와 존엄성을 인정하고 모든 사람을 "세계의 집world house"에 포함시키는 것이었다. 비폭력은 그에게 단순한 전술이 아니었다. 흑인이 이웃과(피부색이 희든, 검든, 갈색이든) 맺고자 하는 관계를 가리켰다. 1966년 킹은 폭력과 정당방위를 요구하는 다른 운동가들과 대립하던 상황에서 비폭력에 관한 글에 이러한 역학 관계에 대해 다음과 같이 썼다. "미국의 인종 혁명은 전복이 아니라 '들어가기' 위한 혁명이었다. 우리는 미국 경제, 주택 시장, 교육 제도, 사회적 기회에 대한 몫을 원한다. 이 목표 자체가 미국의 사회 변화는 비폭력적이어야 한다는 것을 나타낸다."[50]

이러한 신념은 킹이 비폭력을 상대를 모욕하려는 행위가 아니라 자신과 상대를 하나님의 정의라는 같은 편으로 끌어들이는 삶의 방식으로 규정하는 것과 직결된다. 이것이 바로 샬롬의 정치다. 킹은 사회 내 집단의 도덕성에 대한 니부어의 현실주의와 변증법적 긴장

Theology, and Ethics of Martin Luther King Jr. (Notre Dame: Univ. of Notre Dame Press, 2006), 2.

49 Burrow, *God and Human Dignity*, 86.

50 Martin Luther King, Jr., "Nonviolence: The Only Road to Freedom," in *A Testament of Hope: The Essential Writings and Speeches of Martin Luther King Jr.*, ed. James Melvin Washington (San Francisco: HarperSanFrancisco, 1991), 58.

속에서 유지되는 자신의 낙관주의를 바탕으로 비폭력의 결과가 사랑의 공동체라고 주장했다. 그 공동체는 하나님과 인간이 협력하여 창조한 현실이며, 지금 여기 우리 가운데서 나타나고, 우리가 예언자적 심판의 말을 할 때 나타나며, 보복 대신 고난을 선택하고 하나님이 세상에서 어떻게 일하시는지 알아차리는 신비주의자로 살겠다고 매일 결심할 때 나타나는 현실이다.[51]

비순응에 대한 페미니즘적 재구성

재구성이란 신학의 구성 과제에 대한 접근법으로, 사물을 분해(해체)한 다음 다른 재료, 설계, 기법을 사용하는 과정에서 다시 조립할 필요성을 인식하는 것이다. 이러한 재구성 모델 중 하나는《기독교 신학의 재구성*Reconstructing Christian Theology*》을 비롯해 여러 신학서를 집필한 '구성신학 작업그룹Workgroup on Constructive Theology'에서 만들어 냈다.[52] 신학의 새로운 담론적 맥락 속에서 작업그룹 구성원들은 "수정된 기독교 공동체적 실천 방안을 만든다는 목표"로 기독교 교리를 분석할 것을 옹호한다. 여기서 "공동체적"이라는 말은 현재 신학 조성에 참여하는 다양한 공동체를 의미한다.[53]

재구성 작업이 일어나는 접점 중 하나는 교리를 전면적으로 거부하기보다는 교리가 상징하는 바를 재구성하기로 결정하는 지점이

---

51 다음 자료에서 다양한 설교문과 연설문을 참조할 것. *The Papers of Martin Luther King Jr.*, vol. 4, ed. Clayborne Carson et al. (Berkeley: Univ. of California Press, 2000). See Burrow, God and Human Dignity, 169.

52 Rebecca S. Chopp and Mark Lewis Taylor, eds., *Reconstructing Christian Theology* (Minneapolis: Fortress Press, 1994).

53 Chopp and Taylor, *Reconstructing Christian Theology*, 12.

다. 이 과정에는 전통적인 교리 공식화가 현재의 위기에 어떻게 기여했는지 명명하는 일이 포함되며, 그 결과 기독교 신학이 시급한 사회적 쟁점과 문제에 부실하게 대응해 왔음이 드러난다. 두 번째 접점은 신학자들이 특정 공동체와 사회 전체에 직접 발언하는 일을 되찾는 것으로, 재구성 과정에서 나온 새로운 통찰을 공유하게 된다. 레베카 촙Rebecca Chopp과 마크 테일러Mark Taylor는 "시적 표현을 활용하거나 언어와 이미지를 새로운 방식으로 혼합하는 등 대안적인 발화 방식이 오늘날 신학자들이 예술가들과 활동가들과의 교류를 재구성하는 데 대단히 중요할 수 있으며, 사회와 교회 변혁을 위해 이들의 참여가 특히 필요하다"고 지적한다.[54]

이러한 맥락에서 도리스 잰즌 롱에이커는 요리책을 시작으로 아나뱁티스트-메노나이트의 비순응 교리(로마서 12:2, 요한일서 2:15-16, 베드로전서 2:11에 근거)를 재구성했다. 롱에이커는 《소박하고도 풍요롭게 More-with-Less》 서문에서 메노나이트를 세상의 굶주린 이들을 돌보는 훌륭한 요리사로 묘사하며 이 문화유산을 영적 측면에서 능숙하게 재구성한다 "우리는 더 단순하고 즐겁게 사는 방법, 즉 전통에서 비롯되었지만 살아 있는 신앙과 굶주린 세상의 요구에 따라 형태를 갖추는 방식을 찾고 있다."[55] 그 책의 1부에서는 세상에 대한 이런 새로운 의식을 실천에 옮기기 위한 롱에이커의 성경적, 신학적, 윤리적 토대가 나온다. 그는 신학적 성찰을 이끄는 다섯 가지 원칙 또는 기준을 제시한다. (1) 정의를 실천하라. (2) 세계 공동체

54　Chopp and Taylor, "Introduction," in *Reconstructing Christian Theology*, 20.
55　Doris Janzen Longacre, *More-with-Less Cookbook* (Scottdale, PA: Herald Press, 1998), 13.

로부터 배우라. (3) 자연의 질서를 소중히 여기라. (4) 사람들을 길러라. (5) 기꺼이 비순응하라.[56] 이 원칙들은 뻔해 보일 수도 있지만, 그가 이어서 제기하는 질문은 상당한 복잡성을 더한다. '이러한 신학적 규범들은 어떻게 구체적인 행동이 될 수 있는가?'

다섯 번째 기준을 바탕으로 롱에이커는 1950년대와 1960년대에 교회 지도자들이 교회와 공동체에서 '세속성'을 배제하려는 가운데 이념적으로나 윤리적으로 고착화된 귀중한 성경적 개념을 해방시켰다. 롱에이커는 세상에 순응하지 않는 경직성이 예언자적 날카로움과 더불어, 자유, 기쁨, 변혁의 상징 가능성을 모두 잃어버렸다고 보았다. 사도 바울의 급진적인 메시지를 되찾고자 그는 과소비 방식과 더불어, 풍요와 지혜를 동일시하는 제국주의적 사고방식에서 벗어나기 위해 개인적, 공동체적 선택으로 특징지어지는, 비순응을 새롭게 재구성한 접근법을 제안했다.

롱에이커는 자신이나 저작을 놓고 페미니스트라고 명백히 밝힌 적은 없지만, 세상을 하나의 거대한 생태계로 보는 데 깊이 헌신했으며 여성이라는 사회적 위치에서 제국주의적 착취라는 악을 명명하는 데 주저하지 않았다. 이는 페미니즘 이론과 신학의 주요 철학적 신조에 부합한다. 이를테면 가부장제는 착취와 억압의 메커니즘을 활용함으로써, 특히 지구를 포함해 여성의 신체, 상징, 개념을 지배함으로써 소수의 (남성) 지배층을 위해 존재론적 위계를 만들고

---

56 Doris Janzen Longacre, *Living More with Less* (Scottdale, PA: Herald Press, 1980), 21ff. 롱에이커는 이러한 "삶의 기준"을 "생활양식"의 대안적 표현으로 설명하면서도 "기준은 일시적인 취향 이상의 것에 지배받는 삶의 방식에 적합한 말이다. 그것은 '규칙'처럼 엄격하지 않으면서도 영구적이고 확고하다"고 지적한다(16쪽).

유지한다. 롱에이커는 비순응을 기독교적 자유의 실천으로 재구성하여 북미의 오만에 도전하고, 우리 문화의 비인간적인 특징에 대한 인식을 높이며, 이러한 쟁점을 신학윤리적 문제로 만든다. 니부어와 킹의 사상을 결합한 롱에이커의 분석 경로를 따라가다 보면, 모든 사람의 안녕에 노력을 쏟는 기독교 제자도를 신학적으로 풍부하게 이해할 수 있는 길이 보인다.

샬롬 정치신학의 세 가지 실천

두에인 프리즌은 《예술가, 시민, 철학자: 도시의 평화 추구–아나뱁티스트 문화 신학 *Artists, Citizens, Philosophers: Seeking the Peace of the City-An Anabaptist Theology of Culture*》에서 공동체의 공동선 비전을 표현하는 존재론적 헌신, 생활양식 선택, 행동과 같은 "핵심 실천"이 확고한 도덕적 형성에 중요하다고 설명한다.[57] 도덕 형성 의식儀式, 과정 실행, 목회적 돌봄, 섬김 실천에 대한 프리즌의 논의는, 나 자신의 도덕 형성과 메노나이트 공동체에서의 일차 사회화가 샬롬을 추구하는 법보다는 '평화 만들기'를 구실로 갈등을 피하는 법을 더 가르쳐 줬다는 점에 주목하게 했다. 내가 니부어, 킹, 롱에이커에 끌린 이유는, 그들의 사상이 내게 그리스도인으로서의 삶, 교회의 집단 역학, 직장에서의 제도적, 대인관계적 난관에 대한 다각도의 내적·외적 인식과 더불어, 그러한 문제들이 세상과 어떤 관련이 있는지에 대한 이해를 키우는 도구를 제공한다는 점이다. 따라서 SPT

---

57 Duane Friesen, *Artists, Citizens, Philosophers: Seeking the Peace of the City-An Anabaptist Theology of Culture* (Scottdale, PA: Herald Press, 2005), 139ff.

가 메시아 공동체의 평화주의의 의미 있는 대안이 되려면 샬롬을 만들어 가는 실천을 포함해야 한다고 믿는다. 그래야 메노나이트 공동체가 우리 자신의 갈등을 마주하기보다 지구촌 이웃의 갈등 해결을 돕는 데 발 벗고 나선다는 비판이 더는 쉽게 나오지 않을 것이다. 이제 내가 SPT를 실천해 온 세 가지 방법을 간략히 요약해 보겠다.[58]

첫째, 나의 신앙 공동체에서 영향력 있는 구성원들을 그에 걸맞게 명명하는 것이다. 주교들의 지나친 열성을 바로잡기 위한 "만인 제사장직"에 대한 아나뱁티스트의 해석은 이 원칙을 잘못된 평등주의로 변질할 수 있다. SPT의 신학윤리를 통해 나는 어떤 이들의 의견이 다른 이들의 의견보다 중요하다는 사실을 집단이 받아들일 때 진정성이 뿌리내리는 모습을 보았다. 갈등이 있거나 분별이 필요한 상황에서 영적 성숙함과 신학적 통찰력으로 의견에 권위가 실리는 이들을 "깊이 있는 친우"로 인정하는 퀘이커 전통은 메노나이트 평화신학이 배울 점이다. 이러한 명명은 권력 역학이 우리의 상호작용을 어떻게 형성하는지에 대해 정직한 분위기를 조성하여, 교회의 내부 정치에 대해 더 진실하게 말할 수 있게 한다.

두 번째 방법은 임상 심리학자 마셜 B. 로젠버그Marshall B. Rosenberg가 개발한 의사소통 과정인 '비폭력 대화Nonviolent

---

[58] 나는 이 실천들을 자세히 설명하는, 책 한 권 분량의 프로젝트를 진행 중이다. 그 작업은 실용적인 지혜를 지혜 문학의 사회 정의 규범 차용과 연관지어, 특정한 종파나 종교를 지향하지 않아도 우리에게 다가오는 실천들을 통합하고 신학적으로 다루는 방식을 제시한다. 세 가지 실천 중 두 가지가 이에 해당한다. 이러한 실천은 성폭력 중심의 갈등에 특히 유용할 것이다. 성폭력은 일부 평화신학 유형이 변명할 여지 없이 상황을 악화시키는 도덕적·사회적 문제다.

Commnunication(NVC)'다. 이런 소통 방식은 개인과 공동체의 안녕을 위한 필수 요건인 공감과 연민을 길러 준다.[59] 판단 없이 관찰하고, 관찰에 비추어 감정과 욕구를 파악하고, 감정과 욕구를 바탕으로 (요구가 아니라) 부탁을 하는 NVC 방식을 실천하면서 나는 공동체 안에서 자랄 때 공감적 연결과 자기 표현력을 키우는 의사소통에 어울리지 않는 어휘를 쓰면서 수동공격적으로 소통하도록 배웠음을 깨달았다. 평화신학윤리를 갈등 회피로 오해할 때 우리는 샬롬을 실현하는 대신 자신이 옳다고 안위하며 마음의 평화를 희생한다. 예수는 우리에게 이웃을 더 사랑하라거나 우리 자신 대신 이웃을 사랑하라고 요구하지 않으며, 이웃과 우리 자신을 사랑하라고 촉구한다. NVC는 비폭력에 대한 헌신이 어떻게 사랑의 이중 계명(마 22:34~40, 막 12:28~34, 눅 10:25~28)을 나타낼 수 있는지 탐구하는 구체적인 방법이다.

세 번째 방법은 서클circle process이다. 이는 M. 스콧 펙M. Scott Peck이 일컫는 "참된 공동체"에서 모든 목소리를 듣고 소중히 여기는 공동체적 공간을 만드는 실천이다.[60] 이 실천은 비폭력 대화와 교차하며, 함께 고통스러운 주제를 다루고 세상의 선함을 맞이하는 강력한 도구다. 서클을 구성하는 방법과 이유는 여러 가지다. 그중에서도 '다양성 서클diversity circle'과 '회복적 정의 서클restorative justice

<hr>

59 Marshall B. Rosenberg, *Nonviolent Communication: A Language of Life*, 3rd ed. (Encinitas, CA: PuddleDancer Press, 2015)/《비폭력대화》(한국NVC출판사, 2024).
60 Christina Baldwin and Ann Linnea, *The Circle Way: A Leader in Every Chair* (San Francisco: Berrett-Koehler Publishers, 2010), 12/《서클의 힘》(초록비책공방, 2017). M. Scott Peck, *The Different Drum: Community Making and Peace* (New York: Touchstone, 1998), 59/《스캇 펙 박사의 평화 만들기》(열음사, 2006).

circle’이 잘 알려진 사례다. 내가 실천하는 서클은 ‘피어스피릿 서클링PeerSpirit Circling’과 ‘서클 웨이Circle Way’라 불리는 모델을 기반으로 한다.[61] 교실, 교회 생활, 심지어 대가족 식사 자리에서도 이 서클을 실행하면서 나는 대화를 늘 주도하던 사람들 대신 모든 이가 대화에 참여하며 자연스러운 흐름이 만들어지기 시작할 때 일어나는 일을 보며 놀라움을 금치 못했다. 서클은 끼어들기를 불가피하게 만들고 침묵을 불편하게 하는 문화적 규범과 결별하고서 SPT를 비순응과 영적 쇄신의 신학윤리 탐구할 수 있는 길을 제공했다. 나는 사람들이 서클에서 필요한 것을 요청할 때 샬롬이 생겨나는 현상을 보았고, 타인의 취약함을 나누면서 그리스도인이 된다는 의미를 새롭게 배웠다는 증언을 들었다.

결론

샬롬 정치신학은 죄와 권력 역학을 심각하게 받아들이는 신학적 인간론에서 평화, 정의, 비폭력, 비순응에 대한 헌신을 기초로 한다. 나는 SPT가 또한 사회적으로 책임 있는 정치 참여의 토대가 되어, 기독교의 평화주의 소명을 ‘원수를 사랑하라’는 예수의 말씀과 동일시하는, 흔히 쓰지만 지나치게 단순화한 성경 해석학에 도전하기를 바란다. 이러한 접근 방식은 의로움으로 가장한 오만이라는 이데올로기적 함정을 너무나 자주 그리고 너무나 쉽게 피하지 못한다. 인

61　피어스피릿 서클링에 대한 정보는 볼드윈과 리니아의 공동 저서 《서클의 힘》 외에 피어스피릿 서클링(http://peerspirit.com/)과 콜링더서클Calling the Circle(http://callingthecircle.org/) 웹사이트에서도 확인할 수 있다.

간 본성에 대한 현실주의 관점을 채택하는 평화신학과 윤리는 우리의 뚜렷한 이분법적 경향을 억제하는 도덕적 형성을 이끌어 낸다. 예를 들어, 미국 기독교회협의회National Council of Churches of Christ의 "전쟁은 하나님의 뜻에 반한다"는 성명은 원래 평화주의적 선언이 아니었다. 그러나 일부 그리스도인들이 이를 평화주의로 해석하여, 다양한 신앙적 이해를 허용하기보다 기독교 신앙의 평화주의 관점을 신학적으로 규범화하는 해석으로 이어졌다. 일단 이런 주장이 규범이 되면 그리스도인들은 전쟁을 금지하는 공공 정책을 옹호하기 시작한다. 그렇게 되면 우리는 도덕적인 사람과 비도덕적인 사람을 구분하게 된다. 우주라는 농가에서 평화주의자는 양이고 전쟁광은 염소가 되는 셈이다. 이는 니부어가 기독교 평화주의 입장을 떠나 신학적 인간론의 현실주의 관점을 발전시킨 주된 이유 중 하나였으며, SPT는 그런 관점을 강조한다.

평화신학이 평화주의 언어를 버리고 킹의 전통에서 비폭력 언어를 채택할 때, 그것은 또한 샬롬을 구상하는 형이상학으로 방향을 바꾸게 된다. 이러한 전환은 우리가 자유인으로서 갖는 주체성을 부각하는 동시에, 우리의 존엄성을 왜곡하고 선택을 제한하는 방식으로 삶을 구조화하는 권력이 존재하는 사회에서 그 자유의 취약성도 부각한다.

하위문화 전반에 걸친 현대 메노나이트 세대들은 평화 만들기의 의미가 갈등을 피하고 양심의 문제로서 전쟁에 반대하며 "원수를 사랑하는 것"이라고 배웠지만, 폭력을 포기하는 복음을 선포하려면 그 이상의 것이 필요하다. 돌이켜보면, 평화신학을 갈등 회피로 축소할 때 그것은 언제까지나 특권층의 신학윤리가 될 뿐임을 알 수 있다. 그리고 평화신학을 공동체 규범에 대한 개인의 순종 쪽으로 축소할 때 그것은 언제까지나 특이한 형태의 제자도에 불과할 것이다. 그러나 하나님의 정치를 상상하는 방식으로 샬롬을 추구하는 신학윤리로 평화신학을 실현한다면 우리의 증언은 개인과 공동체의 변혁을 희망하는 세상에 사회적으로 참여하는 형태가 될 것이다. 샬롬은 고통, 착취, 폭력, 소외 등 악이 여전히 강력하다는 사실을 상기시키는 상황에서도 삶의 선함이 지닌 힘을 불러일으키는 방식이다. 샬롬은 우리의 삶과 사랑의 질을 결정한다. 샬롬은 대립하던 존재들이 서로 포용하는 생생한 풍경을 그려 낸다. 뜻밖의 동맹자들이 함께 빵을 떼며 마냥 웃는 모습, 늑대와 양이 한 나무 아래에서 같이 그늘을 즐기는 모습, 우리가 하나라는 흔들리지 않는 소속감을 보여 준다.

이번 판에 수록된 2016년 논문에서 언급했듯이 내 연구실에는 《다양한 유형의 파노라마》가 쌓여 있었는데 재고가 고갈되고 말았다. 그래서 이 책이 이렇게 개정판으로 나오게 되어 감사하다. 여기에 담긴 여러 생각이 새로운 세대의 메노나이트들에게 계속 도움이 되고 전 세계 메노나이트 공동체 안에서 오래된 대화와 새로운 대화를 풍성하게 하기 위해서는 독자들의 역할이 매우 중요하다. 다시 말해, 이 책의 복음 전도 임무는 아직 끝나지 않았다.

내가 논문을 쓴 후로 지금까지 세상은 줄곧 역동적인 곳이었고, 내 논문에서 펼친 신념은 더욱 깊어만 갔다. 삶의 모든 영역에서 양극화와 격차도 심해지고 있다. 부자는 더 부유해지고 가난한 자는 더 가난해지며, 전 세계적으로 우파와 좌파 사이의 거리는 더 멀어지고, 캐나다와 미국의 학교 이사회와 공공 도서관 서가에서는 도덕적 옳고 그름에 대한 인식이 충돌하고 있다. 내가 사는 곳에서는 총기, 인공 지능, 화장실, 화석 연료, 백신 접종, 소셜 미디어에 대한 생각이 모두 단순히 의견 차이만이 아니라 격렬하고 고착화된 갈등의 잠재적 현장이기도 하다. 우리가 그 틈새와 분쟁 지대에 서기 위해서는 연습과 인내, 용기가 필요하다. 왜냐하면 초기 아나뱁티스트나 "평화" 그 자체를 우상으로 삼는 식의 실수를 계속 저지르기 때문이다.

내가 메노나이트 평화신학에 천착한 이후로 지금까지 내 서가에는 영적 행동주의, 갈등 전환, 온전한 마음, 사회적 상처 치유에 관한 책들도 추가되었다. 그 책들은 어린이 책을 모아 둔 곳 옆에 꽂혀 있다. 어떤 책은 마음챙김, 감정, 정서적 자기 조절에 관한 다정한 이야기를 들려준다. 또 어떤 책은 모든 연령대를 대상으로 의미를 주는 오래된 이야기를 듣는 새로운 방법을 가르쳐 준다. 또 다른 책에서는 성령께서 우리가 옛이야기를 다시 들려줄 수 있도록 기억하라고 부르시는 시대, 장소, 공동체를 엿볼 수 있다. 나는 건전한 신학적 가르침, 윤리, 성경 해석에 대한 관심이 우리의 감정과 열정에 대한 관심, 즉 믿음과 소망과 사랑을 살아 있게 하고 하나님의 평화로운 왕국 비전을 다른 이들과 나누게 하는 동인들에 대한 관심으로 확장되어야 한다고 믿는다.

내가 평화신학의 전통을 지키는 일에 전념한 이후로 지금까지 지구의 기후 위기는 더욱 심해졌다. 지구의 자원을 관리하라는 부르심은 신학적 전통과 함께 나의 소명 의식을 집중시켰다. 파노라마처럼 펼쳐지는 이 대화에서 여러분이 어디에 있든 여기서 발견한 생각을 활용하여 우리 종種이 벌여 놓은 '집안일'에 적극적으로 참여하길 바란다. 물리적 환경에서 우리가 직면한 위기는 자신과 서로를 대하는 방식과 유사하기 때문이다. 도리스 잰즌 롱에이커의《소박하고도 풍요롭게》에 나오는 다섯 가지 삶의 기준은 내게 영감을 주었다. 여러분도 평화신학을 세상이 그리스도인에게 요구하는 성숙으로 이끄는 통로로 쓰길 바란다.

첫째, 정의를 실천하고자 하는(즉, 이성과 연민에 따라 살고자 하는) 모든 공동체에는 회계사, 예술가, 그리고 그 사이에 있는 모든 사람이 필요하다. 그렇다면 비폭력에 대한 저마다의 헌신은 서로 다른 학문, 직업, 성격, 능력을 어떻게 하나로 엮어 낼 수 있을까? 둘째, 세계 공동체로부터 배우는 세계 시민으로서 저개발 문제뿐만 아니라 과도한 개발 문제에도 정직할 수 있도록 가까운 이웃은 물론 먼 이웃과도 협의한다. 그렇다면 각자의 윤리는 사회경제적 계층과 어떻게 조화를 이룰 수 있을까? 셋째, 우리는 리더십 문제에 직면해 있다. 그렇다면 착취에 반대하고 지구와 조화를 이루면서 사람들을 기르기 위해 교회, 기관, 조직, 지역 사회, 가족을 어떻게 이끌어야 할까? 넷째, 우리는 자연 질서와 그 안에서 우리의 위치를 의식적으로 소중히 여기려 하기보다는 우리가 살고 싶은 방식에 맞게 환경을 재구성하려는 지속적인 유혹에 맞선다. 그렇다면 평화신학은 우리가 자연과의 협력과 조화로 향하도록 영감을 줄 수 있을까? 마지막으로, 성숙한 그리스도인은 비순응의 은사를 기꺼이 받아들인다. 세상에는 우리가 하나님을 사랑하고 하나님이 주시는 힘을 받아들여 느끼고, 배우고, 성장하고, 변화하고, 용서하고, 회복하고, 예수님께서 가시는 곳마다 그분을 따르는 데 방해가 되는 많은 역학이 작용한다. 그렇다면 평화의 왕은 우리를 어디로 초대하고 있는가?

인디애나주 엘크하트

아나뱁티스트 메노나이트 성서신학대학원

신학·윤리학 부교수

말린다 엘리자베스 베리

Barrett, Lois. "A critique of 'Political Nonviolence.'" Paper presented at the joint meeting of the MCC Peace Committee and Ecumenical Peace Theology Working Group, 3-4 November 1989, Elkhart, Indiana.

Burkholder, J. Lawrence. *The Problem of Social Responsibility from the Perspective of the Mennonite Church.* Elkhart, IN: Institute of Mennonite Studies, 1989. [Reprinted in J. Lawrence Burkholder, *Mennonite Ethics: From Isolation to Engagement,* edited by Lauren Friesen. Victoria, BC: Friesen Press, 2018.]

Burkholder, J. R. "Can We Make Sense out of Mennonite Peace Theology?" Working draft presented at the joint meeting of the MCC Peace Committee and Ecumenical Peace Theology Working Group, 3-4 November 1989, Elkhart, Indiana; reprinted in the present volume.

Burkholder, J. R. "Response to Koontz and Redekop." Peace Theology Colloquium IV, 20-23 June 1985, Elkhart, Indiana.

Detweiler, Richard C. *Mennonite Statements on Peace, 1915-1966: A Historical and Theological Review of Anabaptist-Mennonite Concepts of Peace Witness and Church-State Relations.* Scottdale, PA: Herald

Press, 1968.

Driedger, Leo. *Mennonites in Winnipeg.* Winnipeg: Kindred Press, 1990.

Fowler, James W. "Black Theologies of Liberation: A Structural-Developmental Analysis." In *The Challenge of Liberation Theology: A First World Response*, edited by Brian Mahan and L. Dale Richesin, 69–90. Maryknoll, NY: Orbis Books, 1981.

Friesen, Duane K. *Christian Peacemaking and International Conflict: A Realist Pacifist Perspective.* Scottdale, PA: Herald Press, 1986.
듀에인 프리즌, 《정의와 비폭력으로 여는 평화: 국제 갈등과 기독교적 실천》. 대장간, 2012.

Friesen, Duane. *Mennonite Witness on Peace and Social Concerns: 1900–1980.* Akron, PA: Mennonite Central Committee, 1982.

Goerz, H. "The Cultural Life among the Mennonites of Russia." *Mennonite Life* 24 (July 1969): 99–100.

Grimsrud, Ted. "Response to Ted Koontz's Paper: Mennonites and the State." Peace Theology Colloquium IV, 20–23 June 1985, Elkhart, Indiana.

Harder, Leland, ed. *The Sources of Swiss Anabaptism: The Grebel Letters and Related Documents.* Scottdale, PA: Herald Press, 1985.

Hershberger, Guy Franklin. *The Mennonite Church in the Second World War.* Scottdale, PA: Mennonite Publishing House, 1951.

Hershberger, Guy Franklin. "Nonviolence." In *The Mennonite Encyclopedia.* Vol. 3. Scottdale, PA: Mennonite Publishing House, 1957.

Hershberger, Guy Franklin. "Our Citizenship Is in Heaven." In

Kingdom, Cross, and Community: Essays on Mennonite Themes in Honor of Guy F. Hershberger, edited by John Richard Burkholder and Calvin Redekop, 273-85. Scottdale, PA: Herald Press, 1976.

Hershberger, Guy Franklin. *War, Peace and Nonresistance*. Scottdale, PA: Herald Press, 1944 (1953, 1969).
가이 허쉬버그, 《전쟁, 평화, 무저항: 신앙과 실천으로 보는 메노나이트 평화 개념》. 대장간, 2012.

Hershberger, Guy Franklin. *The Way of the Cross in Human Relations*. Scottdale, PA: Herald Press, 1958.

Juhnke, James C. *Dialogue with a Heritage*. North Newton, KS: Bethel College, 1987.

Juhnke, James C. "Mennonite History and Self-understanding: North American Mennonitism as a Bipolar Mosaic." In *Mennonite Identity: Historical and Contemporary Perspectives*, edited by Calvin Wall Redekop and Samuel J. Steiner, 83-100. Lanaham, MD: University Press of America, 1988.

Juhnke, James C. *Vision, Doctrine, War*. Scottdale, PA: Herald Press, 1989.

Kaufman, E. G. *The Development of the Missionary and Philanthropic Interests among the Mennonites of North America*. Berne, IN: Berne Book Concern, 1931.

Kaufman, E. G. *Our Mission as a Church of Christ*. Newton, KS: Faith and Life Press, 1944.

Kaufman, Gordon D. *Nonresistance and Responsibility*. Newton, KS: Faith and Life Press, 1979.

Kaufman, Gordon D. "The Significance of Art." *Mennonite Life* 20 (January 1965): 5–7.

Klassen, N. J. "Mennonite Intelligentsia in Russia." *Mennonite Life* 24 (April 1969): 51–60.

Klippenstein, Lawrence. "Mennonite Pacifism and State Service in Russia." PhD diss., University of Minnesota, 1984.

Koontz, Gayle Gerber, and Perry Yoder. "Issues and Questions Raised during the IMS-MCC Peace Colloquium." In *Essays on Peace Theology and Witness*, edited by Willard H. Swartley, 210–12. Elkhart, IN: Institute of Mennonite Studies, 1985.

Koontz, Ted. "Mennonites and the State: Preliminary Reflections." In *Essays on Peace Theology and Witness*, edited by Willard H. Swartley, 35–60. Elkhart, IN: Institute of Mennonite Studies, 1988.

Krehbiel, H. P. *A Trip through Europe: A Plea for the Abolition of War.* Newton, KS: Herald Publishing, 1926.

Krehbiel, H. P. *War, Peace, Amity.* Newton, KS: Herald Publishing, 1937.

Lapp, John A. *The Mennonite Church in India.* Scottdale, PA: Herald Press, 1972.

Lichdi, Dieter Goetz. *Mennonite World Handbook.* Carol Stream, IL: Mennonite World Conference, 1990.

M íguez Bonino, José. *La fe en busca de eficacia.* Salamanca, Spain: Ediciones Sigueme, 1977.

M íguez Bonino, José. "On Discipleship, Justice and Power." In *Freedom and Discipleship*, edited Daniel S. Schipani, 131–38. Maryknoll,

NY: Orbis Books, 1989.

Neufeld, Mark. "Critical Theory and Christian Service: Knowledge and Action in Situations of Conflict." *Conrad Grebel Review* 6, no. 3 (1988): 249-62.

Niebuhr, H. Richard. *Christ and Culture*. New York: Harper & Row, 1951. 리처드 니버, 《그리스도와 문화》. IVP, 2007.

Pickering, Jerry V. "Medieval Origins of European Folk Dramas." Paper presented at the Association for Theater in Higher Education Conference, 9 August 1988, Chicago.

Pixley, George V. "Response from a Baptist Biblical Scholar." In *Freedom and Discipleship*, edited by Daniel S. Schipani, 139-46. Maryknoll, NY: Orbis Books, 1989.

Ramsey, Paul. *Basic Christian Ethics*. New York: Scribners, 1950.

Redekop, John H. "Mennonites and Politics in Canada and the United States." *Journal of Mennonite Studies* 1 (1983): 79-105.

Redekop, John H. "The State and the Free Church." In *Kingdom, Cross, and Community: Essays on Mennonite Themes in Honor of Guy F. Hershberger*, edited by John Richard Burkholder and Calvin Redekop, 179-95. Scottdale, PA: Herald Press, 1976.

Richert, P. H. *A Brief Catechism on Difficult Scripture Passages and Involved Questions on the Use of the Sword*. Newton, KS: [Western District Peace Committee], 1942.

Rutenber, Culbert. *The Dagger and the Cross*. New York: Fellowship, 1950.

Sawatzky, Rodney J. "Domesticated Sectarianism: Mennonites in the

U.S. and Canada." *Canadian Journal of Sociology* 3, no. 2 (1978): 233-44.

Schlabach, Theron F. *Peace, Faith, Nation.* Scottdale, PA: Herald Press, 1988.

Schlabach, Theron F. "To Focus a Mennonite Vision." In *Kingdom, Cross, and Community: Essays on Mennonite Themes in Honor of Guy F. Hershberger,* edited by John Richard Burkholder and Calvin Redekop, 15-50. Scottdale, PA: Herald Press, 1976.

Schmidt, Kim. "The North Newton WILPF: Educating for Peace." *Mennonite Life* 40 (December 1985): 8-13.

Segundo, Juan Luis. *The Liberation of Theology.* Maryknoll, NY: Orbis Books, 1975.

Sider, Ronald J. *Christ and Violence.* Scottdale, PA: Herald Press, 1979. 로널드 사이더,《그리스도와 폭력》. 대장간, 2013.

Sider, Ronald J. *Completely Pro-life: Building a Consistent Stance.* Downers Grove, IL: InterVarsity Press, 1987.

Sider, Ronald J. *Non-violence: The Invincible Weapon?* Dallas: Word Publishing, 1989.

Sider, Ronald J. *Rich Christians in an Age of Hunger: A Biblical Study.* Downers Grove, IL: InterVarsity Press, 1977. 로날드 사이더,《가난한 시대를 사는 부유한 그리스도인》. IVP, 2023.

Snyder, C. Arnold. "The Relevance of Anabaptist Nonviolence for Nicaragua Today." In *Freedom and Discipleship,* edited by Daniel S. Schipani, 112-27. Maryknoll, NY: Orbis Books, 1989; reprinted from The Conrad Grebel Review 2, no. 2 (Spring 1984): 123-37.

Toews, John B. *A History of the Mennonite Brethren Church*. Hillsboro, KS: Mennonite Brethren Publishing House, 1975.

Toews, Paul. "The Long Weekend or the Short Week: Mennonite Peace Theology, 1925–1944." *Mennonite Quarterly Review* 60, no. 1 (January 1986): 38-57.

Weaver, J. Denny. *Becoming Anabaptist: The Origin and Significance of Sixteenth-Century Anabaptism*. Scottdale, PA: Herald Press, 1987.

Wedel, C. H. *Meditationen zu den Fragen und Antworten unseres Katechismus*. Newton, KS: Herold Druck, 1911.

Wedel, C. H. *Sketches from Church History for Mennonite Schools*. Translated by Gustav Haury. Newton, KS: Herald Publishing, 1924.

Wedel, D. C. "Contributions of David Goerz." *Mennonite Life* 7 (October 1952): 170.

Wedel, P. J. *The Story of Bethel College*. North Newton, KS: Bethel College, 1954.

Welty, B. F. "Notes from the History of Church Music in America." *Bethel College Monthly* 9 (May 1904): 18.

Wink, Walter. *Violence and Nonviolence in South Africa: Jesus' Third Way*. Philadelphia, PA: New Society Publishers, 1987.

Yoder, John Howard. *The Christian Witness to the State*. Newton, KS: Faith and Life Press, 1964.
존 하워드 요더, 《국가에 대한 기독교의 증언》. 대장간, 2012.

Yoder, John Howard. *Nevertheless: The Varieties of Religious Pacifism*. Scottdale, PA: Herald Press, 1971 [1992].
존 하워드 요더, 《그럼에도 불구하고, 평화: 종교적 평화주의의 다양성과 약점》. 대장간, 2015.

Yoder, John Howard. "Peace without Eschatology." A *Concern* reprint. Scottdale, PA: Herald Press, 1959.

Yoder, John Howard. *The Politics of Jesus.* Grand Rapids: Eerdmans, 1972 [1994].
존 하워드 요더, 《예수의 정치학》. 알멩e, 2023.

Yoder, John Howard. *The Priestly Kingdom: Social Ethics as Gospel.* Notre Dame, IN: University of Notre Dame Press, 1984.

Yoder, Perry B. *Shalom: The Bible's Word for Salvation, Justice, and Peace.* Newton, KS: Faith and Life Press, 1987.

<hr>

로이스 배럿 Lois Barrett　오랫동안 가정교회와 선교적 교회에 관해 연구하고 저술했다.　2002년부터 AMBS에서 가르치다 은퇴했다. 복음과 우리 문화 네트워크Gospel and Our Culture Network에서 활동하며 참여한 《질그릇 속의 보배: 선교적 신실성의 양식들 *Treasure in Clay Jars: Patterns in Missional Faithfulness*》을 포함한 여러 저서 중 《하나님의 전쟁 *The Way God Fights*》, 《가정교회 세우기 *Building the House Church*》가 번역 소개되었다.

존 리처드 버크홀더 John Richard Burkholder(1928-2019)　고센대학, AMBS, 라틴 아메리카성서신학교(코스타리카), 남아프리카대학교에서 윤리학, 신학, 평화학 등을 가르쳤으며, 학술지에 다수의 글을 기고하고 여러 책을 공동 집필했다. 기독교 평화운동팀CPT 이사회 임원, 화해친교 전국위원회Fellowship of Reconciliation National Council 위원, MCC 평화사무국이 후원하는 에큐메니컬 평화신학 작업그룹의 의장 등을 역임했다.

로런 프리즌 Lauren Friesen　미시건대학교의 연극학 명예교수로, 연극 교육 분야에서 뛰어난 공로를 인정받으며 활발한 강연과 창작, 저술 활동을 이어 왔다. 흥미롭게도 석사와 박사학위는 버클리연합신학대학원에서 받았다. 저서로 《극장, 평화, 정의 *Theatre, Peace, Justice*》, 《대초원의 땅, 사적인 풍경 *Prairie Lands, Private Landscapes*》 등이 있다.

바버라 넬슨 깅거리치 Barbara Nelson Gingerich　시카고대학교 신학대학원에서 신학 석사학위를 받았다. 인디애나주 고센에 거주하며, AMBS 의 메노나이트학연구소IMS에서 편집장으로 19년간 학술지와 서적, 출판 프로젝트를 총괄했으며 2018년에 은퇴했다.

헬무트 하더 Helmut Harder 캐나다 매니토바주 위니펙에 있는 캐나다메노나이트대학교CMU의 신학 명예교수로, MCC 평화위원회 의장, 메노나이트 총회GCMC 신앙고백위원회 공동의장, 메노나이트 세계총회MWC에서 국제 메노나이트 평화위원회 위원 등을 역임했다.

존 헤럴드 레데콥 John Harold Redekop 캐나다의 윌프리드로리어대학교에서 26년간, 트리니티웨스턴대학교에서 20년간 정치학을 강의하며 활발한 저술 활동을 했다. 캐나다 메노나이트 브레드런 교회 총회Canadian Mennonite Brethren Conference 총괄 책임자와 캐나다 복음주의 연합 회장 등을 역임했다. 《기독교 정치학 Politics Under God》이 번역 소개되었다.

다니엘 스키파니 Daniel Schipani 푸에르토리코 복음주의 신학교에서 목회 상담학과 기독교 교육학을 가르쳤다. AMBS의 목회 상담학 명예교수이며 매코믹 신학교와 샌프란시스코 신학교의 겸임 교수로 재직 중이다. 미국 메노나이트 교회MCUSA의 안수목사로, 라틴아메리카 출신 이민자들을 위한 지역 보건 센터에서 심리 치료, 목회 상담(자원봉사) 활동을 하고 있다. 북미와 중남미, 네덜란드에서 폭넓게 강연하며 목회적 돌봄, 종교 간 영적 돌봄 등에 관해 영어와 스페인어로 많은 책을 집필하고 편집했다.

데이비드 슈뢰더 David Schroeder(1924-2015) 캐나다 매니토바주 위니펙에 있는 캐나다 메노나이트대학교CMU의 전신인 CMBC에서 35년간 교수로 재직하면서 신약과 철학을 가르쳤다. 학생들에게 존경받는 멘토이자 상담자였으며 캐나다 전역의 메노나이트 교회에서 강연자로 활동했다.

아널드 스나이더 Arnold Snyder 캐나다 온타리오주 워털루에 있는 콘래드그레벨대학교에서 역사학과 평화-갈등학을 가르쳤으며 2011년에 명예교수가 되었다. 또한 《콘래드 그레벨 리뷰》의 편집장을 역임하고 팬도라출판사Pandora Press를 창립하여 운영하면서 활발한 저술, 편집 활동을 이어 왔다. 《아나뱁티스트 신앙의 씨앗으로부터From Anabaptist Seed》가 번역 소개되었다.

로버트 잭 수더먼 Robert Jack Suderman 볼리비아, 콜롬비아, 쿠바 등 다양한 나라에서 사역하며 교육, 지도자와 목회자 양성에 힘썼다. 캐나다 메노나이트 교회에서 다양한 직책을 맡았으며 메노나이트 세계총회 MWC 총무, 평화위원회 의장을 맡기도 했다. 은퇴 후 AMBS의 목회학 박사 과정의 전문 멘토로 활동하고 있다.

보론

Supplmentary Discussion

메노나이트 평화신학의 성찰적 청산

라인홀드 니부어의 현실주의와 네 차례 물결

재나 린 헌터-보먼

Reckoning in Mennonite Peace Theology

Reinhold Niebuhr's Realism and Four Waves of Development

초록: 본 논문은 라인홀드 니부어의 현실주의가 메노나이트 평화신학의 발전에 미친 영향을 재정리함으로써 무저항, 변혁, 성찰적 청산, 책임이라는 네 차례의 물결을 개략적으로 설명한다. 제1 물결은 니부어가 제시한 무저항과 비폭력의 구분을 수용하고 그중 무저항을 선택했다(가이 프랭클린 허시버거). 제2 물결은 국가의 이기심에 대해서는 현실적이었으나 기독교 평화주의 집단에 대해서는 현실적이지 않은 경향이 있었다. 그들이 구상한 기독교 공동체에서나 교회 너머 평화를 이루려는 비전에서 죄를 역사의 영구적 요인으로 인정하는 니부어의 현실주의 관점에서는 그랬다(존 하워드 요더, 존 폴 레더락John Paul Lederach). 제3 물결은 교회에 대해 현실적이며, 아나뱁티스트 교회의 역사, 제도, 공동체 안의 죄를 심문하고 성찰하며 청산한다(엘리자베스 말린다 베리). 새롭게 등장한 제4 물결은 자기비판적 책임을 실천하는 운동을 발전시키는 과정에서 앞선 세 물결의 요소를 이어받는다. 풀뿌리 운동인 '메노나이트 행동Mennonite Action'은 이러한 제4 물결의 '전조등'이라 할 수 있다.

전 세계적으로 메노나이트는 평화의 길을 고수한다고 알려져

있다. 이 헌신은 다양한 형태로 표현된다. 예를 들면 교회 기관의 평화 프로그램, 지역사회 기반 평화 운동 모델, 여러 단계의 평화 세우기, 평화 센터 및 학위 프로그램, 평화신학 등이다. 평화신학은 특정한 평화주의 교회론, 종말론, 역사적 의미에 뿌리를 둔 기독교 신학 윤리의 해석이자 서사적 유형론이다. 따라서 메노나이트 평화신학은 하나가 아니라 복수로 존재한다.

이 글에서는 평화신학의 세 물결인 무저항, 변혁, 성찰적 청산을 자세히 다룬다. 이 셋은 상당한 차이가 있다. 각 물결에는 20세기와 21세기에 걸쳐 지지자들이 있다. 각각의 내용과 접근법은 평화주의와 봉사(또는 동행)라는 신학적 윤리 전통뿐만 아니라 그러한 전통이 촉진하는 현장 경험과 관계의 영향을 받는다. 나는 '성찰적 청산reckoning'이 평화신학에 필수적인 형태라고 주장한다. 그런 노력은 교회와 기독교에 환멸을 느끼는 시대에 비판적 자기성찰의 중요성을 밝히며, 이론과 실천에서 '정의로운 평화justpeace'를 위한 건설적 개입을 포함해 평화 증언의 새로운 기준을 제시하기 때문이다. 그러나 성찰적 청산에 한정해 초점을 맞추다 보면 무저항에서 강조하는 완벽주의 사고 습관으로 이어지기 쉽다. 현대의 노력은 세 물결의 요소를 통합하며, 우리가 제4 물결인 '책임'의 시작점에 있을 수 있음을 시사한다. 새롭게 떠오른 제4 물결은 자기를 성찰하고 힘을 자각하는 책임을 강조하며, 아나뱁티스트들이 식민주의, 국가주의, 반유대주의에 대한 역사적 공모를 직시하는 동시에 교회와 제국 권력의 유착에 저항해 온 유산을 재확인하도록 촉구한다. 아울러 메노나이트의 이야기를 재구성함으로써 교회와 사회를 현실주의적으로 이해한다는 지침에 따라, 사회적·정치적 변혁을 위해 결집하는 다원적 풀뿌리 협력을 통해 전망 있는 전략적 참여를 촉진한다.

이 네 물결의 흐름을 그리는 작업은 평화신학의 여러 접근법 중 하나에 불과하다. 이 글은 이 물결에서 나오는 목소리들이 미국 신학자 라인홀드 니부어의 성과에 어떻게 반응하는지를 살핀다. 물결 간의 차이와 각각의 다양한 차원의 내적 일관성은 니부어의 비판과 논증에 비추어 볼 때 명확히 드러난다. 평화주의에 대한 니부어의 비판이 메노나이트 평화신학의 정립과 발전에 영향을 미쳤다는 점에서 니부어는 평화신학을 검토하는 날카로운 분석적 관점을 제공한다. 그의 논증은 죄로 가득한 세상에서 원수를 사랑하라는 계명이 집단으로 달성할 수 있는 목표가 아니라는 신학적 확신을 전제로 했다. 원수를 사랑하고 한쪽 뺨을 맞으면 다른 뺨마저 돌려대는 행위는 현실적이지 않았다.

이 글은 평화신학의 발전에서 니부어의 현실주의가 미친 영향을 재정리한다. 제1 물결은 니부어가 제시한 무저항과 비폭력의 구분을 수용하고, 그중에서 예수가 가르친 사랑과 일치하고 현실 정치와 거리를 둔 이들이 실천할 수 있다고 본 무저항을 선택했다. 제2 물결은 국가의 이기심에 대해서는 현실적이었으나 기독교 평화주의 집단에 대해서는 현실적이지 않은 경향이 있었다. 그들이 구상한 기독교 공동체에서나, 교회 너머 평화를 이루려는 비전에서 죄를 역사의 영구적 요인으로 인정하는 니부어의 현실주의 관점에서는 그랬다. 제3 물결은 교회에 대해 현실적이며, 아나뱁티스트 교회의 역사, 제도, 공동체 안의 죄를 심문하고 성찰하며 청산한다. 제4 물결은 사회와 교회 모두에 대해 현실적이며, 통합적으로 사고하는 이들이 자기를 성찰하고 차근차근 힘을 키워 새로운 형태의 책임을 실천하도록 마중물을 붓는다.

왜 물결인가?

평화신학의 네 물결을, 생각과 태도가 이미 완성되어 독립한 진화적 발전 단계로 이해해서는 안 되며 상호 배타적인 세대로 이해해서도 안 된다. 오히려 이 물결은 아나뱁티스트 평화신학과 더 넓은 신학적 사유에 기여하고 보정 역할을 하는 윤리적 접근법을 가리키는 발견적 도구heuristic devices라 할 수 있다. 따라서 이 물결은 다중 초점 렌즈를 제공하며, 평화의 길을 갈망하는 이들에게 폭력에 대해 다양한 대응 방안을 모색하는 비전을 제시한다.

우선 '물결wave'이라는 은유에 관한 이야기로 시작하겠다. 물결은 역사적 상황과 여러 가정들에 의해 형성된 해석 틀이다.[1] 어떤 이들은 물결을 각 물결 간 거리를 재는 기준점이라는 관점에서 생각한다.[2] 서로 다른 해석 틀과 강조점을 설명하기 위해 '세대generation'라는 개념을 사용할 수도 있지만, 연령이나 특정한 역사적 시기로 국한하여 정의될 때는 한계가 있다. 물결의 이미지는 여러 물결이 뒤

---

[1] 신학의 물결에 대한 이 개요는 데이비드 크레이머David Cramer에게서 자극을 받았다. 그는 나를 이 글에서 제2 물결로 명명한 흐름에 속한다고 인정한 반면 제럴드 P. 매케니Gerald P. McKenny는 내 연구를 3세대 평화신학에 속한다고 인정하면서 이 글에 나오는 제1 물결부터 제3 물결까지를 수긍했다. 크레이머가 언급한 "물결"의 분석에 대해서는 그가 쓴 다음 글을 참고하길 바란다. "Mennonite Systematic Theology in Retrospect and Prospect," *Conrad Grebel Review* 31, no. 3 (2013): 255-273.

[2] Els Maeckelberghe, "Across the Generations in Feminist Theology: From Second to Third Wave Feminisms," *Feminist Theology* 8, no. 23 (2000): 63-69.

섞이거나 나란히 존재할 수 있다는 사고를 가능하게 한다. 또한 비교적 관점에서 사고하도록 촉진할 뿐 아니라, 서로 다른 환경과 상황이 각기 다른 자원과 대응을 만들어 내는 데 그치지 않고 오히려 그것을 요구한다는 점을 숙고하게 한다. 이런 일은 한 개인의 생애나 한 세대 안에서도 흔히 일어난다. 물결은 해석 틀과 강조점에 대한 세대 간 논의를 촉진하는 데 유용하다. 이런 의미에서 물결은 '정치적 세대'로도 일컬을 수 있다. 이런 해석적 접근에서 평화신학의 물결들은 교회 안의 죄(혹은 폭력)의 존재 여부, 그리고 세상 안의 죄(혹은 폭력)와 교회가 맺는 관계에 대한 사고의 흐름을 되짚는다.

서로 다른 물결을 개괄하는 작업은 북미 메노나이트 공동체 안에서 소외되었던 목소리들과, 글로벌 사우스Global South를 중심으로 점점 더 세계화되는 공동체 안에서 역사적으로 무시되어 온 지점들을 조명한다. 이는 서로 다른 공동체가 평화신학의 유산을 어떻게 수용하고, 그것에 어떻게 기여하는지를 보여 준다. 또한 물결 간 대화의 유용성도 부각한다. 나는 북미 출신의 메노나이트이자 시스젠더 이성애자 백인 여성으로서, 거의 10년 동안 라틴아메리카에서 평화 세우기 활동을 했다. 이후 가톨릭계 대학교에서 도덕신학과 평화학으로 박사 과정을 밟으면서 20세기와 21세기 초반의 평화신학과 평화 연구로부터 타자화된다고 느낀 글로벌 사우스 출신 학생들에게 영향을 받았다. 이 논문에서 나는 여전히 발전하고 있는 앞선 세 물결에 비판적이면서도 감사하는 태도를 취하며, 제4 물결이 형성되기를 간절히 기대하고 있다.

라인홀드 니부어의 도덕적 현실주의와 메노나이트

미국 신학자 라인홀드 니부어는 한때 기독교 비폭력을 지지했으며, 한동안 '화해의 교제회Fellowship of Reconciliation(FOR)' 의장을 맡기도 했다. FOR은 제1차 세계대전 시기에 등장한 미국 내 대표적인 자유주의 기독교 평화주의 단체였다. 그러나 1930년대 초 니부어는 자신의 입장을 재고하기 시작했다. 특히 일본의 중국 침공은 그의 입장을 뚜렷하게 변화시키는 국제 정치의 사례 연구가 되었다.[3] 이후 그는 기독교 현실주의Christian realism와 연관된 입장을 발전시켰고, 당시 "자유주의적 평화주의liberal pacifism"라고 불리던 사상에 대해 20세기의 가장 명확한 비판자가 되었으며, 미국에서 가장 영향력 있는 기독교 사회윤리학자이자 정책 입안자들에게 널리 존경받는 조언자로 자리매김했다.

1940년에 출간된 니부어의 《기독교와 권력 정치Christianity and Power Politics》는 〈기독교 교회는 왜 평화주의가 아닌가Why the Christian Church Is Not Pacifist〉라는 제목의 글로 시작한다.[4] 니부어는 기독교 평화주의가 "사랑의 법", 즉 원수를 사랑하고 한쪽 뺨을 맞으면 다른 뺨마저 돌려대라는 계명에 기초하고 있다는 주장에 반론을 제기한다.[5] 그는 이러한 주장을 나쁜 신학이라 보았는데, 이는 죄로 가

---

3   Scott G. Davis, "Violence, Pacifism, and the Use of Force," in *The Oxford Handbook of Reinhold Niebuhr*, ed. Robin Lovin and Joshua Mauldin (Oxford University Press, 2021), 453.

4   Reinhold Niebuhr, "Why the Christian Church Is Not Pacifist," in *Christianity and Power Politics* (Charles Scribner's Sons, 1940), 1-32.

5   Reinhold Niebuhr, "Why the Christian Church Is Not Pacifist," in *The Essential*

득한 세상에서 원수를 사랑하라는 계명이 집단으로 달성 가능한 목표라고 가정하기 때문이다. 니부어의 평화주의 비판은 그가 '도덕적 현실주의moral realism'라고 부르는 개념에 근거를 두고 있다. 그리스도가 모든 인간의 규범일지라도, 모든 인간이 죄를 짓는다는 사실은 각 개인 또한 "그리스도를 십자가에 못 박는 자"라는 점을 의미하므로, 기독교는 단순히 "사랑의 법"으로 환원될 수 없다는 것이다. 니부어의 도덕적 현실주의는 인간 내부의 악이 실재하며 힘을 지녔다는 기독교적 관념을 전제로 한다. 하지만 이는 모순을 낳는다. 우리는 이웃을 사랑해야 한다는 것을 알지만, 우리의 지체 속에 기록된 법(롬 7:23) 때문에 실제로 그렇게 하는 것이 불가능하며 결과적으로 우리는 이웃보다 자신을 더 사랑하게 된다.[6] 우리는 자아를 관통하는 이기심이라는 균열을 혼자서는 극복할 수 없다.[7] 따라서 기독교는 "죄를 인간 역사의 영구적 요인으로" 심각하게 받아들여야 한다. 반면 세속화된 기독교는 인간 역사 속 죄악성에서 벗어날 출구가 존재한다고 암시한다.[8]

이러한 현실주의에 뿌리를 둔 니부어에게 20세기 초 종교적 자유주의자들이 주장한 평화주의는 이단적이다. 기독교를 지상에서 하

Reinhold Niebuhr: Selected Essays and Addresses, ed. Robert McAfee Brown (Yale University Press, 1986), 103. 이후에 별도로 명시하지 않은 본문 인용은 브라운의 판본을 참고했다.

6   Niebuhr, "Why the Christian Church Is Not Pacifist," 102-103.

7   Reinhold Niebuhr, *The Children of Light and the Children of Darkness: A Vindication of Democracy and a Critique of Its Traditional Defense* (University of Chicago Press, 2011), 160 and 166.

8   Niebuhr, "Why the Christian Church Is Not Pacifist," 103.

나님 나라를 실현하려는 "유토피아적 환상"과 동일시하기 때문이다. 이것은 복음이 아니라 세속 문화에서 비롯된 "이단적 평화주의"라는 비현실적인 정치 전략이다. 니부어는 자유주의적 평화주의를, 소수의 개인과 소규모의 비정치적 종파 집단이 진정으로 수행할 수 있는 과업과 구별한다. 이들은 정치사의 일반적인 규칙으로부터 거리를 두고 살아간다고 선언하는데, 예를 들어 성경적 증언에 뿌리를 둔 메노나이트의 무저항 윤리가 그러하다. 니부어는 메노나이트 윤리를 예수가 가르친 무저항적 사랑과 일치한다고 여긴다. "이것이 바로 이단이 아닌 평화주의다." 그는 "개신교 종파적 완전주의(예컨대 메노 시몬스 유형)"에 대해 이렇게 말한다.

> 이는 오히려 기독교 신앙의 귀중한 자산이다. 강압과 강압에 대한 저항을 모두 정당화하는 사회 정의의 상대적 규범은 최종 규범이 아니라는 점, 기독교인들이 그 규범의 상대적·잠정적 성격을 잊어버려 지나치게 절대화할 위험에 끊임없이 노출되어 있다는 사실을 기독교 공동체에 상기시키기 때문이다.[9]

메노나이트 평화주의자들이 정치에 참여하려 하지 않으면서 독선에 빠지지 않는다면, 그들은 국가의 양심을 일깨우며 실용주의적 사고와 책임감을 지닌 이들에게 부족함을 상기시키는 역할을 한다.

9　Reinhold Niebuhr, "Why the Christian Church Is Not Pacifist," in *Christianity and Power Politics*, 4.

왜냐하면 예수는 사랑을 향해 나아가야 할 모든 기독교인에게 궁극의 윤리적 이상이기 때문이다. 니부어는 메노나이트들이 현실 정치와 계속 거리 두기를 기대한다. 현실 정치에서는 변화를 가져오기 위해 윤리적 이상의 타협이 불가피하고 폭력이 정부의 본질적인 부분이기 때문이다.

아나뱁티스트 메노나이트 성서신학대학원AMBS에서 '전쟁, 평화, 혁명에 대한 그리스도인의 태도Christian Attitudes Towards War, Peace, and Revolution'라는 과목을 수강하는 여러 세대의 학생들은 니부어의 논문을 읽게 된다. AMBS는 미국 메노나이트 교회Mennonite Church USA, 캐나다 메노나이트 교회Mennonite Church Canada, 그리고 전 세계 아나뱁티스트 단체와 공동체에 기여하는 신학 교육기관이다. 니부어의 논문에 대한 반응은 세 물결로 나누어 살펴볼 수 있다.

제1 물결: 무저항, 불참여, 분리

평화신학의 제1 물결은 미국에서 유럽계 남성들이 규정했다. 제1차 세계대전과 제2차 세계대전 사이, 20세기 메노나이트들은 이른바 '세상'이라 불리는 외부와 분리된 보호적 공동체 안에서 살았다. 이러한 정착 방식은 교회와 세상, 심지어는 메노나이트와 그 외의 다른 이들(다른 기독교인들 포함) 사이를 구분 짓는 이원론적 시각을 형성하는 데 영향을 주었다.

다양한 맥락과 우발적 요인의 영향으로 이 같은 세상과의 분리가 일어났고 신학적 정립을 재확인하는 결과로 이어졌다. 첫째, 양차 세계대전이 있었다. 징병 문제 때문에 북미 교회는 전쟁 불참의 확고한 근거를 제공하는 평화신학을 정식화할 수밖에 없었다. 양심적 병역 거부는 이러한 평화신학의 중요한 표현이었다.[10]

니부어의 저술은 또 다른 주요 동인이었다.[11] 평화주의에 대한 그의 비판은 메노나이트들이 무저항(목적을 달성하기 위한 강압적 수단과 전쟁 포기)을 주장하게 된 요인 중 하나였다. 니부어가 설정한 논쟁의 용어들에 영향을 받은 메노나이트들은 "악한 자를 '대적하지 말라resist not'"는 성경의 명령에 충실했으며, 정치적으로 초연한 역사적 무저항을 지지하면서 정치에 개입하지 않는 공동체 안으로 물러났다. 그들은 자유주의 개신교 평화주의자들과 간디식 평화주의자들이 옹호하는 비폭력 평화주의와도 거리를 두었다. 비폭력 평화주의는 폭력에 저항할 수 있는 긍정적 힘으로 이해되며 사회 운동의 성공을 이끄는 실천에 스며들어 있었다. 사실상 니부어의 견해에 동의한 그들은 역사 속에서 실질적인 효과를 거두기가 불가능하다는 점을 강조했고, 죄로 가득한 세상에서 사회 운동이 상황을 변화시킬 수 있다는 환상을 거부했다.

제1 물결의 사상가들은 니부어의 무저항과 비폭력의 구분에 동

10 Peter Brock, *Against the Draft: Essays on Conscientious Objection from the Radical Reformation to the Second World War*, 1st ed., Heritage (University of Toronto Press, 2006).

11 Leo Driedger and Donald B. Kraybill, *Mennonite Peacemaking: From Quietism to Activism* (Herald, 1994), 73; Keith Graber Miller, *Wise as Serpents Innocent as Doves: American Mennonites Engage* (University of Tennessee Press, 1996); John Howard Yoder, *Christian Attitudes to War, Peace, and Revolution*, ed. Theodore J. Koontz and Andy Alexis-Baker (Brazos, 2009), 343-418. Also, Graber Miller, "Mennonite Lobbyists in Washington," *The Annual of the Society of Christian Ethics* 15 (1995): 177-199.

의하고 그중 무저항을 선택했다는 점에서 니부어식 현실주의자들
이다. 이 메노나이트들은 자신이 옹호하지 않는 '비폭력 평화주의'
의 실용적 근거와 자신이 지지하는 '무저항'의 성서적·신학적 근거
를 구분했다. 정치 질서 안에서 사랑이 없는 투쟁 참여와 강압을 거
부하는 이 입장은 노동자 조직이 "계급 투쟁"이라는 비판, 국제 분
쟁을 해결하려는 다른 기독교인들에 대한 비판을 포함했다. 그들
의 주장에 따르면, 그러한 비폭력 저항은 신약에 나오는 무저항적
사랑의 가르침과 더불어, 십자가로 이어진 예수의 삶을 따르는 제
자도와 일치하지 않았다. 따라서 메노나이트들은 정치 질서의 주
변부에서 비강압적 신앙 행위에 집중해야 했다. 인종적 편협에 대
한 반대, 다른 소수 집단에 대한 배려, 종교적 자유에 대한 관심, 소
박한 삶, 건강한 지역 공동체 육성, 구호 활동, 사회 재건 등이 그것
이다.

미국 메노나이트 신학자이자 역사학자인 가이 허시버거는 사랑
을 강조하는 무저항의 대표적 목소리였다.[12] 허시버거는 이렇게 선
언했다. "신약의 길은 정의가 아니라 사랑을 목표로 둔다. 정의를
목표로 할 때 그 결과는 흔히 권력, 지위, 부를 위한 이기적인 투쟁
이 되고 만다. 그러나 사랑을 목표로 하면, 그 결과로 사랑뿐만 아니
라 정의가 뒤따른다. 하지만 설령 그렇지 않더라도, 그리스도인은

---

12 가이 프랭클린 허시버거는 무저항을 변호하는 글의 서두에서 이를 '간디의 비
폭력'과 구분하며 "간디의 비폭력 프로그램은 때때로 무저항과 혼동되지만 실제로
는 일종의 전쟁'이라고 밝혔다. [*War, Peace, and Nonresistance* (Herald, 1946), 1.] 다
음 자료도 참고하길 바란다. John R. Mumaw, *Nonresistance and Pacifism* (Mennonite
Publishing House, 1952), and Don E Smucker, "A Mennonite Critique of the
Pacifist Movement," *Mennonite Quarterly Review* 20 (1946): 80-88.

어떻게든 계속 사랑해야 한다. 그리스도의 가르침에 따르면 사랑의 길을 버리기보다 오히려 불의를 견뎌야 한다."[13] 허시버거의 저서 《전쟁, 평화, 무저항》은 1920년대 초부터 평화를 적극적이고 긍정적으로 활용해 온 메노나이트 진보주의자들의 낙관론[14]을 무색하게 만들었다. 허시버거는 또한 예수의 윤리를 채택한 메노나이트들이 사회적 책임을 회피한 사회적 기생자로 전락했다는 니부어의 주장을 반박했다. 그는 두 왕국 신학에 굳건히 발을 디딘 채, 예수의 "무저항적 사랑"의 가르침을 따르려는 메노나이트의 노력을 니부어의 "이단적 평화주의"와 구분 지으면서도, 니부어의 범주를 사실상 수용했다. 허시버거가 "신약의 길은 정의가 아니라 사랑을 목표로 둔다"고 주장하며 무저항 기독교 공동체가 "사랑의 길"을 따를 때 정의가 부수적 효과로 나타나는 데 만족해야 한다고 역설한 것을 보면 알 수 있다.[15] 중요한 점은, 허시버거의 전략이 다양한 메노나이트를 신실한 교회의 비전 아래 한 집단으로 묶는 목표를 이루어 냈다는 사실이다.

따라서 제1 물결은 다음과 같은 진술로 요약할 수 있다. '하나님은 분리된 백성을 부르심으로써 역사 안에서 하나님 나라를 이루어 가신다.' 제1 물결의 기준점에는 세상에서 물러나 있는 태도, 두 시

13　Hershberger, *War, Peace, and Nonresistance*, 49.

14　한 예로, 1926년 메노나이트 교회 총회Mennonite Church General Conference 회의에서 J. H. 랭긴월터J. H. Langenwalter는 이렇게 연설했다. "세계 평화가 인간의 노력으로 실현 가능하다는 사상을 널리 알리고, 평화에 필요한 조건들을 연구하기 위해 모든 노력을 기울여야 합니다." 다음 자료를 참고하길 바란다. Driedger and Kraybill, *Mennonite Peacemaking*, 78.

15　Hershberger, *War, Peace, and Nonresistance*, 53, 232-254.

대 종말론(혹은 두 왕국 신학)이 형성한 교회/세상 이원론, 십자가에 대한 강조가 포함된다. 이 사회 변화 모델은 세상과 구별되는 '산 위의 동네'나 '빛'으로 존재를 드러내는 방식이다. 평화(무저항을 뜻함)와 사랑이 핵심 용어다. 정의는 종종 부정적인 관점으로 여겨지는데, 산 위에서 정의를 행하되 자신을 위해 정의를 요구해서는 안 된다는 것이다. 저자들은 메노나이트가 사회를 형성할 힘이 거의 없는 위치에서 움직인다고 가정한다. 그들은 역사적·신학적 방법을 사용해 논증을 전개한다. 사회과학적 방법은 인식론적으로 신뢰하기 어려워 거의 활용하지 않았다.

제2 물결: 적극적인 세상 참여를 통한 변혁

전후戰後 시기에 모순이 드러났다. 미국 메노나이트들이 살아가는 현실이 무저항 신학과 맞지 않게 된 것이다. 북미 메노나이트들은 전쟁 때문에 미국 문화에서 분리되어 있었으나(무저항적·분리주의적 윤리와 일지) 새로운 참여 형태가 등장하면서 사회학적 변화가 일어났다. 예를 들면 민간 대체 복무, 대학의 고등교육, 농촌에서 도시로의 이동, 다른 지역 공동체 출신 동료들과 어울리게 되는 전문 직업 세계로의 진출 등이다. 전쟁 기간에 그들은 러시아계 메노나이트 외에도 도움이 필요한 사람이 많다는 사실을 알게 되었다(이 내용은 뒤에서 다시 살펴볼 것이다). 이런 실정이다 보니 봉사 윤리가 점점 중요해졌다. 그 결과 그들은 자신의 공동체와 교회 밖으로 나가게 되었다. 해외 봉사와 도시 활동이 고등교육과 맞물리면서 다양한 환경에서 사회적 억압과 정부 권력 구조에 대한 인식이 높아졌다.[16]

사회학적으로 이러한 추세는 두 왕국 신학을 지탱하던 교회/세상 이원론을 약화했다. 특히 도시 지역과 해외에서 활동하던 메노나이트들은 자신처럼 전쟁과 인종적 불의에 반대하는 이들이 많음을 깨달았다. 게다가 메노나이트들은 1960년대와 1970년대의 사회·정치적 변화를 목격했다. 전 세계의 혁명운동, 라틴아메리카의 해방신학, 미국 내 시민권 운동, 베트남 전쟁 반대 시위, 미국의 제2 물결 페미니즘이 대두된 것이다. 이 무렵 북미 메노나이트들은 다양한 문화·정치 환경에서 선교 활동을 한 경험이 70여 년, 메노나이트 중앙위원회MCC가 평화·봉사 활동을 한 경험이 거의 50년에 달했다. 이러한 역사적 경험과 관계는, 정의에 명백히 주목하는 평화신학을 발전시켜야 한다는 절박감을 키웠다.

일련의 신학적 태도는 종파적 이상주의의 이원론을 넘어 적극적인 세상 참여에 방점을 찍었고,[17] 결국 '변혁'이 메노나이트에게 맥

16 Driedger and Kraybill, *Mennonite Peacemaking*, 133–158, especially 134.

17 고든 코프먼은 적극적인 세상 참여를 중심으로 한 비폭력 신학 윤리를 옹호하는 평화신학을 발전시켰다. 그는 저서 *The Context of Decision: A Theological Analysis* (Abingdon, 1961)에서 이웃 사랑은 그리스도인이 신체적·도덕적 해를 끼칠 수 있는 어렵고 모호한 상황을 피해서는 안 된다는 것을 의미한다고 강조했다. 그는 니부어의 견해에 동의하면서, 정치나 전쟁이 죄악으로 여겨지더라도 그리스도인은 그런 현실을 화해 사역의 일부로 직면하고, 흔히 자기중심적인 사랑에 뿌리를 둔, 세상에서 물러나는 전략을 거부하며, 죄로 가득한 상황에 대한 책임을 받아들여야 한다고 주장했다. 같은 맥락에서 *Nonresistance and Responsibility and Other Mennonite Essays* (Faith and Life, 1979)도 참고할 수 있다. 코프먼의 평화신학은 *Systematic Theology: A Historicist Perspective*(Scribner, 1969)에서 탐구한 "하나님의 무저항"에 대한 그의 이해에도 영향을 미쳤으며, 이후 그리스도론과 종교 다원주의에 관한 연구에도 방향을 제시했다. 니부어와는 견해를 같이하나 존 하워드 요더와는 다른 입장을 취한 J. 로런스 버크홀더는 "그리스도처럼" 보이는 선택지가 없는 "비극적 필연성"의 모호한 상황을 다루는 신학이 메노나이트들에게 필요하다고 주장했다. 이와 관련된 논의는 버크

락적으로 가장 설득력 있는 응답으로 부상했다.[18] 제2 물결의 메노나이트 평화신학자들과 실천적 학자들(로런스 버크홀더, 고든 코프먼, 존 하워드 요더, 돈 크레이빌, 두에인 프리즌, 존 폴 레더락)은 변혁을 통해 역사 속에서 일하시는 하나님을 강조했다.[19] 사회 참여에 대한 헌신이 깊어짐에 따라 제2 물결의 지지자들은 교회와 세상이라는 이분법을 훌쩍 뛰어넘어 교회가 주변 환경을 어떻게 변화시킬 수 있는지를 탐색하게 되었다. 뚜렷이 다르면서도 상호 활력을 주는 신학과 학문의 궤적이 변혁에 대한 강조 안에서 수렴되었다.

제2 물결의 사상가들은 개념적 틀, 특히 국가에 대한 사고에서 니부어식 현실주의자들이었다. 종말론적·메시아적 범주에 뿌리를 둔 그들은 특정한 역사적 맥락에서 정의로운 평화에 기여하는 일을 신학적으로 다루면서도 정의로운 평화가 온전히 실현되지는 않을 것이라고 수긍한다. 레더락의 영향력 있는 도식에 따르면, '정의로운 평화'는 우리가 사회적 변혁 과정을 거치면서 바라보고 나아갈 수

홀더의 1958년 프린스턴대학교 박사학위 논문 "The Problem of Responsibility from the Perspective of the Mennonite Church"(Institute for Mennonite Studies, 1989)와, 게일 거버 쿤츠Gayle Gerber Koontz의 글 "Peace Theology in Transition: North American Mennonite Peace Studies and Theology, 1906–2006"(*Mennonite Quarterly Review* 81, no. 1, 2007: 77)에서 찾아볼 수 있다.

18 참고: David C. Cramer "Realistic Transformation: The Impact of the Niebuhr Brothers on the Social Ethics of John Howard Yoder (1)," *Mennonite Quarterly Review* 88, no. 4 (2014): 67–104.

19 John Richard Burkholder and Barbara Nelson Gingerich, eds., *Mennonite Peace Theology: A Panorama of Types* (Mennonite Central Committee Peace Office, 1991)/《메노나이트 평화신학: 다양한 유형의 파노라마》(생각비행, 2026). 이 책은 제2 물결 평화신학의 전형을 보여 주지만, 대조를 위해 제1 물결의 신학자들을 다룬 장도 일부 포함하고 있다.

있는 '기대의 지평horizon of expectation'이다. 다만 그것은 "현실과 동떨어져 있어 (…) 우리가 인간사에 접근하는 새로운 방식을 추구하도록 이끈다"라고 레더락은 《도덕적 상상력The Moral Imagination》이라는 책에서 말한다.[20] 마찬가지로 기독교 현실주의도 특정한 "사회적 성취"가 우리의 한계를 상기시키면서도 희망을 재확인하게 한다고 본다.[21] 니부어의 언어로 말하면, 예수는 이상理想이지만 도덕적 딜레마는 상대적 정의에 가까워지기 위해 이상에 대한 타협을 요구한다. 이는 도덕적 소심함으로 이어지기보다 오히려 용기와 상상력을 낳는다. 제1 물결과 달리 제2 물결의 부름은 세상에서 물러나기보다 죄가 있는 세상으로 뛰어드는 동시에, 폭력적인 국가와 구별되는 신실한 교회로서 정체성을 유지하는 것이다. 키스 그레이버 밀러Keith Graber Miller는 적어도 1970년대 이후 정의로운 평화 활동에 참여한 메노나이트들이 국가의 이기심과 더불어, 미국이 전 세계적으로 군사적·경제적·정치적 이익을 추구하면서 초래하는 파괴에 대해 니부어식 현실주의자들이었다고 썼다.[22]

제2 물결은 무저항과 더는 동일시하지 않으며 비폭력 저항을 수용한다. 이 중대한 발전은 제2 물결의 평화신학자들이 폭력 문제에서 니부어와 결별하는 방식에서 드러난다. 현실주의자 니부어는 더 큰 악을 저지하기 위한 힘의 사용을 인정한다. 하지만 제2 물결의

---

20 John Paul Lederach, *The Moral Imagination: The Art and Soul of Building Peace*, reprint edition (Oxford University Press, 2010), 29. / 《도덕적 상상력》(글항아리, 2016)

21 Robin W. Lovin, *Reinhold Niebuhr and Christian Realism* (Cambridge University Press, 1995), 1.

22 Graber Miller, *Wise as Serpents Innocent as Doves*, 60.

아나뱁티스트는 폭력에 가담하는 행위가 악의 양을 줄이는지 되묻는다. 아울러 데이비드 크레이머가 지적하듯, 정의로운 평화를 세우는 데 비폭력 평화 운동이 폭력적 접근보다 효과적이라고 반박한다.[23] 간디와 거리를 둔 제1 물결의 사상가들과 달리, 제2 물결의 사상가들은 예수와 간디가 모범을 보인 정치, 즉 오늘날 비폭력 또는 비폭력 저항이라 불리는 방식이 더 현실적이라고 믿는다. 이 사상가들은 니부어가 제시한 논쟁의 틀을 암묵적으로 채택하고 조정하면서도, 폭력에 대한 입장에서는 니부어와 결별하고 다른 형태의 정치를 옹호했다. 이 물결의 대표자들에게서 나온 강력한 이론들은 국가가 역사 변화의 주요 행위자라는 가정에 반대했다. 이러한 접근은 정치신학 분야에서 주체를 국가에서 기독교 공동체로 전환하는 데 결정적으로 기여했다. 제2 물결의 신학자들, 특히 요더에게서 영감을 받은 레더락은 정치의 주체를 국가 제도와 법률에서 지역 공동체와 공동의 과정으로 전환하여 평화학의 이론적 지평을 열었다.[24]

제2 물결의 저자들은 아래로부터의 사회적 효과라는 소수적 입장을 경험적으로 검증하고자 했다. 사회과학을 의심하던 제1 물결의 사상가들과 달리, 제2 물결의 사상가들은 사회과학을 활용하여,

---

23　David Cramer and Myles Werntz, *Field Guide to Christian Nonviolence* (Baker Academic, 2022), 77.

24　다음 자료에서 그래프를 참고: John Paul Lederach, *Building Peace: Sustainable Reconciliation in Divided Societies* (United States Institute of Peace, 1998), 78; 다음 자료도 참고: Janna Hunter-Bowman and Heather DuBois, "The Intersection of Christian Theology and Peacebuilding," in *The Oxford Handbook of Religion, Conflict, and Peacebuilding*, ed. Atalia Omer, Scott Appleby, and David Little (Oxford Press, 2015), 575.

비폭력이 치명적 폭력보다 더 효과적이고 경제적이며 덜 파괴한다는 점을 논증했다. 진 샤프의 연구를 통해 이러한 비폭력의 현실성이 확인되자, 제2 물결의 신학자들은 교회와 세상을 불투명한 벽으로 구분하지 않고, 우주의 역사적 궤적을 따라가는 진보의 문제로 이해했다. 요더는 교회를 가리켜 "도래하는 새 세상"이자, 세상의 개척자, 모범, 패러다임이라고 썼다. 즉, 교회는 하나님 나라로 이끄는 진보 곡선의 아래쪽에 있는 세상이 바라보면서 그 가치를 인식하고 배울 수 있는 본보기라는 것이다.[25] 그에 따르면 기독교 공동체의 실천은 근본적으로 종교적이라기보다는 "세속적"이고 "공적인" 현상이다.[26] 그리하여 제2 물결의 평화신학은 학제 간 평화 연구 대화에서 우호적인 상대가 된다.[27]

실천가이자 학자인 존 폴 레더락은 분쟁 현장에서 쌓은 경험과 자신을 형성한 메노나이트 전통에 힘입어, 많은 갈등 해결과 평화 세우기, 평화 연구에서 전제되는 단일하고 선형적인 역사관에 문제를 제기해 왔다.[28] 그는 지속력을 지닌 창의적이고 취약하며 비강압적인 사회적 변혁 공동체라는 개념을 제시하며, 갈등 전환과 평

25　John Howard Yoder, "Sacrament as Social Process: Christ the Transformer of Culture," in *The Royal Priesthood* (Herald, 1998), 372.

26　Yoder, "Sacrament as Social Process," 369–372.

27　존 하워드 요더는 노트르담대학교의 크록 국제평화학 연구소Kroc Institute for International Peace Studies에서 교수로 재직했으며, 존 폴 레더락과 리사 셔크Lisa Schirch가 뒤를 이었다. 셔크의 변혁 지향적 기여에는 저서 *The Little Book of Strategic Peacebuilding: A Vision and Framework for Peace with Justice*(Good Books, 2005)/《전략적 평화 세우기: 전쟁과 평화를 위한 비전과 툴》(KAP, 2014)도 포함된다.

28　Janna Hunter-Bowman, *Witnessing Peace: Becoming Agents Under Duress in Colombia* (Routledge, 2022); DuBois and Hunter-Bowman, "The Intersection of Christian Theology and Peacebuilding."

화 세우기의 기초를 다지는 데 주도적 역할을 했다.[29] 또한, 폭력적 갈등이 발생했거나 그런 위협을 받는 국내외 수많은 비공개적 분쟁 현장과 교회에서 뚜렷한 학문적·실천적 리더십을 발휘해 왔다. 그가 "아나뱁티스트-메노나이트 종교윤리적 틀"이라 부르는 것이 도덕적 상상력을 불어넣어 주어 그의 이론에 영향을 미쳤다.[30] 그가 메노나이트에서 받은 "유산과 나침반"은 중미, 그리고 훗날 아프리카의 뿔(아프리카 대륙의 북동부로, 복잡한 종족 구성과 다양한 종교가 혼재하는 지역-옮긴이)과 네팔에서 펼친 광범위한 활동에서 인식과 경험을 빚어냈다.[31] 경계를 넘나드는 활동을 중시하고 위험을 감수하는 그의 태도는, 실천적이고 구체적이며 체화된 제자도 신학에서 강조하는 "원수 사랑"에서 비롯되었다.[32] 그는 변혁적 틀의 독특한 시간 지평을 메노나이트 신학의 시간 개념과 연결하는데, 여기서 현재와 미래가 하나님 나라의 "이미/아직" 사이에서 중첩된다.[33] 그는 이렇게 말한다. "여러 아나뱁티스트 저자의 책 제목에서 드러나듯 그것은 '거꾸로 된 하나님 나라' 안에서 '겨자씨 음모'를 통해 실현되는 '예수의 정치학'이다."[34]

---

29 DuBois and Hunter-Bowman, "The Intersection of Christian Theology and Peacebuilding."

30 Lederach, *Little Book*, 4. 참고: Lederach, "Journey from Resolution," 45.

31 Lederach, *Journey Toward Reconciliation*, 15.

32 Lederach, "Missionaries," 11–19.

33 Lederach, "Pacifism in Contemporary Conflict: A Christian Perspective," johnpaul lederach. com/2023/03/pacifism-in-contemporary-conflict-a-christian-perspective/, 7. 다음 자료도 참고: John Howard Yoder, *The Politics of Jesus* (Eerdmans, 1972); Tom Sine, The Mustard Seed Conspiracy (Word Books, 1981); Donald B. Kraybill, *The Upside-Down Kingdom* (Herald, 1978).

비폭력적 참여로 세상을 변화시키려는 제2 물결의 현실주의는 1993년 7월 워싱턴 D.C.에서 열린 미국평화연구소US Institute of Peace(USIP) 회의 당시 레더락과 요더가 나눈 격식 없는 소통에도 드러난다. 레더락은 〈현대 분쟁 속의 평화주의: 기독교적 관점Pacifism in Contemporary Conflict: A Christian Perspective〉이라는 제목의 논문을 의뢰받아 집필 중이었고, 요더는 비폭력에 관한 종교 간 회의의 총괄 논평자였다. 거의 10년이 지나 2002년 노트르담대학교에서 열린 신자의 교회Believer's Church 회의 때 발표한 논문에서 레더락은 자신이 막 제안한 비폭력 평화군nonviolent peace force 구상에 대해 요더가 규범적 정당성을 제공했다고 회상했다. 요더는 정부가 국민 복지를 보장하는 새롭고 비폭력적인 방안을 모색하도록 촉구하고, 글로벌 사우스에서 그들의 행위가 초래한 해악에 대한 배상 참여를 촉구하는 일이 아나뱁티즘에 배치되지 않는다고 주장했다. 오히려 그것은 하나님 나라를 살아가기로 헌신한 이들의 소명이다.[35] 제1 물결의 신학과 달리, 이제 메노나이트 평화신학은 사회의 양심을 찔러 그 불완전함을 상기시키기보다 정부를 재촉해 정의로 나아가게 한다. 게다가 평화·비폭력 신학과 교회론의 긴밀한 관계도 드러난다. 자유교회는 창의적 비폭력을 실천하고 새로운 지평을 탐색하는 데 적합하다는 공통된 인식이 있다. 왜냐하면 폭력으로 세상을 지배하려는 현 체제와 세속 권력에서 벗어나 있기 때문이다.

반면에 제2 물결의 사상가들은 국가에 대해서는 현실적이나 기

---

34 Lederach, "Pacifism." 다음 자료도 참고: Yoder, *Politics of Jesus*; Sine, *Mustard Seed*; Kraybill, *Upside-Down Kingdom*.

35 Lederach, "Recollections and the Construction of a Legacy."

독교 평화주의 집단에 대해서는 현실적이지 않은 경향이 있다. 적어도 기독교 교회 안에서 죄를 역사의 영구적 요인으로 인정하는 니부어의 현실주의 관점에서는 그렇다.[36] 정치사의 법칙에 거리를 두고 살아간다고 주장하는 교회는, 니부어의 국가와 종파의 구분을 끌어와 말하자면, 오히려 세상 속에서 "초월적 희망"의 장소로 보이곤 했다. 종말론은 곧 요더의 사회 이론이다. 요더는 자신의 저작 전반에서 그리스도인 공동체를 새로운 문화적 선택지를 구성하는 사회학적 실체로 서술하며, 이 사회 이론의 근거를 메시아적 묵시 범주에 두었다.[37] "초월적 희망의 관련성은 '공공 기관'과는 다르게 기능하는 '개척자' 혹은 '시범적 노력'의 형태로 나타나기도 한다."[38] 이러한 정치적 비전은 국가에 대한 현실주의와 교회를 변화의 주체이자 '윤리적 초월의 장소'로 보는 개념을 결합한다.[39] 교회가 변화 주체라는 개념은 요더가 말한 대로 교회의 메시아적 성격이 어떻게 윤리적 초월성과 더불어, 세속의 정치를 초월하는 정치적 본질을 부여하는지 압축적으로 보여 준다. 그 덕에 교회(그리고 그 안에 있는 영향력 있는 인물들, 예컨대 요더 자신)는 외부 간섭이나 조사에서도 보호받는다.[40] 요더는 죄라는 균열이 니부어가 말하는 도덕적 현실주

36   Niebuhr, "Why the Christian Church Is Not Pacifist," 103.

37   Janna L. Hunter-Bowman, "Constructive Agents Under Duress: Alternatives to the Structural, Political, and Agential Inadequacies of Past Theologies of Nonviolent Peacebuilding Efforts," *Journal of the Society of Christian Ethics* 38, no. 2 (2018): 149-168.

38   John Howard Yoder, *The Original Revolution: Essays on Christian Pacifism* (Herald, 2003), 163.

39   참고: Isaac Samuel Villegas for this formulation in "The Ecclesial Ethics of John Howard Yoder's Abuse," *Modern Theology* 37, no. 1 (2021): 191-214.

의에서처럼 인간의 내면을 갈라놓는 것이 아니라 오히려 우주적 분열이라고 주장한다.[41] 그는 공동체의 윤리적 초월성을 우주적 차원으로 묘사한다.

정리하자면 제2 물결은 죄로 물든 세상이라도 변할 수 있다는 가능성에 방점을 찍는다. 평화란 무저항이 아니라 비폭력적 행동과 참여이며, 이는 전쟁보다 현실적으로 더 나은 문제 해결 방식을 제공하고, 악의 희생자들을 위한 정의를 추구한다. 하나님의 변화시키는 힘이 중심 주제이며, 하나님께서 역사 속에서 세상을 구속하시어 하나님 나라로 변화시키고 계심을 확언한다. 십자가보다는 부활을, 세상에서 물러나기보다는 참여를 강조한다. 사회 변화 모델은 소금과 누룩, 그리고 협력적 동반 관계로, 다양한 종말론(메시아적, 점진적, 실현된)이 뒷받침한다. 정의는 긍정적 선善으로, 사회 제도의 핵심 목표이자 가능성으로 여겨진다. 제2 물결은 그리스도인 또한 사회를 형성하는 주체 중 하나라고 가정한다.[42] 방법론적으로

40   Hunter-Bowman, "Constructive Agents Under Duress."
41   John Howard Yoder, "Peace Without Eschatology," in *The Royal Priesthood: Essays Ecclesiological and Ecumenical*, ed. Michael G. Cartwright (Eerdmans, 1994), 146.
42   트럼프 행정부 1기 동안 추방 대상 이주민들에게 교회를 '피난처santuary'로 내어 준 메노나이트 회중은 종종 제2 물결 평화신학의 핵심 용어로 자신의 평화 증언을 표현한다. 예를 들어, 아이작 새뮤얼 빌레거스Isaac Samuel Villegas는 자기네 교회가 로사 델 카르멘 오르테스-크루스Rosa del Carmen Ortez-Cruz에게 피난처를 제공한 경험을 *Migrant God: A Christian Vision for Immigrant Justice*(Eerdmans, 2025)에서 깊이 있게 회고한다. 그는 스탠리 하우어워스Stanley Hauerwas의 요더식 개념인 "교회는 사회 윤리를 가지고 있는 것이 아니라, 교회 자체가 사회 윤리다"를 인용하며 여기에 "우리가 바로 우리의 윤리적 비전이다"라는 말을 덧붙여, 대안 공동체인 교회가 사회를 변혁하는 표현으로 "보호적 피난처protective sanctuary"를 제시한다(92쪽, 둘째 줄). 그리고 이렇게 말한다. "로사와 함께한 우리의 삶은 교회로서 우리의 정체성을 드러낸 것이자 정치적

제2 물결 사상가들은 제1 물결 사상가들보다 사회과학적 방법을 더 많이 사용하면서도, 비신앙 세계에서 '현실'을 규정하는 이들의 전제에는 비판적 인식을 지닌다.

제3 물결: 성찰적 청산

아프리카계 미국인 목회자이자 학자, 활동가인 빈센트 하딩Vincent Harding은 제2 물결의 현실주의를 반영하면서, 메노나이트 교회들이 민권과 사회 정의에 "전조등"이 될 것을 촉구했다. 하딩은 1960년대 초 시민권 운동과 메노나이트 공동체 사이에 있었다. 특히 1963년, 그가 메노나이트와 가장 깊이 관계한 해에 하딩은 백인 메노나이트들이 민권 시위에 참여하기를 꺼리는 모습을 보면서 더욱 분노하게 되었다. '전조등'이 되라는 그의 촉구는 메노나이트들이 "후미등" 역할에 머물지 말고 오히려 앞장서야 한다는 비판을 담고 있었다.[43]

하딩은 메노나이트들에게 들을 귀가 있다고 믿은 듯하다. 그들에게 "그리스도와 우리의 형제들에게 귀를 기울이고, 근원이 어디이든 그곳에서 불어오는 성령의 진리를 분별하도록" 거듭 요청했기 때문이다. 이는 "억압 때문에 폭력적 저항으로 내몰렸다고 진심으로 느끼는 상황에서 무저항 혹은 기독교 평화주의의 증언이 무엇을

제안이었다(92쪽)."

43 1963년 12월 4일 총회 기독교봉사위원회General Conference Board of Christian Service와의 회의, 토빈 밀러 시어러Tobin Miller Shearer가 자신의 논문 "Moving Beyond Charisma in Civil Rights Scholarship: Vincent Harding's Sojourn with the Mennonites, 1958–1966," (*Mennonite Quarterly Review* 82, no. 2 (2008): 213–248)에서 논의했다.

의미하는지" 이해하기 위함이었다.[44] 하딩은 시민권 운동과 반식민지 운동 속에서 성령의 활동을 보았다.[45] 그는 메노나이트의 비순응 전통이 미국의 인종 차별과 더불어, 그의 청중이 거주하는 글로벌 노스와 글로벌 사우스를 연결하는 세계적 폭력에 도전하도록 준비시킨다고 믿었다.[46] 그는 이렇게 물었다. "평화적 혁명을 불가능하게 만드는 국가의 시민으로 살아갈 때 과연 우리의 평화 증언은 무엇이란 말인가? 우리가 '현상 유지의 폭력'에 가담하고 있으면서, 그저 폭력을 믿지 않는다고 말하는 것으로는 이런 질문에서 벗어날 수 없다. 또한 우리는 사람들이 다른 이들을 잔인하고 합법적이며 체계적으로 강탈하고 그 이익의 일부를 우리와 나누는 상황을 유지시키는 법과 질서를 지지할 수도 없다."[47] 하딩은 아나뱁티스트 공동체를 언급할 때 1인칭 복수인 '우리'라는 대명사를 사용했는데, 이는 공동체가 흑인 자유 투쟁에서 비협력noncooperation과 참여라는 새로운 영역으로 나아가기를 촉구하기 위함이었다.[48] 하딩은 메노나이트가 인종주의에 협력하지 않는 성향을 지녔음에도 순응conformity으로 흐르는 우려스러운 경향을 목격했다. 그는 이렇게 선

---

44 C. J. Dyck, ed., *The Witness of the Holy Spiritm* (Mennonite World Conference, 1997), 343.

45 Dyck, *The Witness of the Holy Spirit*, 168-169, 337-344.

46 1955년 8월 26일 '그리스도의 분리와 세상에 대한 비순응에 관한 헌신 선언 Declaration of Commitment in Respect to Christian Separation and Nonconformity to the World', 토빈 밀러가 자신의 기고문 〈A Prophet Pushed Out: Vincent Harding and the Mennonites〉 (*Mennonite Life* 69, 2015)에 인용했다.

47 Vincent Harding, "The Peace Witness and Revolutionary Movements," *Mennonite Life*, 1967, 161-165, as cited by Miller Shearer, "A Prophet Pushed Out."

48 Vincent Harding, "The Peace Witness and Revolutionary Movements."

언했다. "우리는 세상의 방식에 순응하지 말라고 소리 높여 설교해 왔지만, 인종과 인종 분리 정책에 대한 미국 사회의 태도에는 노예처럼 조용히 순응하기 일쑤였다."⁴⁹

하딩은 메노나이트 교회가 정의를 행할 역량은 갖추었으나, 그럴 의지가 부족하다는 사실을 간파했다. 그는 미국 메노나이트들에게 흑인 자유 투쟁에 참여할 것을 촉구하며, 백인의 특권을 무비판적으로 수용하는 모습을 비판했다. 밀러 시어러Miller Shearer에 따르면, 당시 메노나이트 교회는 이 예언자적 인물을 내쫓았다.⁵⁰ 역사학자 펠리페 이노호사Felipe Hinojosa는 기념비적인 저서인《라티노 메노나이트: 시민권, 신앙, 복음주의 문화Latino Mennonites: Civil Rights, Faith, and Evangelical Culture》에서 20세기 하딩을 비롯한 아프리카계, 라틴계, 아메리카 선주민계 메노나이트들의 활동을 둘러싼 인종 논쟁이 평화나 무저항에 관한 논의보다 메노나이트의 정체성과 공동 실천을 더 크게 형성하고 재정의했음을 논증한다.⁵¹ 이 과정은 "인종적 메노나이트ethnic Mennonites"가 "백인 메노나이트white Mennonites"가 되는 데 일조했다.⁵² 하딩의 MCC 상급자, 교회 구성원들, 지역 교회 지도자들이 하딩에게 쏟아 낸 비판을 면밀하게 기록한 시어러의 작업은 흑인 설교자에 대한 차별과 정체성 재형성 과정에서 드러난 갈등의 본질을 드러낸다.⁵³ 이러한 투쟁을 더 깊이 이해하기 위해

---

49 Declaration of Commitment in Respect to Christian Separation and Nonconformi to the World.

50 Miller Shearer, "A Prophet Pushed Out."

51 Felipe Hinojosa, *Latino Mennonites: Civil Rights, Faith, and Evangelical Culture* (Johns Hopkins University Press, 2014), 12, 49-51, 204-17.

52 Hinojosa, *Latino Mennonites*, 216.

니부어의 통찰로 다시 돌아가 보자.

불의로 기울어지는 성향 성찰하기

라인홀드 니부어의《빛의 자녀들과 어둠의 자녀들*The Children of Light and the Children of Darkness*》(1944)은 중요한 해석의 열쇠를 제공한다. "인간이 정의를 행할 능력은 민주주의를 가능하게 하지만, 불의로 기울어지는 인간의 성향은 민주주의를 필요하게 한다."[54] 20세기 중반, 백인 미국 개신교 설교자로서 니부어는 동료 인간들이 정의를 이해하고 실천할 역량은 갖추고 있으나 동시에 불의로 기우는 성향이 만연하다고 지적했다. 그는 정의를 행하려는 안정적이고 신뢰할 만한 경향성("빛의 자녀들")을 능력으로 오인하는 이들과 맞서 논쟁했다. 니부어가 보기에 인간의 성향은 본래 불의로 기울어져 있었다. 사익에서 공익 혹은 일반의 이익으로 나아가는 길은 자기 이익을 제한하거나 포기할 때만 가능했다.[55]

개인과 집단의 관계에 대한 이러한 현대적 설명은, 인종 문제에서 불의로 기운 당시 미국 메노나이트 공동체의 성향이 어떻게 그들의 정체성과 평화 입장을 형성했는지 보여 준다. 니부어의 관점에서 보면, 대부분이 유럽계 후손인 이 공동체는 사익에 치우치는 성향이 있어서, 정의라는 공익을 위해 자기 이익을 포기하기보다

---

53 Miller Shearer, "A Prophet Pushed Out." 다음 자료도 참고: Hinojosa, *Latino Mennonites*, 118.

54 Niebuhr, *The Children of Light and the Children of Darkness*, 161./《빛의 자녀들과 어둠의 자녀들》(종문화사, 2017)

55 Niebuhr, *The Children of Light and the Children of Darkness*, 175.

는 인종화된 우월성racialized superiority, 즉 백인성whiteness 쪽으로 이익을 추구하기 쉬웠다.[56] 미국 메노나이트 지도부는 인종 문제에 대해 자기 성찰을 하자는 하딩의 요청을 수용하지 않았고, 교회 밖의 인종 문제에 관여할 책임도 받아들이지 않았다. 하딩은 메노나이트가 정의를 행할 능력을 갖추었다고 믿었지만, 니부어라면 이를 "빛의 자녀들" 특유의 이상주의적 견해라고 반박했을 것이다. 1957년부터 1963년 사이에 하딩은 미국 메노나이트 교회가 평화적 입장과 비순응 전통을 견지하고 있음에도 불구하고 그 이면에 인종주의적 죄악이 공존하고 있다는 쓰라린 현실을 마주하게 되었다.

내부적 실패와 구조적 폭력에 대한 성찰적 청산

따라서 제3 물결의 핵심 과제는 성찰적 청산이다. 이는 '우리 안'의 특정한 '문제'를 심문하고 해결하는 일을 포함한다.[57] 그러기 위해서는 우리 내부에 존재하는 불의를 성찰하고 정의를 위한 광범위한 투쟁에 적극적으로 참여해야 한다. 제3 물결 사상가들은 그런 성찰

56 흑인 신학계에서는 니부어가 제기한 바로 그 문제들을 오래전부터 다루어 온 전통이 있다. 토빈 밀러 시어러는 2025년 3월 27일 이 글의 초고를 두고 오간 이메일에서 그렇게 언급했다. 만약 메노나이트 신학자들이 간과한 사상가들이 대화 상대였다면 평화신학의 역사적 변증법적인 물결은 어떻게 달라졌을까? 그는 이런 질문을 던졌다. "예컨대 벤저민 메이스Benjamin Mays, 하워드 서먼Howard Thurman, 폴리 머레이Pauli Murray(전략가이자 신학자) 그리고 킹King 자신이 메노나이트들과 더 일찍 교류했더라면 그들에게 어떤 이야기를 했을까?" 만약 니부어가 아니라 이들이 핵심 대화 상대였다면 메노나이트들은 평화신학 전통의 수호자, 개혁자, 비평자로서 어떻게 다르게 참여했을까? 어쩌면 어떤 학생이 이 질문을 이어받아 논의할지도 모르겠다.

57 Miller Shearer, "A Prophet Pushed Out" (강조 추가).

이 충분히 이루어지지 않으면 냉소로 이어질 수 있음을 명확히 인식하고서, 이전 세대의 메노나이트들이 스스로 세상과 분리되어 있다고 믿었든(제1 물결), 아니면 변혁의 주체라고 여겼든(제2 물결) 간에 악을 저지르는 현실과 공존해 왔음을 이해한다. 이들은 니부어가 말한 이상주의자들에게 결여된 자기 성찰 능력을 의도적으로 기르려 한다. 아울러 과거와 현재의 메노나이트들이 새로운 세상을 추구하면서도 동시에 악행을 저질렀으며, 구조적 폭력의 체계에 깊이 연루되어 있다는 사실을 인정한다. 제3 물결 사상가들은 권력을 단순히 법 아래에 종속시켜야 한다는 니부어의 제안을 넘어, 공동체 내부에서 권력이 흐르는 방식(수평적)을 이해하고 역사적 권력 역학(수직적)을 분석할 자원을 개발한다. 그들은 형성적 실천을 강화하고 관계 네트워크를 육성함으로써 정의를 실천할 능력을 향상하며 세상의 악과 적극적으로 맞선다.

메노나이트들은 계속해서 '우리 안의 문제(들)'를 발견해 왔고 문제를 청산하기 위해 분투하고 있다. 무력 충돌 상황에서 변혁이라는 제2 물결의 강력한 개념은 개인 간 폭력을 가능하게 하는 양상을 가려 버리기 일쑤고, 변혁적 공동체가 비판적 자기 성찰을 실천할 능력을 약화한다. 신학자 존 하워드 요더가 오랜 세월 저지른 성폭력과 권력 남용의 피해 생존자들이 이러한 문제를 극명하게 드러냈다. 제2 물결이 시기적으로 정점에 도달한 1992년, 여성들은 학대를 멈추고 교회의 권징에 복종하기를 거부한 요더에 맞서 조직적으로 대응하는 대전환을 일으켰고,[58] 이는 〈평화신학과 여성 폭력 Peace Theology and Violence Against Women〉이라는 문서 기록으로 남았다.[59] 이 참혹한 상황은 살상을 거부하고(제1 물결) 세상을 변화시키겠다고 헌신하는(제2 물결) 자유교회 평화 공동체라 할지라도, 그 내부에서는 (성폭력 같은) 직접적·구조적 폭력이 공존할 수 있으며, 심지어 그것이 신학적으로 정당화되고 용인될 수 있음을 고통스러울 정도로 명확히 보여 준다.[60]

니부어의 관점에서 보면, 국가에 대한 현실주의는 교회에 대한 현실주의와 병행해야 한다. 폭력은 단순히 외부 "세상"만의 문제가 아니다. 그것은 우리의 공간, 제도, 역사 안에서 작동하며, 심지어 우리의 규범적 이론들에 의해 조장되기도 한다. 평화신학의 영역에 있는 사람들은 메노나이트 평화신학과 평화 증언 속에 존재하는 다양한 형태의 폭력을 면밀히 살필 수밖에 없다. 2016년《콘래드 그레벨 리뷰》에 실린 말린다 베리의 논문 〈샬롬 정치신학〉은 제3 물결을 위해 니부어를 직접 다뤘다. 베리는 니부어의 현실주의 신학적 인간론("이기심, 자기기만, 불안, 오만함"으로 규정되는 인간 본성)을 활용하여,[61] "역사적으로 평화신학이 해 오지 않은 방식으로 신앙

---

58 Rachel Goosen, "'Defanging the Beast': Mennonite Responses to John Howard Yoder's Sexual Abuse," *Mennonite Quarterly Review* 89 (January 2015).

59 엘리자베스 G. 요더Elizabeth G. Yoder가 편집한 책에서 1991년 아나뱁티스트 메노나이트 성서신학대학원에서 열린 협의회의 기록을 참고하기 바란다. "Peace Theology and Violence Against Women," *Institute of Mennonite Studies Occasional Papers* 16 (1992).

60 신학적 제재는 문화적 폭력의 한 형태다. 더 상세한 분석은 다음 자료를 참고하기 바란다. Janna L. Hunter-Bowman, "Constructive Agents Under Duress: Alternatives to the Structural, Political, and Agential Inadequacies of Past Theologies of Nonviolent Peacebuilding Efforts," *Journal of the Society of Christian Ethics* 38, no. 2 (2018): 149–168.

61 Malinda Elizabeth Berry, "Shalom Political Theology: A New Type of Mennonite Peace Theology for a New Era of Discipleship," Conrad Grebel Review 34, no. 1 (2016): 60–61.

공동체의 신학윤리적 삶을 따져 묻고 재구성하는" 평화신학을 제시했다.[62] 많은 학자들과 실천가들은 암묵적으로 이러한 현실주의를 바탕으로 메노나이트 전통의 요소들을 자성하고 건설적으로 재구성해 나가고 있다.

성찰적 청산을 강조하는 제3 물결의 평화신학과 실천은 **죄**가 신학적 어휘에서 핵심어라는 니부어의 주장을 수용한다. 그의 표현을 빌리자면, 메노나이트 역시 그리스도를 십자가에 못 박는 자들이다.[63] 오직 그리스도만이 자신이 만지는 것에 상처를 입히지 않기 때문이다. 제3 물결의 목소리들은, 우리 안에 존재하는 성폭력, 구조적 인종 차별, 식민주의를 포함한 폭력(죄)의 실체를 붙들고 씨름하지 않는 한, 우리가 물려받은 평화 전통의 언어로 제대로 말할 수 없다고 주장한다. 평화 증언은 책임성, 권력 불균형 해소, 기관과 공동체 내의 권력 재편을 요구한다.[64]

우리는 피해 당사자들의 증언으로 드러난 구조적 실패와 더불어, 식민주의, 반인종주의, 반유대주의, 페미니즘, 그리고 특히 요더의 실패를 둘러싼 비판적 담론을 성찰하고 청산할 수밖에 없다. 요더의 작업이 콘스탄티누스주의를 성찰하고 청산하라고 요구했지만, 제3 물결의 성찰적 청산은 메노나이트의 역사, 제도, 신학에 대한

---

62   Berry, "Shalom Political Theology," 52.

63   Niebuhr, "Why the Christian Church Is Not Pacifist,"102–103.

64   지면에 기록된 성찰적 청산은 역동적인 인간 공동체 안에서 이루어지는 복잡한 성찰적 청산 작업보다 학술 논문에서 검토하고 인용하기가 더 수월하다. 그러므로 필라델피아 교회들의 공동체 생활 속에서 이루어진 고통스러운 작업을 기록한 엘리자 그리즈월드Eliza Griswold의 *Circle of Hope: A Reckoning with Love, Power, and Justice in an American Church*(Farrar, Straus, and Giroux, 2024)는 그만큼 더 귀중하다.

자기비판적이고 자기반성적인 전환을 제안한다. 니부어의 관점에서 보면, 요더는 메시아 공동체 안에 존재하는 불의로 기울어지는 성향과 충분히 씨름하지 못했다. 평화신학을 발전시키기 위해 니부어를 비판하면서도 정작 자기 이익을 포기하지 않으려는 요더의 태도는 니부어의 지적을 역설적으로 입증한다.

요더의 유산과 같은 내부적 실패를 성찰적으로 청산하는 일은 공적인 애통과 회개를 동반한다. AMBS는 요더의 여성 학대와 이를 저지하지 못한 기관의 실패를 "악"으로 규탄하며 공식적으로 사과하고 "투명성 확보와 치유 촉진"을 약속했다.[65] 피해 생존자들이 경험을 공유하고 여성 지원 네트워크를 형성함으로써 권징 절차가 활성화되었다.[66] 구조적 폭력에 대한 청산은 역사적 기억을 적극적으로 재구성하여 메노나이트가 식민주의와 연루된 "죄를 낳는 원죄originating sin"를 밝혀내는 작업을 포함한다. 이는 주로 중부유럽 혈통인 메노나이트 가계의 역사적 외상trauma과 외상화traumatization와 결부되어 있다.[67] 미국을 정착민 식민주의 프로젝트로 바라보는 접

---

65 "Anabaptist Mennonite Biblical Seminary Service of Lament, Confession, and Commitment," Anabaptist Mennonite Biblical Seminary, March 23, 2015, ambs.edu/lament-and-apology/.

66 그 내용이 다음 자료에 잘 나와 있다. Julia Feder, *Incarnating Grace: A Theology of Healing from Sexual Trauma* (Fordham University Press, 2023), 177-178. 다음 자료도 참고하길 바란다. Goosen, "Defanging the Beast," 30-31; Goosen, "Mennonite Bodies, Sexual Ethics: Women Challenge John Howard Yoder," *Journal of Mennonite Studies* 34 (2016): 251-253.

67 Elaine Enns and Ched Myers, *Healing Haunted Histories: A Settler Discipleship of Dec olonization*(Cascade, 2021). 베리는 "샬롬 정치신학Shalom Political Theology"에서 해방신학자 혼 소브리노Jon Sobrino의 "죄를 낳는 원죄" 개념을 차용한다. 그 개념을 주제로 베리가 편집한 *Vision* 제20권 2호(2019년 가을)도 참고하길 바란다.

근은 내외부의 불의가 깊이 얽혀 있음을 보여 주며, 이는 기독교 공간과 전통을 포함해 내부적 실패와 구조적 불의의 관계를 드러낸다.

푸에블로(테와)족 후손인 세라 오거스틴Sarah Augustine,[68] "아나블랙티비스트Anablacktivist" 드루 하트Drew Hart,[69] 데이비드 에번스David Evans[70]를 비롯한 해방·반폭력 운동 기여자들,[71] 그리고 메노나이트의 홀로코스트 연루를 연구하는 학자들은[72] 자유주의 정치와 전

[68] 세라 어거스틴은 독자들에게 예수를 따라 식민화의 영향을 해체하는 길로 나아가자고 초대하면서, "그리스도의 이름으로 행해진 것"은 교회의 정당화와 성서적 근거를 통해 "그리스도의 이름으로 반드시 되돌려져야 한다"고 논증한다. *The Land is Not Empty: Following Jesus in Dismantling the Doctrine of Discovery*(Herald, 2021).

[69] 드루 하트는 *Trouble I've Seen*에서 성령이 성서를 통해 교회를 백인 우월주의에서 해방시키고 흑인 해방을 위해 역사하시는 모습을 그려 낸 바 있다. 그보다 앞서 신학자 휴버트 브라운Hubert Brown은 *Black and Mennonite*(Wipf & Stock, 1976; 2001년 재출간)에서 정의를 추구하는 성령의 성서적·초기 아나뱁티스트의 유산을 내세워 백인 메노나이트들이 반인종주의 연대를 받아들이도록 도전하였다. 그러나 1995년, 중남부 메노나이트 협의회South Central Mennonite Conference(SCMC)와 서부지구 협의회Western District Conference(총회 메노나이트 교회General Conference Mennonite Church 소속)는 브라운을 성 비위 혐의로 목회 자격을 정지시켰다. 이와 관련된 내용은 메노나이트 학대 예방Mennonite Abuse Prevention 블로그의 "Hubert L. Brown"에서 확인할 수 있다. mennoniteabuseprevention.org/case/hubert-brown/ (2025년 5월 8일 접속 기준).

[70] 이스턴메노나이트대학교Eastern Mennonite University의 역사·선교학 교수 데이비드 에번스와 종교·문화학 교수 피터 둘라Peter Dula는 공동으로 엮은 *Between the World of Ta-Nehisi Coates and Christianity*(Cascade, 2018)에서 인종, 역사, 사회변화를 살펴보며 기독교를 직접 비판하는 학자들에게서 배움은 얻되 방어적 태도를 보이지 않는다. 데이비드 에번스는 *Damned Whiteness: How White Christian Allies Failed the Black Freedom Movement*(University of North Carolina Press, 2025)의 저자이기도 하다.

[71] Sarah Nahar, "Liberation, Lineage, and Village: Why I Am an Anabaptist"; Regina Stoltzfus and Tobin Miller Shearer, Been in the Struggle; David C. Cramer, "From Nonviolence to Antiviolence: Resistance to Sexual and Gender-Based Violence," *The Mennonite Quarterly Review* 96, no. 1 (2022): 93.

[72] 메노나이트 중앙위원회MCC는 메노나이트의 홀로코스트 연루 문제를 성찰하고 청산하는 데 주도적 역할을 해 왔다. 이는 알레인 엡 위버가 편집한 *Intersections: MCC*

통적 평화신학의 한계를 비판적으로 평가하며 내부적 폭력과 구조적 폭력의 연관성을 입증한다. 이 저자들은 이전 평화신학의 결점을 비판한 선주민, 흑인, 글로벌 사우스의 관점을 제시한다.[73] 또한, 성찰적 청산에는 실천적 형성이 따른다. 이는 교회 자체가 본질적으로 변혁적인 것이 아니라 스스로 정의 실천에 적극적으로 참여해야 함을 인정한다는 뜻이다. '정의의 뿌리Roots of Justice'와 같은 프로그램,[74] 그리고 포타와토미 네이션Potawatomi Nation의 시민이 공동으

Theory and Practice Quarterly 제9권 4호(2021)에서 특집으로 다룬 "MCC and National Socialism"(1~68쪽)에서도 확인할 수 있다. 또한, MCC의 인도주의적 노력과 더불어, 유럽 메노나이트들이 국가사회주의(나치 이념) 및 그 유산과 얽혀 있음을 보여 주는 연구로는 마크 잰슨Mark Jantzen과 존 티슨John Thiesen의 *European Mennonites and the Holocaust*(Transnational Mennonite Studies 시리즈, University of Toronto Press, 2020)이 있다. 추가 연구 자료로 벤저민 구슨Benjamin Goossen의 *Chosen Nation: Mennonites and Germany in a Global Era*(Princeton University Press, 2017)와 리사 셔크의 〈Anabaptist-Mennonite Relations with Jews Across Five Centuries〉도 참고하길 바란다.

73 유럽 메노나이트 공동체의 주변부에 있는 폭력 피해 투쟁 공동체에서 종종 중요한 목소리가 등장한다. 내가 강의하는 '전쟁·평화·혁명에 대한 그리스도인의 태도 Christian Attitudes to War, Peace, and Revolution'라는 수업에서 글로벌 사우스 출신 학생들과 미국 내 주변화된 공동체 출신 학생들은 제3 물결 평화신학의 자료가 자신들의 이야기를 평화신학 전통 안에서 읽어 낼 수 있도록 도와준다고 말한다. 반면 제1 물결 평화신학과 제2 물결의 요더 계열 평화신학은, 평화학을 전공하는 인도네시아 학생 안디 산토소Andi Santoso의 표현을 빌리면, 그들의 경험을 "소외시키고", "타자화"하면서, 그들의 가족과 공동체가 겪어 온 식민주의와 신식민주의에 강력한 대응을 제시하지 못한다고 한다. 참고 자료: Janna Hunter-Bowman, "Commentary on Blessed Are the Peacemakers," *Syndicate Symposium: Blessed Are the Peacemakers*, by Lisa Sowle Cahill (blog), 2022, syndicate.network/symposia/theology/blessed-are-the-peacemakers/

74 다마스쿠스 로드Damascus Road(훗날 '정의의 뿌리Roots of Justice Inc.'로 개명됨)는 아나뱁티스트 구호·봉사·평화 기관인 메노나이트 중앙위원회MCC에서 1995년에 설립해, 메노나이트 및 아나뱁티스트 공동체를 대상으로 반인종차별 교육·훈련을 수행해 왔다. 정의의 뿌리는 기관이나 공동체 내 인종차별을 해체하려고 노력하는 팀을 위해 성찰적 청산으로 나아가는 프로그램을 제공한다. 웹사이트: www.

로 강의하는 '비폭력 실천과 구현Practicing and Embodying Nonviolence'
과 '죽음의 길: 기억·애도·변혁의 순례Trail of Death: A Pilgrimage of
Remembrance, Lament, and Transformation' 같은 신학 과정들은 메노나이
트 공동체 내에서 지속적인 형성과 책임성을 함양하여 탈식민화와
반인종주의 전략이 단순한 수사가 아닌 기독교적 실천이 되도록 보
장한다.

　마지막으로 방법론적으로, 제3 물결에 속한 실천가들과 학자들
은 북반구와 남반구 간, 학문과 실천 간, 그 밖의 다양한 경계를 넘
나드는 대화를 추구함으로써 평화에 대한 입장을 신학적으로 정
립하고 명료화한다. 제1 물결의 평화신학이 성서신학과 역사신학
에 의존하여 유럽계 남성들에 의해 생산되었고, 제2 물결의 저자들
이 사회과학과 더불어 국제 분쟁 현장에서 폭력 피해자들과 동행하
는 방식을 활용했다면, 제3 물결의 기여자들은 이러한 경계를 넘어
서는 경험과 성찰을 추구한다. 예를 들어, 활동가나 목회자인 학자
들은 서로 다른 계보 그리고 지식과 관계성의 간극을 넘어 함께 사
유하고 있다. 세라 오거스틴과 셰리 호스테틀러Sheri Hostetler가 공
동 저서 《우리와 우리 자녀가 살기 위하여So We and Our Children May
Live》[75]에서 보여 준 푸에블로족과 유럽계 메노나이트의 관점에 대
한 대화, 네키샤 A. 알렉시스Nekeisha A. Alexis와 제이미 피츠Jamie
Pitts가 공저한 《베넘 웨스트에서 일어난 일: 공동체, 이주, 희망에 대
한 아프리카계 미국인의 이야기What Happened at Benham West: African

rootsofjusticetraining.org/

75　Sarah Augustine and Sheri Hostetler, *So We and Our Children May Live: Following Jesus in Confronting the Climate Crisis* (Herald, 2023).

American Stories of Community, Displacement, and Hope》[76]에 나오는 엘크하트 흑인 공동체와의 협력을 통한 도시 계획 재구성 등이 있다. 이러한 사례들은 새로운 사회정치적·신학적 구축 작업에 소외된 이들을 참여시킴으로써 메노나이트 역사·신학·서사에 존재하는 폭력을 성찰하고 청산하는 노력을 보여 준다.

제3 물결의 평화신학은 자기성찰적 태도로 권력을 포용하며, 내적 형성과 국가에 대한 현실성을 유지하는 가운데 대안적 정치 공동체를 육성하고자 한다. 제3 물결은 하나님이 역사 속에서 계시하고, 맞서고, 치유하는 일을 하고 계심을 확언한다. 그 핵심은 성찰적 청산 작업이다. 이는 하딩이 촉구한 '양쪽 모두'의 입장을 가능하게 하며, 제3 물결에 속한 많은 실천과 학문이 열망하는 바다. 폭력의 가장 큰 피해자들의 목소리와 경험의 경청을 강조하는 일은 재건을 위해 심문하고 재구성하는 사회 변화 모델로 통합된다. 제1 물결이 십자가의 사랑을, 제2 물결이 변혁을 강조했다면, 제3 물결은 성토요일Holy Saturday의 어둠과 침묵으로 깊이 들어가 사회와 공동체 내 정치적 삶의 새로운 지평을 연다. 공적으로 고백한 신앙과 실제 삶 사이, 평화 개념과 그 개념이 은폐해 온 폭력 사이의 참혹한 괴리를 성찰적으로 청산하는 과정은 오늘날 평화 증언을 위한 새로운 궤적을 형성할 것이다.

---

76 Nekeisha A. Alexis and Jamie Pitts, *What Happened at Benham West: African American Stories of Community, Displacement, and Hope* (Wolfson, 2025).

함의: 주체성, 병리, 방법론

세례와 교회적 관계가 전 세계에서 만들어 낸 목소리와 주체 위치 subject position(사회적 관계나 대화 속에서 개인이 점유하게 되는 특정 자리나 역할–옮긴이)의 다원화는 제3 물결이 다루는 질문들을 제기한다. 약 10년 전 이노호사가 제기한 문제의식과 궤를 같이하는 아이작 빌레거스는 자신의 혈통이 "유럽 이외의 땅"에서 왔음을 언급하고는, 마크 잰슨Mark Jantzen과 존 티슨John Thiesen이 엮은 《유럽 메노나이트와 홀로코스트 European Mennonites and the Holocaust》라는 책에서 홀로코스트에 가담한 메노나이트들에게 책임을 물으며 사용한 대명사의 변화를 놓고 날카롭게 문제를 지적한다. 손에 피를 묻힌 메노나이트들은 '그들'인가, '우리'인가? 잰슨과 티슨은 이 두 단어를 번갈아 사용한다. 이에 대해 빌레거스는 다음과 같이 지적한다. "주체성의 이런 미묘한 전환은 책 전반에 걸쳐 나타나는데, 누가 누구를 대신해 말하는가라는 대변의 복잡성뿐 아니라, 그러한 이야기를 자신의 정체성 표현으로 받아들일 도덕적 의무가 있다고 주장하는 행위의 복잡성이 간과되어 있다."[77] 권력 관계와 논리 속에 작용하는 백인성을 포함한 식민지 유산의 긴 잔재를 고려할 때, 대표성과 주체성에 주목하는 것은 이론과 실천 측면에서 평화 입장을 고찰하는 데 매우 중요하다.

[77] Isaac Villegas, "Mark Jantzen and John D. Thiesen, eds., *European Mennonites and the Holocaust* Review Essay," *Anabaptist Witness*, May 20, 2022, www.anabaptistwitness.org/journal_entry/mark-jantzen-and-john-d-thiesen-eds-european-mennonites-and-the-holocaust/.

'물결 간 교차적 사고cross-wave thinking'는 우리가 어떤 가정과 태도를 취하고 있는지 고찰함으로써 습성을 살피는 데 도움이 될 수 있다. 앞서 나는 각 물결이 다른 물결을 교정하는 동시에 건설적으로 기여하기도 하면서 등장한다고 설명했다. 하나의 물결은 완성된 형태나 독립적인 상태에서 다른 물결로 넘어가지 않는다. 한 물결의 사고 습성은 다른 물결의 사회적·정치적·신학적 투쟁 속에서 끈질기게 지속된다. 물결은 서로 부딪친다. 인간이 불의로 기울어지기 쉬우면서도 정의를 행할 가능성 또한 지니고 있다는 니부어의 통찰을 고려할 때, 이러한 인식은 우리의 평소 태도를 성찰하게 한다.

오늘날 메노나이트는 자신들이 불의를 저질렀음을 인정하고, (제1물결에서 나타난) 완전함을 기대하는 습성을 지속하지 않으면서도 정의를 행하려고 노력할 수 있다. 만일 그런 습성을 버리지 못한다면 정의를 실천할 능력이 곧 성향이라는 의미가 된다. 제2 물결(변혁)과 제3 물결(성찰적 청산)에서 주로 활동하는 실천가들과 학자들이 아나뱁티스트 교회 제도와 역사에서 다양한 형태의 폭력에 얽힌 문제가 새롭게 드러날 때 충격을 받는 것은 당연하다. 그리고 공동체에 남거나 세상에서 정의를 위한 연대 활동을 계속하기 위해 온전한 교정이 필요하다고 느끼기도 한다. 하지만 그렇다고 해서 공동체를 맹비난하고 떠나려 한다면 이는 교회를 "티나 주름 잡힌 것이 없는"(엡 5:27) 역사적 현실로, 신성한 신랑에게 어울리는 신부처럼 완벽함을 가정하는 제1 물결의 습성이 아닐까? 예를 들어, 앞서 언급한 대표성의 문제를 고려할 때, 미국 정부에 가자 지구 휴전 지지를 촉구하기에 앞서 '우리'가 메노나이트의 홀로코스트 가담 전력을 바로잡아야 한다는 것이다. 니부어의 표현을 빌리자면, 이런 반응은 이론과 상충하는 "경험과 후속 성찰[78]로 다양한 부인의 태도와 그에 따른 교정의 물결이 일어났는데도 불구하고" 제1 물결 신학이라는 "이론에 교조적으로 집착하는 모습"으로 보인다.

역사적으로 이러한 경향은 일종의 병리 현상으로 이해되었다. 톰 요더 뉴펠드Tom Yoder Neufeld는 "분열은 아나뱁티스트 운동 초창기부터 이미 비순응의 한 형태가 되었는데, 여기서 '세상'이란 공동체 안에서 죄인이나 이단으로 여겨지는 이들을 의미했다"고 기술한다.[79] 이런 병리 현상에 대한 언급은 17세기 초 박해와 이주의 혼란기까지 거슬러 올라간다. 당시 다양한 관점을 지닌 메노나이트들은 저마다 다른 공동체를 형성하고 있었다.[80] 이 현상은 독일어로 '타우퍼크란크하이트Täuferkrankheit', 즉 '아나뱁티스트 병'이라 불렸다. 뉴펠드가 보기에 이는 신실함에 대한 갈망 못지않은 불관용과 권력 투쟁의 결과였다.[81]

따라서 우리는 부지불식간에 제1 물결의 역동성을 보존하고 있을 수 있으며, 이를 알아차린다면 자기비판적으로 평가할 수 있을 것이다. 이러한 경향을 단순히 병으로 규정하기보다는 의문을 제기하는 편이 건설적일 것이다. 곰곰이 생각해 보자. 세상을 등진 제1 물결 메노나이트의 '완전주의'가 지적인 면에서는 뒤처졌을지라도,

---

78 Reinhold Niebuhr, "Pacifism and the Use of Force," in *Love and Justice: Selections from the Shorter Writings of Reinhold Niebuhr*, ed. D. B. Robertson (Westminster, 1928), 248.

79 Thomas Yoder Neufeld, "Unity of the Spirit," *The Canadian Mennonite* 22, no. 5 (2018): canadianmennonite.org/unity-spirit/.

80 Ronald C. Jantz, *Living in the World: How Conservative Mennonites Preserved the Anabaptism of the Sixteenth Century* (Wipf and Stock, 2020), 23.

81 Yoder Neufeld, "Unity of the Spirit"; Jantz, Living in the World.

윤리적 초월성을 지닌 우주 차원의 변화 주체라는 교회 개념은 여전히 어느 수준에서 영향력을 미치고 있지 않을까? 니부어가 말한 '종파적 평화주의 교회와 국가의 구분'에 대한 메노나이트의 반응을 살펴보면, 이러한 관념이 어떻게 형성되었는지 밝혀내는 데 도움이 되지 않을까? 학대, 폭력, 불의의 양상이 발견되었을 때 그 사실을 받아들이기 어렵고, 심한 배신감을 느끼며, 극심한 위기와 혼란에 빠지는 이유도 부분적으로는 여기에 있지 않을까? (이것은 내가 반복해서 듣고 관찰한 내용이다.)

그 결과로 생긴 소외는, 인간 공동체나 기관이 역사 속에서 영원히 우주적인 윤리적 초월성을 발휘할 수 있고 본래 정의를 행하는 경향이 있으며, 그 안에서 자신을 '작은 그리스도'로 이해한다는 검토되지 않은 전제에 뿌리를 두고 있는 것은 아닐까? 니부어의 뼈 있는 칭찬을 활용해(허시버거) 다양한 집단을 하나로 묶으려 했던 교회 지도자들이 신실한 교회의 개념을 만들었다는 점을 염두에 두는 것이 유익하지 않을까? 이와 더불어, 이후에 특정 신학적 범주 안에서 폭력을 은폐한 한 성폭력 가해자(존 하워드 요더)가 그런 개념을 더 격상했다는 점도 고려해야 하지 않을까? 평화교회나 기관 혹은 운동이 또다시 그 소명에 부응하지 못했다는 불안과 괴로움 속에서 이러한 역사를 반추해 보는 것이 유익하지 않을까?

나의 주장은 메노나이트가 능력과 성향의 차이에 관한 니부어의 신학적 현실주의를 어느 정도 수용할 때, 평화에 대해 더 적절한 신학적 언어로 표현할 수 있다는 것이다. 이는 우리가 메노나이트 공동체가 다양한 형태의 폭력에 가담했음을 인정하고, 그 폭력을 중단시키기 위해 세밀하게 작업하며 뿌리 깊은 역사와 근원적 구조를 청산하려는 이들을 지지하는 동시에, 구체적이고 건설적으로 개입하여 현재 벌어지고 있는 잔학한 행위들을 막기 위해 노력할 수 있음을 의미한다. 또한 이러한 성찰은 사람들이 다른 시기에, 심지어는 동시에 여러 물결의 특성을 지닐 수 있음도 보여 준다. 사람들이 때에 따라 다른 물결에 기대려는 것은 적절할 뿐만 아니라 어쩌면 불가피한 일이다. 이 점이 우리가 물결을 역사적 시기만 반영하는 세대적 개념이 아니라 개념적 틀로 봐야 하는 주된 이유다.

결론을 대신하여, 제4 물결? (자기비판적 책임)

국가와 사회에 대한 현실주의(제2 물결)와 교회와 역사에 대한 현실주의(제3 물결)는 통합을 위한 새로운 기회를 열어 준다. 자기비판적 성찰을 통해 비순응 관념(제1 물결)을 국가에 대한 현실주의(제2 물결) 및 교회에 대한 현실주의(제3 물결)와 아우를 때 아나뱁티스트는 환멸을 넘어 해방을 논하고 새로운 형태의 크리스텐덤에 맞서는 그리스도인이 된다는 것의 서사를 분명히 드러낼 수 있다. 이러한 통합은 아나뱁티스트의 역사를 낭만화하지도 않지만 절망적이지도 않을 것이다. 또한 자기비판적 통합 작업은 메노나이트 특유의 완전함을 주장하거나 요구하는 습성에 매몰되지도 않는다. 대신, 아나뱁티스트 운동의 이야기를 우리의 이야기로 건설적으로 재구성하는 가운데 자기비판적 태도를 취함으로써 책임을 받아들인다. 그 책임은, 반역죄로 처형당하신 하나님, 곧 폭력에 순응하기를 끝내 거부함으로써 폭력에 대한 창조적 대응이 무엇인지를 정의하시는 분이 요청하는 제자도의 부름으로 끊임없이 도전받는다.

우리는 거센 조류가 충돌하는 시대에 살고 있다. 사회의 주요 세력이 기독교를 해체하려 하는 동시에 백인 기독교 우파가 결집하고 있다. 후자의 운동은 민주주의의 쇠퇴를 적극적으로 추구하며 이민자와 같은 사회의 가장 취약한 이들을 돌보는 법적·사회적 규범을 위반하는 지도자에게 힘을 실어 주었다. 트럼프 행정부 2기 초반, 거짓을 통해 추진되는 위험한 잔혹성에 불안해하는 많은 그리스도인이 사회적·정치적으로 개입하기를 주저하거나 무력한 모습이다. 이러한 상황에서 고무적이고도 용기를 주는 저항의 한 사례는, 한 목회자가 도널드 트럼프 대통령에게 자비를 베풀 것을 촉구한 행동이었다.[82]

몇 주 뒤, 프란치스코 교황은 미국 주교단에 포괄적인 서한을 보냈다. 트럼프 대통령의 대규모 추방 계획이 촉발한 "중대한 위기"를 규탄하고, 행정부의 강경한 이민 단속을 합리화하기 위해 가톨릭 신학을 이용한 J. D. 밴스 부통령의 논리를 일축하는 내용이었다. 같은 날, 워싱턴 D.C. 연방 지방법원에서는 미국 메노나이트 교회MCUSA 외 다수가 미국 국토안보부 외 다수를 상대로 소송을 제기했다. 이 소송은 예배 장소 내에서 이민세관단속국ICE의 이민 단속·체포 및 기타 집행 조치를 제한해 온 국토안보부의 '민감 장소sensitive locations' 정책을 트럼프 행정부가 폐기한 데 대해 27개 기독교·유대교 교단과 단체가 공동으로 대응한 결과였다. 그리스도인의 증언은 이토록 중요하다.

---

82 Anna Betts, "Bishop Who Angered Trump with Call for Mercy Says She Will Not Apologize," *The Guardian*, January 23, 2025, sec. US news, www.theguardian.com/us-news/2025/jan/23/mariann-edgar-budde-trump-sermon-defense.

이 사건은 연방 정책에 영향을 미친 두 번째로 중요한 아나뱁티스트의 종교 자유 소송이다. 첫 번째 사건은 '위스콘신 대 요더'(1972) 소송으로, 당시 법원은 자녀에게 8학년 이상의 교육을 받도록 강제하는 주州법이 자녀의 종교적 양육을 결정할 부모의 헌법적 권리를 침해한다고 판결했다. 이에 따라 수정 헌법 제1조 종교의 자유 조항에 근거하여 아미시 자녀들은 8학년 이후 학교에 다닐 의무를 지지 않게 되었다. 이는 제1 물결의 분리주의 입장을 지지하는 사례다. 반면 2025년 2월 제기된 소송은 여러 물결의 요소를 결집한다. 우선, 암묵적으로 교회가 국가 폭력으로부터의 피난처임을 주장한다(제1 물결). 또한 국가에 대한 다른 현실주의자들과 협력함으로써 국가 폭력에 도전하고, 사회적 약자가 겪는 불의를 다루는 교회 윤리의 구현을 가로막는 현행 행정부의 조치를 변혁하고자 한다(제2 물결). 이 소송을 이끄는 미국 메노나이트 교회MCUSA의 여성 지도자는 아이리스 데 레온Iris de León으로, 인종 차별 반대와 문화 간 역량 증진을 위해 MCUSA 내 여러 유색인종 조직을 지원하는 부사무총장이다(제3 물결). 대변인으로서 그는 이 행동을 아나뱁티스트 서사의 연속선상에 놓았다. 그의 설명에 따르면, 이 조치는 급진적 종교개혁 당시 종교의 자유를 위해 투쟁한 "구름 같이 둘러싼 (허다한) 증인들"을 기리는 예수 제자들의 공동체적 결단이었다(제4 물결).[83] 이 소송은 국가주의와 제국주의적 종교에 대한 거부다.

83 "MC USA and More than Two Dozen Christian and Jewish Denominations and Associations Sue to Protect Religious Freedoms," *Mennonite Church USA* (blog), accessed February 13, 2025, www.mennoniteusa.org/news/mc-usa-joins-more-than-two-dozen-christian-and-jewish-denominations-and-associations-sue-to-protect-religious-freedoms/.

풀뿌리 단체인 메노나이트 행동Mennonite Action(MA) 또한 오늘날 운동 형성에 기여하는 신학적 자원과 더불어, 제국주의적 종교를 거부하라는 설득력 있는 요청을 보여 준다. MA는 자칭 "자유로운 팔레스타인과 하나님의 모든 자녀의 해방을 위해 공개 행동을 취하는 메노나이트들의 운동"이다.[84] 따라서 제1 물결(종교적·정치적 비순응), 제2 물결(변혁에 대한 확신, 국가에 대한 현실주의, 저항으로서의 예배), 제3 물결(폭력적 유산에 가담한 사실의 인정, 그에 따른 교회와 글로벌 노스 시민권에 대한 현실주의)의 요소들을 결합하여 운동을 형성한다. MA는 국가에 대한 제2 물결의 현실주의와 북미 교회 구성원의 사회 시민권에 대한 제3 물결의 현실주의를 통합한다. 그리하여 주로 메노나이트의 이야기를 전해 의도적이고 전략적으로 힘을 구축함으로써, 니부어가 원용한 "뱀같이 지혜롭고 비둘기같이 순결하라"는 예수의 말씀을 새로운 차원으로 끌어올린다. MA는 과거의 복잡성을 고려하면서 미래를 전망하며 이야기를 전할 때 가장 빛을 발한다. 과거를 되돌아볼 때 아나뱁티스트는 국가와 교회 권력의 결탁(혹은 시대에 맞게 표현하자면, 제국주의적 종교의 우상숭배적 헌신)에 저항해 온 500년 신학적 유산을 고찰하는 것이 바람직하다. 게다가 아나뱁티스트 공동체가 광범위한 국가주의에 흡수되기 쉬운 역사적 취약성(예컨대 국가사회주의 관여, 홀로코스트 가담, 그리고 그러한 취약성이 드러나는 현대의 모습)에 대해서도 자기비판적으로 성찰해야 한다.

MA의 한 운영위원은 공적 영역과 사적 영역의 구분을 거부하

84 "Mennonite Action," www.mennoniteaction.org.

며 이렇게 언명한다. "우리의 저항이 곧 예배입니다."[85] 이러한 거부를 창의적으로 확장해 보면, 오랜 기도, 묵상, 금식, 공동체적 분별의 실천이 제4 물결에서 집단행동과 결속될 수 있음을 알 수 있다. 더 나아가, 공적 행동 현장과 매달 열리는 화상 집회에서 목회 팀원들은 예수와 제자도의 부르심을 증언하는 공동체 안에서 새로운 현실을 구현하는 일에 대해 말한다.[86] 참가자들은 (분리와 개입 거부로서의) '무저항' 입장과 일부러 거리를 두면서, '우리의 초기 영적 선조들'처럼 정치적·영적 강압에 비순응을 표방한다. 그들은 4성부 찬송가나 수제 퀼트처럼 이상적인 식민지 백인성과 결부된 메노나이트의 상징물을 탈식민 목적으로 동원한다.[87] 이러한 행위들은 자기비판적인 그리스도인의 참여를 보여 주는 전형이다. '책임'을 다한다는 것은 전통의 요소들에 대해 거리두기, 양가적 태도 취하기, 거부하기 그리고 재확인하기가 포함된다. 이는 자기의식적인 형성을 위한 훈련이다. MA 훈련, 평화 학교, 그리고 회원들의 메노나이트 교회에 대한 새로운 참여는 (교회 안에서 사람들이 죄성에 이끌려 행하던 일들에서 개개인이 벗어나는 것이 아니라) 복음적 비폭력 방식을 탁월하게 체득하기 위해 '형성formation'이라는 오래된 개념을 더욱 적극적으로 활용해 가고 있음을 보여 준다. MA는 과거

---

85 Anna Johnson, Christmas letter, 2024.

86 2023년 12월 19일 현장 기록. 100명이 넘는 메노나이트 시위대와 지지자들이 루디 야킴Rudy Yakym 하원의원의 사무실 주차장에 모여 예고 없이 예배를 드리며 야킴 의원에게 가자 지구의 지속적인 평화와 정의를 위해 나설 것을 촉구했다.

87 제이미 피츠Jamie Pitts는 2025년 1-4월에 진행된 AMBS 점심 토론회 'Theology in Movement'의 2025년 3월 5일 질의응답 시간에 이러한 논의의 틀을 제시했다. 이 토론회는 재나 린 헌터-보먼과 조너선 스머커Jonathan Smucker가 공동으로 진행했다.

를 성찰하고 미래를 전망하는 서사들이 새로운 존재 방식과 결합될 때, 어떻게 새로운 형태의 책임을 수용할 수 있는지를 가장 잘 보여 준다.[88]

　사회에 대한 현실주의와 교회에 대한 현실주의는 권력에 대한 성찰을 요구하며, 통합적으로 사고하는 이들이 자기를 성찰하고 차근차근 힘을 키워 새로운 형태의 책임을 실천하도록 마중물을 붓는다. 니부어는 그리스도인이 정의를 위해 일해야 할 "책임"에 대해 자주 썼는데, 그는 이 책임이 무저항이나 비폭력에 대한 헌신과 긴장 관계에 있다고 보았다. 1950년대 메노나이트 신학자 고든 코프먼은 〈무저항과 책임Nonresistance and Responsibility〉이라는 제목의 글에서[89] 니부어의 견해에 동의하며, 정치나 전쟁이 죄악일지라도 그리스도인은 화해 사역의 일환으로 그 일에 참여해야 한다고 주장했다. 아울러 메노나이트가 고위 공직 출마를 포함해 정계에 진입하고 관여해야 한다고 주장했다. 그가 이해하는 '책임'은 상당히 국가 중심적이었다. 그러나 MA는 '책임'의 실천을 다른 형태로 이해한다. 식민주의와 반유대주의처럼 아나뱁티스트들의 끔찍한 과오를 청산하는 과정은 정부 정책과 사회의 변화를 촉구하기 위해 동원되

88　2024년 12월 19일, '메노아이트 행동MA 전체 만남' 웹 세미나에서는 셰인 벌리 Shane Burley와 벤 로버Ben Lorber의 *Safety Through Solidarity: A Radical Guide to Fighting Antisemitism*(Melville House, 2024)와 아탈리아 오머Atalia Omer의 *Days of Awe: Reimagining Jewishness in Solidarity with Palestinians*(University of Chicago Press, 2019)가 소개되었다. 이 온라인 전체 집회는 "반유대주의와 기독교 국가주의에 맞서 조직하기 Organizing Against Anti-Semitism and Christian Nationalism"라는 제목으로 진행되었 으며, MA가 유대인 공동체 구성원들과 함께 이 주제와 관련된 생각과 활동을 공개적 으로 나누는 자리였다. 녹화 영상 링크: www.youtube.com/watch?v=Wcsz6VfVi-g
89　*Nonresistance and Responsibility, and Other Mennonite Essays* (Faith and Life, 1979).

는 풀뿌리 에큐메니컬·종교 간 협력 관계를 다원화한다.[90] 하딩의 용어이자 MA 팟캐스트[91]의 이름으로 쓰인 표현을 빌리자면, 평화신학의 제4 물결의 '전조등front light' 역할을 충실히 수행하고 있을 것이다.

나는 이러한 관점이 물결 간 교차적 논의에 기여하고, 제4 물결을 일으키는 에너지가 흐르는 자기성찰적 통로가 되는 데 보탬이 되길 바란다. 또한 종교·폭력·평화에 관한 에큐메니컬 학제 간 대화 속에서 평화신학이 제공하는 가능성에 대한 인식을 일깨우는 계기가 되길 바란다.

90 Jonathan Smucker, Tim Nafziger, and Sarah Augustine, "Give Us the Courage to Enter the Song," *Anabaptist Witness* 2, no. 2 (November 20, 2024), www.anabaptistwitness.org/journal_entry/give-us-the-courage-to-enter-the-song/.

91 "Front Light Podcast," Mennonite Action, www.mennoniteaction.org/frontlight.

필자 소개

재나 린 헌터-보먼 Janna Lynn Hunter-Bowman 미국 인디애나주 엘크하트 소재 아나뱁티스트 메노나이트 성서신학대학원AMBS에서 평화학 및 기독교 사회윤리학 부교수이자 평화학 프로그램 책임자로 재직하고 있다. 라틴아메리카에서의 10년간 평화 세우기와 연구 경험을 바탕으로 첫 저서《평화의 증언: 콜롬비아의 억압적 현실 속에서 평화의 주체가 되기*Witnessing Peace: Becoming Agents Under Duress in Colombia*》를 썼으며 그 외에도 다수의 저작물이 있다. 현재, 미국 내 이민자들의 사회적 결집과 조직화에 초점을 맞춘 지역사회 참여형 연구를 진행하고 있다.

메노나이트 평화신학

다양한 유형의 파노라마

초판 1쇄 인쇄 | 2026년 3월 12일
초판 1쇄 발행 | 2026년 3월 20일

엮은이 존 리처드 버크홀더·바버라 넬슨 깅거리치
옮긴이 김성한
책임편집 손성실
편집 조성우
디자인 권월화
펴낸곳 생각비행
등록일 2010년 3월 29일 | 등록번호 제2010-000092호
주소 서울시 마포구 월드컵북로 132, 402호
전화 02) 3141-0485
팩스 02) 3141-0486
이메일 ideas0419@hanmail.net
블로그 ideas0419.com

ⓒ 메노나이트중앙위원회, 2026
ISBN 979-11-92745-74-9 03230

책값은 뒤표지에 적혀 있습니다.
잘못된 책은 구입하신 서점에서 바꾸어 드립니다.